税理士 **伊藤 俊一** 著

- 税務上適正時価
- 課税関係
- 事業承継税制（特例）
- 資本政策
- 持株会社スキーム
- 持分会社スキーム

Q&A
非上場株式の
評価と
戦略的活用スキーム

LOGICA
ロギカ書房

はじめに

　法人資産税分野では非上場株式の評価が出発点となります。それにはいくつか理由があります。主としてもはや自社株評価は特殊領域ではなくなってきていること、事業承継対策においてポイントとなる自己株式の取得等や組織再編成、事業承継に係る資本政策スキームにおいて自社株評価について特に初期における税額シミュレーションの重大性が広く認識されてきていること、などが考えられます。

　自社株評価は、類書にあるような計算事例だけでも、後付けで税務申告書を記載したり、その他税務諸手続をすることは確かに可能です。しかし、組織再編成や事業承継といったコンサルティング分野の領域においては、場合によっては税額が非常に多額に及ぶこともあるため、初期の段階で税額シミュレーションをし、クライアントに周知徹底すべき事項であり、そういった点において今後ますます重要性は高まると考えられます。

　従来の類書であれば、「非上場株式の評価方法」といったように記載方法が列挙されていることが常で、その他周辺事例に、特に事業承継に絡めて真正面から取り上げられることはほとんどありませんでした。
　本書は類書にできるだけ掲載されていない周辺実務に焦点をあて、周辺解説を銘打ち、真に株価の周辺実務に耐えうる内容はこの1冊で事足りるような構成となっています。

　本書の大きな特徴は、非上場株式の周辺実務に限定したことと、以下の点に集約されます。
　・中級者から上級者まで幅広い読者のニーズに応えるものを意識したこと、一方で基本的な記載方法や課税関係については極力省略しまし

た。

・論点は周辺実務に関して限って言えば、課税実務に真に即した網羅性を重視し、類書では軽く扱っている記載についても紙面の許す限り詳細な解説を加えていること

・裁決・裁判例・判例についても網羅性を重視し、できるだけ実務上のヒントになるような汎用性のあるものを厳選して掲載したこと

・苦手意識を持っている実務家が多いため表現はできるだけ平易に、また、随所に非常に簡単な「よくある」事例を組み込み、具体的な取引をイメージしていただけるようにしたこと、一方で実務上稀な事例についても上級者向けに汎用性のある取引のみを厳選し掲載したこと（この点に関しては論点の切貼りと感じられる読者もいらっしゃることと存じますが、課税実務での多くの失敗は「不知・うっかり」によるものです。したがって論点は紙面の許す限り掲載しました。しかしながら、リストリクテッド・ストックや国外転出時課税などは意図的に割愛し、あくまで「普段よく使う周辺課税実務」にこだわっております。）

　執筆にあたっては、細心の注意を払ったつもりですが、初めての試みが多かった点もあり、至らぬ点が多いと思います。読者の皆様にはお気づきの点があれば、ぜひご指摘をいただきたく存じます。

　最後に株式会社ロギカ書房代表取締役橋詰守氏には企画段階から編集等、力強くサポートしていただいたことに、心から感謝申し上げます。

　令和元年7月

税理士　伊藤　俊一

【凡例】

相法	相続税法
相令	相続税法施行令
相基通	相続税基本通達
所法	所得税法
所令	所得税法施行令
所基通	所得税基本通達
法法	法人税法
法令	法人税法施行令
措法	租税特別措置法
措通	租税特別措置法関係通達
通法	国税通則法
民法	民法
会法	会社法

目次

はじめに

I 基本編

I-1 株式評価編……2

QI-1 個人⇒個人間の税務上の自社株評価額……2

QI-2 同族会社のいる会社・いない会社の判定……10

QI-3 個人⇒法人間売買の税務上の適正価額……11

QI-4 法人⇒個人間、法人⇒法人間売買の税務上の適正価額……15

QI-5 評価損の規定（法人税基本通達9-1-5）……19

QI-6 金庫株の税務上の適正評価額……20

QI-7 株価の見せ方……22

QI-8 時価純資産価額法……24

QI-9 予測株価……25

QI-10 税務上の適正な時価以外の課税関係……27

QI-11 税務上の適正評価額の強制力……29

QI-12 個人の属性によって変わる適正評価額……30

QI-13 株式の個人⇒個人間の異動の留意点……33

QI-14 個人⇒個人間の時価譲渡の論点：低額の場合……34

QI-15 高額譲渡の課税関係……36

QI-16 みなし贈与に関する裁判例……37

QI-17 相続税法第7条の発動……39

QI-18 個人⇒法人間の異動の留意点……42

QⅠ-19 みなし贈与の課税関係……44

QⅠ-20 自社株の取得の論点：著しく低い価額……45

QⅠ-21 低廉譲渡の法人側の留意点……47

QⅠ-22 分配可能額規制に違反した自己株式の取得……48

QⅠ-23 相続自社株の金庫株の特例における価額……56

QⅠ-24 株式の法人⇒個人間の異動の留意点……56

QⅠ-25 第三者割当増資の課税関係……58

QⅠ-26 減資の課税関係……59

QⅠ-27 自社株引下げ時の留意事項……59

QⅠ-28 種類株式と属人株……62

QⅠ-29 一物一価……68

QⅠ-30 DES での負債の時価評価……71

QⅠ-31 個人地主の法人化に係る株価の論点……73

QⅠ-32 土地譲渡類似株式等の短期譲渡所得課税……75

QⅠ-33 業種目番号判定……76

QⅠ-34 類似業種比準価額方式と純資産価額方式の数値……80

QⅠ-35 税務上適正評価：株価の洗い替え……81

QⅠ-36 税務上適正評価：純資産価額の時期の考え方……82

QⅠ-37 法人⇒法人間の株式異動の留意点……87

QⅠ-38 類似業種比準方式における株価引下げ策……88

QⅠ-39 類似業種比準方式の留意点……90

QⅠ-40 節税商品としての保険・リース……103

QⅠ-41 相互持合いの純資産価額が高額……104

QⅠ-42 株価引下げ策の純資産価額編……107

QⅠ-43 相互持合い株価の計算方法……108

QⅠ-44 組織再編後の株式評価の実務上の留意点：土地・家屋等

……*109*

QⅠ-45　投資育成会社・取引先安定株主導入時の留意点……*109*
QⅠ-46　法人間の異動の留意点……*112*

Ⅰ-2　事業承継スキーム編……*115*

QⅠ-47　自己株式を利用した事業承継の留意点：定款の見直し……*115*
QⅠ-48　持分会社を活用した相続税節税スキーム……*117*
QⅠ-49　QⅠ-48のスキームの留意点……*120*
QⅠ-50　配当還元方式＋完全無議決権株式スキーム……*125*

Ⅱ　高難度論点編

Ⅱ-1　株式評価編……*132*

QⅡ-1　「相続税評価額」「帳簿価額」欄に記載する金額の根拠……*132*
QⅡ-2　同族株主がいない会社の株主の議決権割合の判定
　　　　：特殊ケース……*133*
QⅡ-3　婚姻関係終了届……*135*
QⅡ-4　投資育成会社・財団法人が株主の場合の留意点……*136*
QⅡ-5　組織再編後の株価評価の留意点：営業権・不動産……*138*
QⅡ-6　組織再編後の配当還元方式の留意点……*140*
QⅡ-7　債務免除があった場合の類似業種比準方式の計算方法……*141*
QⅡ-8　金利スワップの純資産価額計算上の取扱い……*142*
QⅡ-9　現物分配にまつわる株価の論点……*145*
QⅡ-10　土地保有特定会社の判定……*145*
QⅡ-11　即時償却制度……*146*

QⅡ-12 国外子会社配当による株式保有特定会社外しスキーム……147

QⅡ-13 事業譲渡の際の営業権評価……149

QⅡ-14 M＆A時の時価の算定方法（修正簿価純資産法）……150

QⅡ-15 M＆Aにおける簡易的な価格チェックの方法……152

QⅡ-16 民法上の時価……153

QⅡ-17 財産評価基本通達189前文……153

QⅡ-18 一般社団法人等への株価異動の課税関係……156

QⅡ-19 従業員持株会への遺贈……157

QⅡ-20 同族法人への遺贈の実務上の留意点……157

QⅡ-21 税務上適正評価額：亡父が主宰法人に同社株式及び貸付金を遺贈した場合に株式の譲渡所得の金額の計算上同社の借入金は負債に計上できないとされた事例……158

QⅡ-22 同族法人に現物出資した場合の課税……163

QⅡ-23 営業権、原始発生借地権、自然発生借地権の計上の違い……164

QⅡ-24 株価算定書に添付するもの……166

QⅡ-25 オーナーが仕入先の法人に所有株式の一部を売却する場合の課税関係……166

QⅡ-26 後継者への自社株売却により持ち株30％を切る場合の課税関係……167

QⅡ-27 個人間売買において配当還元方式が利用できる場面……168

QⅡ-28 自己株式取得において配当還元方式が適用される場面……168

QⅡ-29 弔慰金に係る法人税の取扱い……169

QⅡ-30 課税実務上、分類不能の産業……171

QⅡ-31 リゾート会員権下取り時の株価評価……171

QⅡ-32 信用取引の際の株式等保有特定会社の株式・出資の範囲……172

Ⅱ-2　事業承継スキーム編……*174*

QⅡ-33　MEBOスキームによる自己株取得の留意点……*174*

QⅡ-34　相続により取得した株式の自己株取得の留意点……*175*

QⅡ-35　自己株式を利用した事業承継対策案に関する留意点……*177*

QⅡ-36　自社株引下げ時の株式取引の留意点……*177*

QⅡ-37　グループ法人税制回避の留意点……*182*

QⅡ-38　債務超過会社の株式売却に関する留意点……*186*

QⅡ-39　持分会社を活用した相続税節税スキーム：仙台国税局文書回答事例……*186*

QⅡ-40　改正相続法と遺留分との関係性……*190*

QⅡ-41　事業承継税制特例と従来型自社株スキームの合算スキーム……*192*

QⅡ-42　従来型の自社株対策スキーム……*195*

QⅡ-43　兄弟間で仲が悪い会社の解消方法……*204*

QⅡ-44　第二次納税義務回避スキーム……*205*

QⅡ-45　株式交換完全子法人が株式交換前に保有していた自己株式の解消法……*208*

QⅡ-46　グループ法人税制下における節税スキーム……*209*

QⅡ-47　持株会社（資産管理会社）組成上の留意点……*213*

資料1　国税庁質疑応答事例で特に誤りやすい事項……*217*

資料2　資産課税関係　誤りやすい事例（株式評価・その他の財産の評価関係）……*235*

資料3　取引相場のない株式（出資）の評価明細書……*253*

I
基 本 編

Ⅰ-1
株式評価編

Q Ⅰ-1　個人⇒個人間の税務上の自社株評価額

個人⇒個人間の税務上の適正な自社株評価額についてご教示ください。

Answer

相続・贈与・遺贈・譲渡・増資・減資の各場面で適用される株価は異なります。また誰から誰へ、でも株価は変更されます。

［解説］

相続税法における「財産評価基本通達」においては下記のように分類されます。

個人⇒個人間における相続・贈与・遺贈・譲渡において適用されます。取引相場のない株式の評価方式については、財産評価基本通達178〜179に規定があり、以下のように大会社、中会社、小会社、特例評価に分かれます。

【財産評価基本通達178】
（取引相場のない株式の評価上の区分）

178　取引相場のない株式の価額は、評価しようとするその株式の発行会社（以下「評価会社」という。）が次の表の大会社、中会社又は小会社のいずれに該当するかに応じて、それぞれ次項の定めによって評価する。ただし、同族株主以外の株主等が取得した株式又

は特定の評価会社の株式の価額は、それぞれ188《同族株主以外の株主等が取得した株式》又は189《特定の評価会社の株式》の定めによって評価する。（昭41直資 3-19・昭47直資 3-16・昭53直評 5 外・昭58直評 5 外・平 2 直評12外・平 6 課評 2-8 外・平10課評 2-10外・平11課評 2-2 外・平12課評 2-4 外・平18課評 2-27外・平29課評 2-12外改正）

規模区分	区分の内容		総資産価額（帳簿価額によって計算した金額）及び従業員数	直前期末以前 1 年間における取引金額
大会社	従業員数が70人以上の会社又は右のいずれかに該当する会社	卸売業	20億円以上（従業員数が35人以下の会社を除く。）	30億円以上
		小売・サービス業	15億円以上（従業員数が35人以下の会社を除く。）	20億円以上
		卸売業、小売・サービス業以外	15億円以上（従業員数が35人以下の会社を除く。）	15億円以上
中会社	従業員数が70人未満の会社で右のいずれかに該当する会社（大会社に該当する場合を除く。）	卸売業	7,000万円以上（従業員数が 5 人以下の会社を除く。）	2 億円以上30億円未満
		小売・サービス業	4,000万円以上（従業員数が 5 人以下の会社を除く。）	6,000万円以上20億円未満
		卸売業、小売・サービス業以外	5,000万円以上（従業員数が 5 人以下の会社を除く。）	8,000万円以上15億円未満
小会社	従業員数が70人未満の会社で右のいずれにも該当する会社	卸売業	7,000万円未満又は従業員数が 5 人以下	2 億円未満
		小売・サービス業	4,000万円未満又は従業員数が 5 人以下	6,000万円未満
		卸売業、小売・サービス業以外	5,000万円未満又は従業員数が 5 人以下	8,000万円未満

4　Ⅰ　基本編

　　上の表の「総資産価額（帳簿価額によって計算した金額）及び従業員数」及び「直前期末以前１年間における取引金額」は、それぞれ次の(1)から(3)により、「卸売業」、「小売・サービス業」又は「卸売業、小売・サービス業以外」の判定は(4)による。

(1)　「総資産価額（帳簿価額によって計算した金額）」は、課税時期の直前に終了した事業年度の末日（以下「直前期末」という。）における評価会社の各資産の帳簿価額の合計額とする。

(2)　「従業員数」は、直前期末以前１年間においてその期間継続して評価会社に勤務していた従業員（就業規則等で定められた１週間当たりの労働時間が30時間未満である従業員を除く。以下この項において「継続勤務従業員」という。）の数に、直前期末以前１年間において評価会社に勤務していた従業員（継続勤務従業員を除く。）のその１年間における労働時間の合計時間数を従業員１人当たり年間平均労働時間数で除して求めた数を加算した数とする。

　　この場合における従業員１人当たり年間平均労働時間数は、1,800時間とする。

(3)　「直前期末以前１年間における取引金額」は、その期間における評価会社の目的とする事業に係る収入金額（金融業・証券業については収入利息及び収入手数料）とする。

(4)　評価会社が「卸売業」、「小売・サービス業」又は「卸売業、小売・サービス業以外」のいずれの業種に該当するかは、上記(3)の直前期末以前１年間における取引金額（以下この項及び181-2《評価会社の事業が該当する業種目》において「取引金額」という。）に基づいて判定し、当該取引金額のうちに２以上の業種に係る取引金額が含まれている場合には、それらの取引金額のうち最も多い取引金額に係る業種によって判定する。

(注)　上記(2)の従業員には、社長、理事長並びに法人税法施行令第71条《使用人兼務役員とされない役員》第１項第１号、第２号及び第４

号に掲げる役員は含まないのであるから留意する。

【財産評価基本通達179項】

(取引相場のない株式の評価の原則)

179 前項により区分された大会社、中会社及び小会社の株式の価額は、それぞれ次による。(昭41直資31-9・昭47直資3-16・昭58直評5外・平6課評2-8外・平10課評2-10外・平12課評2-4外・平29課評2-12外改正)

(1) 大会社の株式の価額は、類似業種比準価額によって評価する。ただし、納税義務者の選択により、1株当たりの純資産価額(相続税評価額によって計算した金額)によって評価することができる。

(2) 中会社の株式の価額は、次の算式により計算した金額によって評価する。ただし、納税義務者の選択により、算式中の類似業種比準価額を1株当たりの純資産価額(相続税評価額によって計算した金額)によって計算することができる。

類似業種比準価額×L+1株当たりの純資産価額(相続税評価額によって計算した金額)×(1-L)

上の算式中の「L」は、評価会社の前項に定める総資産価額(帳簿価額によって計算した金額)及び従業員数又は直前期末以前1年間における取引金額に応じて、それぞれ次に定める割合のうちいずれか大きい方の割合とする。

イ 総資産価額(帳簿価額によって計算した金額)及び従業員数に応ずる割合

6　I　基本編

卸売業	小売・サービス業	卸売業、小売・サービス業以外	割合
4億円以上（従業員数が35人以下の会社を除く。）	5億円以上（従業員数が35人以下の会社を除く。）	5億円以上（従業員数が35人以下の会社を除く。）	0.90
2億円以上（従業員数が20人以下の会社を除く。）	2億5,000万円以上（従業員数が20人以下の会社を除く。）	2億5,000万円以上（従業員数が20人以下の会社を除く。）	0.75
7,000万円以上（従業員数が5人以下の会社を除く。）	4,000万円以上（従業員数が5人以下の会社を除く。）	5,000万円以上（従業員数が5人以下の会社を除く。）	0.60

（注）　複数の区分に該当する場合には、上位の区分に該当するものとする。

　　　ロ　直前期末以前1年間における取引金額に応ずる割合

卸売業	小売・サービス業	卸売業、小売・サービス業以外	割合
7億円以上 30億円未満	5億円以上 20億円未満	4億円以上 15億円未満	0.90
3億5,000万円以上 7億円未満	2億5,000万円以上 5億円未満	2億円以上 4億円未満	0.75
2億円以上 3億5,000万円未満	6,000万円以上 2億5,000万円未満	8,000万円以上 2億円未満	0.60

　(3)　小会社の株式の価額は、1株当たりの純資産価額（相続税評価額によって計算した金額）によって評価する。ただし、納税義務者の選択により、Lを0.50として(2)の算式により計算した金額によって評価することができる。

【財産評価基本通達188-2】

（同族株主以外の株主等が取得した株式の評価）

188-2　前項の株式の価額は、その株式に係る年配当金額（183

《評価会社の１株当たりの配当金額等の計算》の(1)に定める１株当たりの配当金額をいう。ただし、その金額が２円50銭未満のもの及び無配のものにあっては２円50銭とする。）を基として、次の算式により計算した金額によって評価する。ただし、その金額がその株式を179《取引相場のない株式の評価の原則》の定めにより評価するものとして計算した金額を超える場合には、179《取引相場のない株式の評価の原則》の定めにより計算した金額によって評価する。（昭58直評５外追加、平12課評２－４外・平18課評２-27外改正）

$$\frac{その株式に係る年配当金額}{10\%} \times \frac{その株式の１株当たりの資本金等の額}{50円}$$

（注）　上記算式の「その株式に係る年配当金額」は１株当たりの資本金等の 額を50円とした場合の金額であるので、算式中において、評価会社の直前期末における１株当たりの資本金等の額の50円に対する倍数を乗じて評価額を計算することとしていることに留意する。

原則的評価	大会社	類似業種比準価額方式
	中会社	類似業種比準価額方式と純資産価額方式併用 （Ｌの割合によって類似の利用範囲が異なります）
	小会社	純資産価額方式 OR 類似業種比準価額方式（50%）と純資産価額方式（50%）併用
特例評価		配当還元方式

　財産評価基本通達の規定は、そもそも相続税申告書における自社株の相続税評価や贈与税申告における贈与時の株価評価（遺贈も含みます）に用いられるものでした。しかし、実務上は売買にも利用されています。根拠とまではなりませんが、相続税評価額が売買にも用いられることを支持した判示を挙げておきます。

東京地方裁判所平成18年（行ウ）第562号贈与税決定処分取消等請求事件（全部取消し）（確定）（納税者勝訴）平成19年8月23日判決【税務訴訟資料　第257号 -154（順号10763）】【親族間の譲渡とみなし贈与／「著しく低い価額」の対価とは】

〔判示事項〕

　相続税評価額が地価公示価格と同水準の価格の約80パーセントであることからすると、地価が安定して推移している場合や上昇している場合には、この開差に着目し、実質的には贈与税の負担を免れつつ贈与を行った場合と同様の経済的利益の移転を行うことが可能になるのであり、このことが租税負担の公平の見地から相当でないことは明らかであるとの課税庁の主張が、仮に時価の80パーセントの対価で土地を譲渡するとすれば、これによって移転できる経済的利益は当該土地の時価の20パーセントにとどまるのであり（換価することまで考えれば、実際の経済的利益はそれよりさらに低くなるであろう。）、「贈与税の負担を免れつつ贈与を行った場合と同様の経済的利益の移転を行うことが可能になる」とまでいえるのかははなはだ疑問である上、そもそも課税庁の上記主張は、相続税法第7条（贈与又は遺贈により取得したものとみなす場合）自身が「著しく低い価額」に至らない程度の「低い価額」の対価での譲渡は許容していることを考慮しないものであるとして排斥された事例。

　「著しく低い価額」の対価に当たるか否かは、単に時価との比較（比率）のみによって決するものではなく、「実質的に贈与を受けたと認められる金額」の有無によって判断すべきであるとの課税庁の主張が、相続税法第7条（贈与又は遺贈により取得したものとみなす場合）は、当事者に実質的に贈与の意思があったか否かを問わずに適用されるものであることは既に述べたとおりであり、実質的に贈与を受けた

か否かという基準が妥当なものとは解されず、また、この基準による
とすれば、時価よりも低い価額の対価で譲渡が行われた場合、客観的
にみて譲受人は譲渡人から一定の経済的利益を無償で譲り受けたと評
価することができるのであるから、そのすべての場合において実質的
に贈与を受けたということにもなりかねず、単なる「低い価額」を除
外し「著しく低い価額」のみを対象としている同条の趣旨に反するこ
とになるとして排斥された事例。

　第三者との間では決して成立し得ないような対価で売買が行われ、
当事者の一方が他方の負担の下に多額の経済的利益を享受したか否か
によって判断すべきであるとの課税庁の主張が、第三者との間では決
して成立し得ないような対価で売買が行われたか否かという基準は趣
旨が明確でなく、仮に「第三者」という表現によって、親族間やこれ
に準じた親しい関係にある者相互間の譲渡とそれ以外の間柄にある者
相互間の譲渡とを区別し、親族間やこれに準じた親しい関係にある者
相互間の譲渡においては、たとえ「著しく低い価額」の対価でなくて
も課税する趣旨であるとすれば、相続税法7条（贈与又は遺贈により
取得したものとみなす場合）の文理に反するというほかなく、また、時
価の80パーセント程度の水準の対価であれば、上記の意味での「第三
者」との間で売買が決して成立し得ないような対価であるとまでは断
言できないとして排斥された事例。

　財産の譲受の状況の一要因である「個々の取引の意図、目的その合
理性」が、相続税法第7条（贈与又は遺贈により取得したものとみな
す場合）の「著しく低い価額」に当たるか否かを判断する際の一事情と
して考慮されるべきものであるとの課税庁の主張が、取引の意図、目
的、合理性といった事情を考慮するとなると、結局、当事者に租税負
担回避の意図・目的があったか否かといった点が重要な考慮要素にな
ると思われるが、同条は当事者に租税負担回避の意図・目的があった

か否かを問わずに適用されるものであり、同主張は同条の趣旨に反することになるとして排斥された事例。

相続税評価額と同程度の価額かそれ以上の価額の対価によって土地の譲渡が行われた場合におけるその代金額は、相続税法第7条（贈与又は遺贈により取得したものとみなす場合）にいう「著しく低い価額」の対価には当たらないとされた事例。

租税の公平負担の要請から実質的にみても、本件における土地売買の代金額と土地の時価や相続税評価額との比較に加え、譲渡者が土地を購入してから売買が行われるまで2年以上の期間が経過していること、売買により納税者らが取得したものは土地の持分であり、容易に換価できるものではなく、実際に原告らもこれを換価してはいないこと、課税庁の主張を前提としても、譲渡者が土地を売買をしたことには流動資産を増やしたいとの一応合理的な理由があったことなどの事情を考慮すれば、本件の土地売買が明らかに異常で不当といえるような専ら租税負担の回避を目的として仕組まれた取引であるとは認められないとされた事例。

自社株取引の場合は、まず初めにこの規定を中心に考えていく必要があります。

Q I-2　同族株主のいる会社・いない会社の判定

同族株主のいる会社の判定、いない会社の判定についてご教示ください。

I-1 株式評価編 **11**

Answer

下記の図のように整理されます。詳しい用語は巻末をご参照ください[1]。

区分	株主の態様			評価方式
同族株主のいない会社	議決権割合の合計額が15%以上の株主グループに属する株主	取得後の議決権割合が５％以上の株主		原則的評価方式
		取得後の議決権割合が５％未満の株主	中心的な株主がいない場合	
			役員である株主又は役員となる株主	
			その他の株主	配当還元方式
	議決権割合の合計が15%未満の株主グループに属する株主			

区分	株主の態様				評価方式
同族株主のいる会社	同族株主	取得後の議決権割合が５％以上の株主			原則的評価方式
		取得後の議決権割合が５％未満の株主	中心的な同族株主がいない場合		
			中心的な同族株主がいる場合	中心的な同族株主	
				役員である株主又は役員となる株主	
				その他の株主	
	同族株主以外の株主				配当還元方式

Q I-3　個人⇒法人間売買の税務上の適正評価額

個人⇒法人間売買の税務上の適正評価額についてご教示ください。

Answer

所得税法基本通達59-6の規定を用います。課税上弊害がない限り配当還元方式価額での評価も可能です。

1　小原清志編著『株式・公社債の評価の実務』62頁、78頁　大蔵財務協会　2017年

12 I 基本編

［解説］

　次に所得税基本通達59-6の規定を見ていきましょう。これは、主に個人⇒法人間売買の適正評価額となります。

【所得税基本通達59-6】
（株式等を贈与等した場合の「その時における価額」）

59-6　法第59条第1項の規定の適用に当たって、譲渡所得の基因となる資産が株式（株主又は投資主となる権利、株式の割当てを受ける権利、新株予約権（新投資口予約権を含む。以下この項において同じ。）及び新株予約権の割当てを受ける権利を含む。以下この項において同じ。）である場合の同項に規定する「その時における価額」とは、23〜35共-9に準じて算定した価額による。この場合、23〜35共-9の(4)ニに定める「1株又は1口当たりの純資産価額等を参酌して通常取引されると認められる価額」とは、原則として、次によることを条件に、昭和39年4月25日付直資56・直審（資）17「財産評価基本通達」（法令解釈通達）の178から189-7まで（（取引相場のない株式の評価））の例により算定した価額とする。（平12課資3-8、課所4-29追加、平14課資3-11、平16課資3-3、平18課資3-12、課個2-20、課審6-12、平21課資3-5、課個2-14、課審6-12、平26課資3-8、課個2-15、課審7-15改正）

(1)　財産評価基本通達188の(1)に定める「同族株主」に該当するかどうかは、株式を譲渡又は贈与した個人の当該譲渡又は贈与直前の議決権の数により判定すること。

(2)　当該株式の価額につき財産評価基本通達179の例により算定する場合（同通達189-3の(1)において同通達179に準じて算定する場合を含む。）において、株式を譲渡又は贈与した個人が当該株式の発行会社にとって同通達188の(2)に定める「中心的な同族株主」に該当するときは、当該発行会社は常に同通達178に定める「小

会社」に該当するものとしてその例によること。

(3)　当該株式の発行会社が土地（土地の上に存する権利を含む。）又は金融商品取引所に上場されている有価証券を有しているときは、財産評価基本通達185の本文に定める「1株当たりの純資産価額（相続税評価額によって計算した金額）」の計算に当たり、これらの資産については、当該譲渡又は贈与の時における価額によること。

(4)　財産評価基本通達185の本文に定める「1株当たりの純資産価額（相続税評価額によって計算した金額）」の計算に当たり、同通達186-2により計算した評価差額に対する法人税額等に相当する金額は控除しないこと。

この規定の適用上の注意事項は、以下の通りです。

①　同族株主に該当するか否かは譲渡時の議決権数により判定します。財産評価基本通達179項が評価しようとするその株式の発行会社の大・中・小区分に応じた評価方式を扱っているとこと、財産評価基本通達178項では、その大・中・小の区分の基準を示しています。ただし、財産評価基本通達178項は同族株主が取得した（購入側）株式についての当該区分の基準を想定し、財産評価基本通達188項は、同族株主以外が取得した株式について言及しています。それを受けて、財産評価基本通達188-2では相続株主以外が取得した株式の評価方法について例外を示しております。したがって、当該①の条件は、財産評価基本通達が購入側に立つのに対して譲受側に立つこと明確にしたものと考えられます[2]。後述の法人税基本通達9-1-14（4-1-6）とは、売買取引の持株単位（持株割合と同義）で、購入者側の立場に立って適用するという相違点があることに留意してください。ちなみ

2　茂腹敏明『非上場株式鑑定ハンドブック』480頁　中央経済社　2009年

14　Ⅰ　基本編

にこの相違は、法人税基本通達9-1-14（4-1-6）が法人が事業年度末に保有する非上場株式について評価損を損金算入する場合であり、株式の譲渡を前提として創設された規定ではないからと推察されます[3]。

② 　譲渡者が中心的同族株主なら小会社方式を適用します。

③ 　上記②における小会社方式の土地、上場有価証券は時価評価となります。法人税額等相当額の控除はしません。

　　ただし、実務上、時価評価替えできるものはすべて行うのが通例です。保険積立金、レバレッジドリース、建物、建物付属設備、簿外の保険（保険積立金や、オフバランスになっている全損型の保険について、解約返戻金相当額で時価評価し直さなければいけない）等々がそれに当たります。

④ 　「純然たる第三者」

　　純然たる第三者間売買においてはこの取扱いを形式的に当てはめることは相当でないと解されています[4]。

時価とは客観的な交換価値と呼ばれるものです。その客観的な交換価値という概念から考えると、保険積立金あるいは全損型でオフバランスになっている保険商品に関しては、そのときの客観的な交換価値というのは解約返戻金相当額ということになります。

なお、こういうケースも考えられます。親子会社間で親会社のほうに債務が滞留している場合（通常、持株会社になります）、子会社で全損型定期保険解約返戻金付に加入し、それをイ）子会社から親会社に譲渡し、又はロ）子会社と親会社が完全支配関係にある場合には適格現物分配し、そして、ハ）親に移転した保険を解約返戻ピーク時に解約し、親の債務返済に

3　税理士法人AKJパートナーズ『非上場会社の株価決定の実務』32頁　中央経済社　2017年

4　三又修他編著『平成29年版所得税基本通達逐条解説』（財）大蔵財務協会718頁によると「当然のことながら、純然たる第三者間において種々の経済性を考慮して決定された価額（時価）により取引されたと認められる場合など、この取扱いを形式的に当てはめて判定することが相当でない場合もあることから、この取扱いは原則的なものとしている」との記載があります。

充てるというものです。この場合の移動時の評価額はどうなるでしょうか。完全支配関係にある場合、グループ法人税制が適用されますから帳簿価額で移転されることになります。

グループ法人税制における帳簿価額とは「法人税法上の帳簿価額」です。全損型では支払いの都度損金になりますから法人税法上の帳簿価額は0です。したがって、イ）譲渡価額ロ）適格現物分配評価額も両者とも0でよいと思われます。なお、法人間の保険の「譲渡」はその保険契約状況いかんによっては否認されるケースもあるようです。

保険代理店に保険特性をしっかり聞いてから実行することをお勧めします。また、否認された時のために完全支配関係を予め形成しておき、グループ法人税制で救済されるようしておく必要性もあります。

実際に、主に節税商品として用いられてきた「全損型」保険は2019年6月28日に通達改正がありました。それらの動向に注視し、当該スキームの実行可否を検討すべきです。

④ついては、純然たる第三者間売買においては上記のように形式的に取り扱うことは相当ではないということです。この「純然たる第三者」概念については、どのようなものがこれに当てはまるかという問題があります。

Q I-4　法人⇒個人間、法人⇒法人間売買の税務上の適正評価額

法人⇒個人間、法人⇒法人間売買の税務上の適正評価額についてご教示ください。

Answer

法人税基本通達については、法人税基本通達9-1-14又は法人税基本通達4-1-6又は時価純資産価額が該当します。主に法人⇒法人間売買、合併比率、交換比率の算定等に利用されます。

16　I　基本編

［解説］

　法人税基本通達 9 - 1 -14を見てみましょう。なお、法人税基本通達
4 - 1 - 6 も同様です。

【法人税基本通達 9 - 1 -14】

（上場有価証券等以外の株式の価額の特例）

9 - 1 -14　法人が、上場有価証券等以外の株式（ 9 - 1 -13の⑴及び
⑵に該当するものを除く。）について法第33条第 2 項《資産の評価換
えによる評価損の損金算入》の規定を適用する場合において、事業
年度終了の時における当該株式の価額につき昭和39年 4 月25日付直
資56・直審（資）17「財産評価基本通達」（以下 9 - 1 -14において
「財産評価基本通達」という。）の178から189- 7 まで《取引相場のな
い株式の評価》の例によって算定した価額によっているときは、課
税上弊害がない限り、次によることを条件としてこれを認める。
（昭55年直法 2 - 8 「三十一」により追加、昭58年直法 2 -11「七」、平 2
年直法 2 - 6 「三」、平 3 年課法 2 - 4 「八」、平12年課法 2 - 7 「十六」、
平12年課法 2 -19「十三」、平17年課法 2 -14「九」、平19年課法 2 -17「十
九」により改正）

⑴　当該株式の価額につき財産評価基本通達179の例により算定す
　る場合（同通達189- 3 の⑴において同通達179に準じて算定する場合
　を含む。）において、当該法人が当該株式の発行会社にとって同
　通達188の⑵に定める「中心的な同族株主」に該当するときは、
　当該発行会社は常に同通達178に定める「小会社」に該当するも
　のとしてその例によること。

⑵　当該株式の発行会社が土地（土地の上に存する権利を含む。）又
　は金融商品取引所に上場されている有価証券を有しているとき
　は、財産評価基本通達185の本文に定める「 1 株当たりの純資産価
　額（相続税評価額によって計算した金額）」の計算に当たり、これらの

Ⅰ-1 株式評価編 **17**

資産については当該事業年度終了の時における価額によること。

(3) 財産評価基本通達185の本文に定める「1株当たりの純資産価額（相続税評価額によって計算した金額）」の計算に当たり、同通達186-2により計算した評価差額に対する法人税額等に相当する金額は控除しないこと。

　なお、所得税基本通達59-6で計算した金額と、法人税基本通達9-1-14（法人税基本通達4-1-6）で計算した金額は必ず一致します。

【法人税基本通達4-1-6】
（上場有価証券等以外の株式の価額の特例）

4-1-6　法人が、上場有価証券等以外の株式（4-1-5の(1)及び(2)に該当するものを除く。）について法第25条第3項《資産評定による評価益の益金算入》の規定を適用する場合において、再生計画認可の決定があった時における当該株式の価額につき昭和39年4月25日付直資56・直審（資）17「財産評価基本通達」（以下4-1-6において「財産評価基本通達」という。）の178から189-7まで《取引相場のない株式の評価》の例によって算定した価額によっているときは、課税上弊害がない限り、次によることを条件としてこれを認める。(平17年課法2-14「七」により追加、平19年課法2-3「十五」、平19年課法2-17「九」、平22年課法2-1「十三」により改正)

(1) 当該株式の価額につき財産評価基本通達179の例により算定する場合（同通達189-3の(1)において同通達179に準じて算定する場合を含む。）において、当該法人が当該株式の発行会社にとって同通達188の(2)に定める「中心的な同族株主」に該当するときは、当該発行会社は常に同通達178に定める「小会社」に該当するものとしてその例によること。

(2) 当該株式の発行会社が土地（土地の上に存する権利を含む。）又

18　I　基本編

は金融商品取引所に上場されている有価証券を有しているとき
は、財産評価基本通達185の本文に定める「1株当たりの純資産
価額（相続税評価額によって計算した金額)」の計算に当たり、こ
れらの資産については当該再生計画認可の決定があった時におけ
る価額によること。
(3)　財産評価基本通達185の本文に定める「1株当たりの純資産価
額（相続税評価額によって計算した金額)」の計算に当たり、同通
達186-2により計算した評価差額に対する法人税額等に相当する
金額は控除しないこと。

① 同族株主の判定時期は明記ありません。この通達は有価証券の評価
損通達で株式を所有していることを前提としたものとされています。

② 譲受者側に立った通達である所得税基本通達59-6と同じスタンス
のものは法人税基本通達2-3-4となります。それ以外の留意すべき
点は所得税基本通達59-6と同じです。なお純然たる第三者間におい
ての取引価額についても考え方は同じです[5]。法人税基本通達
2-3-4において上場有価証券等以外の株式の譲渡に係る対価の額
（要するに時価）の算定に当たっては、法人税基本通達4-1-5、
4-1-6を準用することを規定しています。これらについては準用通
達は民事再生法の規定による再生計画認可決定のあった時の株式の価
額について解釈指針です。準用できるということは、再生計画認可の
決定局面でないときにも使うことができるという意味になります。法
人税基本通達9-1-13、9-1-14は法人税基本通達4-1-5、
4-1-6の方が発遣された時期が古いためこちらのほうがなじみ深い

5　小原一博編著『法人税基本通達逐条解説八訂版』税務研究会出版局　718頁においては「た
だし、純然たる第三者間において種々の経済性を考慮して定められた取引価額は、たとえ上
記と異なる価額であっても、一般に常に合理的なものとして是認されることとなろう」と記
載されています。

というだけです[6]。

【法人税基本通達2-3-4】

(低廉譲渡等の場合の譲渡の時における有償によるその有価証券の譲渡により通常得べき対価の額)

2-3-4　法人が無償又は低い価額で有価証券を譲渡した場合における法第61条の2第1項第1号《有価証券の譲渡損益の益金算入等》に規定する譲渡の時における有償によるその有価証券の譲渡により通常得べき対価の額の算定に当たっては、4-1-4《上場有価証券等の価額》並びに4-1-5及び4-1-6《上場有価証券等以外の株式の価額》の取扱いを準用する。(平12年課法2-7「四」により追加、平15年課法2-7「八」、平17年課法2-14「四」、平19年課法2-3「十」、平30年課法2-8「四」により改正)

(注)　4-1-4本文に定める「当該再生計画認可の決定があった日以前1月間の当該市場価格の平均額」は、適用しない。

Q I-5　評価損の規定（法人税基本通達9-1-15）

法人税基本通達9-1-14（法人税基本通達4-1-6）と法人税基本通達9-1-15の関係性についてご教示ください。

Answer

法人税基本通達9-1-14（法人税基本通達4-1-6）が法人税法の価額を定めた方に対して9-1-15は評価損を定めた規定です。

[解説]

6　茂腹敏明『非上場株式鑑定ハンドブック』464頁〜465頁　中央経済社　2009年、OAG税理士法人『株式評価の実務全書』46頁　ぎょうせい　2019年

20 Ⅰ　基本編

　逐条解説によると「そして、この企業支配に係る対価の額については、その株式の保有を通じて企業支配の状態が存続している限りその価値に変化はないものと考えられるから、たとえその株式の発行法人の資産状態が著しく悪化したとしても、その企業支配権的対価の部分にまで評価損を認めることは適当ではない」[7]とあり評価損を定めた規定であることを説明しています。

Q Ⅰ-6　金庫株の税務上の適正評価額

　金庫株に適用される税務上の適正評価額についてご教示ください。

Answer

　租税特別措置法基本通達37の10・37の11共 -22があります。

［解説］

　自社株取引において使う規定としては、租税特別措置法基本通達37の10・37の11共 -22があります。オーナー株主が金庫株に用いる株価を規定したものです。

【租税特別措置法基本通達37の10・37の11共 -22】
（法人が自己の株式又は出資を個人から取得する場合の所得税法第59条の適用）
37の10・37の11共 -22　　法人がその株主等から措置法第37条の10第 3 項第 5 号の規定に該当する自己の株式又は出資の取得を行う場合において、その株主等が個人であるときには、同項及び措置法第37条の11第 3 項の規定により、当該株主等が交付を受ける金銭等

7　小原一博編著『法人税基本通達逐条解説八訂版』723頁　税務研究会出版局　2016年

（所得税法第25条第1項《配当等とみなす金額》の規定に該当する部分の金額（以下この項において「みなし配当額」という。）を除く。）は一般株式等に係る譲渡所得等又は上場株式等に係る譲渡所得等に係る収入金額とみなされるが、この場合における同法第59条第1項第2号《贈与等の場合の譲渡所得等の特例》の規定の適用については、次による。（平27課資3-4、課個2-19、課法10-5、課審7-13追加、平29課資3-4、課個2-20、課法10-4、課審7-14改正）

(1) 所得税法第59条第1項第2号の規定に該当するかどうかの判定

法人が当該自己の株式又は出資を取得した時における当該自己の株式又は出資の価額（以下この項において「当該自己株式等の時価」という。）に対して、当該株主等に交付された金銭等の額が、所得税法第59条第1項第2号に規定する著しく低い価額の対価であるかどうかにより判定する。

(2) 所得税法第59条第1項第2号の規定に該当する場合の一般株式等に係る譲渡所得等又は上場株式等に係る譲渡所得等に係る収入金額とみなされる金額

当該自己株式等の時価に相当する金額から、みなし配当額に相当　する金額を控除した金額による。

(注) 「当該自己株式等の時価」は、所基通59-6《株式等を贈与等した場合の「その時における価額」》により算定するものとする。

　自己株式取得（金庫株）については所得税基本通達59-6を用いることと規定されています。なお、実務上は時価純資産価額を採用する例も多いです。例えば、自己資本が厚い会社で、金庫株によって株式の現金化金額を大きくしたいということであれば、所得税基本通達59-6ではなく、時価純資産価額の方について金額が大きいのでそれを使って、株式の現金化金額を増やすことができるということになります。相続金庫株により遺留分を配慮した資金工面（代償金交付の原資になるため）にも活用されます。

22　I　基本編

Q I-7　株価の見せ方

クライアントに対する株価の見せ方をご教示ください。

Answer

下記のような「株価総括表」を作成することをお勧めしています。

[解説]

【株価総括表】～株式会社○○様　平成31年3月期～

会社名	株式会社○○	
年度	平成26年3月期	
業種区分	××	
会社規模	大会社	
特定会社判定	該当なし	
発行済株式数	249,119株	
自己株式	0株	
類似業種比準価額		※相続税評価額算定の基準値となります。
単価	769円/株	
総額	191,572,511円	
純資産価額（法人税額等控除有）		※相続税評価額算定の基準値となります。
単価	2,948円/株	
総額	734,402,812円	
純資産価額（法人税額等控除無）		
単価	3,400円/株	
総額	847,004,600円	
相続税評価額（原則）		※個人株主⇒個人株主（大株主、オーナー、代表者）に譲渡・贈与するとき使用します。
単価	769円/株	
総額	191,572,511円	
法人取引価額（折衷）　所基通59-6　法基通9-1-14		※個人株主⇒法人に譲渡・贈与するとき使用します。金庫株・組織再編に使用します。
単価	2,071円/株	
総額	515,836,478円	

I-1 株式評価編 **23**

法人取引価額（時価）		
	単価	3,592円／株
	総額	894,835,448円
配当還元方式価額		
	単価	282円／株
	総額	70,251,558円

※個人株主⇒法人に譲渡・贈与
するとき使用します。
金庫株・組織再編にも使用し
ます。
※個人株主⇒個人株主（少数株
主）・持株会に譲渡・贈与す
るとき使用します。

※法人取引価額（折衷）及び法人取引価額（時価）における土地の評価は相続税評価額（概算）
に0.8で割り戻した概算公示価格を適用しております。また保険積立金解約返戻金は当初約定
利率によっております。
※類似業種比準価額の計算要素は平成30年8月1日現在の「「平成30年分の類似業種比準価
額計算上の業種目及び業種目別株価等について」の一部改正について（法令解釈通達）」に基
づいております（平成30年6月分まで）。

　上記総括表では、計7つの株価を並べています。これは銀行のプライ
ベートバンキング部がこの7つの株価を並べた資料を作成しているため平
仄を合わせているだけです。ただし、7つの株価の中で実際に使われるの
は、下から4つまで、すなわち「相続税評価額（原則）」、「法人取引価額
（折衷）」（折衷とありますが、小会社方式と呼ばれるもの、所得税基本通達
59-6、法人税基本通達9-1-14（法人税基本通達4-1-6）のことです）、「法
人取引価額（時価）」（時価とは時価純資産価額のことです）、「配当還元方式
価額」の4つとなります。
　「相続税評価額（原則）」は、相続税申告時に使われるのはもちろんのこ
と、個人株主から個人株主（大株主、オーナー、代表者等）に譲渡、贈与す
るときに使用されるものになります。「法人取引価額（折衷）」は、個人株
主から法人に譲渡、贈与するときに使用される株価になります。また、合
併比率、交換比率の算定の基本となる株価の1つにも用いられます。自己
株式取得（金庫株）もこれを使うことが多くあります。「法人取引価額（時
価）」は、個人株主から法人に譲渡、贈与するときや、自己株式取得（金
庫株）、合併比率、交換比率にも使用します。
　「法人取引価額（折衷）」と「法人取引価額（時価）」が使われる場面は、
原則として、同じ場面だと考えてください。なお、同一事業年度に連続再

24　Ⅰ　基本編

編するときには採用株価は統一させるのが望ましいといわれています。例えば、法人取引価額（折衷）で合併を行った事業年度で、さらに連続して株式交換をする時は法人取引価額（折衷）を用います。当初再編が時価であれば次回再編も時価にすべきです（不平等比率の認定を避けるためです）。

「配当還元方式価格」は、個人株主から個人株主（持株会等の少数株主）に譲渡、贈与するときに使用します。表の最後の※ですが、「法人取引価額（折衷）及び法人取引価額（時価）における土地の評価は相続税評価額（概算）に0.8で割り戻した概算公示価格を適用しております」と記載されています。基本的にはこのような計算方法で問題ありません。しかし、土地建物のボリュームが多い会社に関しては、不動産鑑定士を使うという方法がよろしいかと思います。不動産鑑定士を使わない場合には近隣公示価格で引き直す方法（（公示地の標準価格）×対象地の路線価／公示地の路線価）も主流です。

Ｑ Ⅰ-8　時価純資産価額法

　時価純資産価額法とは何でしょうか？またその算出方法をご教示ください。

Answer

　課税時期の貸借対照表をすべて時価に洗い替えるだけです。法人税額等相当額は控除しないでください。

［解説］

　実務上の作成手順としては以下の通りとなります。課税時期の貸借対照表を準備します。第5表若しくはエクセルをご用意ください。そこで資産、負債をすべて時価評価していきます。よく計上されるものとして下記が挙げられます。

I-1 株式評価編 **25**

・純資産のプラス項目

不動産、有価証券の含み益、保険積立金の時価修正（解約返戻金相当額)、レバレッジトリースの修正、繰延税金資産の認識

・純資産のマイナス項目

不動産、有価証券の含み損、不良在庫（ただし税務上、評価額を計上しにくいため帳簿価額計上のままであることが多いです)、過年度の減価償却不足額、回収見込みのない金銭債権、従業員退職給付引当金不足額、繰延税金負債の認識等

これらをもれなくすべて計上します。これが時価純資産価額です。課税実務上は小会社方式をとる時も類似業種比準価額（斟酌率 =0.5)×50％＋当該時価純資産価額を採用することも非常に多く見受けられます。

Q I-9 予測株価

クライアントに対する予測株価をご教示ください。

Answer

基本的に下記の図を用いることが多いです。

［解説］

【将来株価】〜株式会社○○様　平成31年3月期〜

会社名	株式会社○○
年度	平成31年3月期(予測)
業種区分	××
会社規模	大会社
特定会社判定	該当なし
発行済株式数	249,119株
配当〈記念配当を除く〉	3,736,785円
配当　総額	9,964,760円（うち　普通配当3％／記念配当5％）

> △23,848千円以下になるまで変動はほぼない

		60,000,000円	40,000,000円	20,000,000円	10,000,000円	5,000,000円	1,000,000円	0円	△1,000,000円	△5,000,000円
平成31年3月期利益(損益予測)		60,000,000円	40,000,000円	20,000,000円	10,000,000円	5,000,000円	1,000,000円	0円	△1,000,000円	△5,000,000円
類似業種比準価額	単価	1,160円/株	991円/株	783円/株	574円/株	456円/株	416円/株	416円/株	416円/株	416円/株
	総額	288,978,040円	246,876,929円	195,060,177円	142,994,306円	113,598,264円	103,633,504円	103,633,504円	103,633,504円	103,633,504円
純資産価額(法人税額等控除有)	単価	3,078円/株	3,029円/株	2,981円/株	2,957円/株	2,945円/株	2,935円/株	2,933円/株	2,929円/株	2,913円/株
	総額	766,666,027円	754,666,027円	742,666,027円	736,666,027円	733,666,027円	731,286,027円	730,666,027円	729,666,027円	725,666,027円
純資産価額(法人税額等控除前)	単価	3,530円/株	3,481円/株	3,433円/株	3,409円/株	3,397円/株	3,387円/株	3,385円/株	3,381円/株	3,365円/株
	総額	879,267,815円	867,267,815円	855,267,815円	849,267,815円	846,267,815円	843,867,815円	843,267,815円	842,267,815円	838,267,815円
相続税評価額(原則)	単価	1,160円/株	991円/株	783円/株	574円/株	456円/株	416円/株	416円/株	416円/株	416円/株
	総額	288,978,040円	246,876,929円	195,060,177円	142,994,306円	113,598,264円	103,633,504円	103,633,504円	103,633,504円	103,633,504円
法人取引価額(折表)	単価	2,275円/株	2,191円/株	2,092円/株	2,006円/株	1,957円/株	1,938円/株	1,937円/株	1,935円/株	1,927円/株
	総額	566,755,774円	545,719,663円	521,213,680円	499,618,727円	487,620,140円	482,861,297円	482,561,297円	482,261,297円	480,061,297円
法人取引価額(額面)	単価	3,722円/株	3,673円/株	3,625円/株	3,601円/株	3,589円/株	3,579円/株	3,577円/株	3,573円/株	3,557円/株
	総額	927,098,663円	915,098,663円	903,098,663円	897,098,663円	894,098,663円	891,698,663円	891,098,663円	890,098,663円	886,098,663円
配当還元方式価額	単価	282円/株	282円/株	282円/株	282円/株	282円/株	282円/株	282円/株	282円/株	282円/株
	総額	70,251,558円	70,251,558円	70,251,558円	70,251,558円	70,251,558円	70,251,558円	70,251,558円	70,251,558円	70,251,558円

※法人取引価額(折表)、および法人取引価額(額面)に関して、相続税評価額(単価)に1.25倍した概算公示価格を適用しております。

※類似業種比準価額は平成25年8月1日現在の「平成25年分の類似業種比準価額の業種目及び業種目別株価等について」の一部改正について(法令解釈通達)に基づいております(平成25年6月分まで)。

I-1 株式評価編　**27**

　類似業種比準価額の修正は、当該利益に応じて計算していきます。当然
Ⓓの純資産も予想利益×（1−実効税率）の分だけ積んでいきます。純資
産価額は当該利益×（1−実効税率）の分だけ積んで計算します。小会社
方式はその折衷した金額を算定すればよいことになります。

Q I-10　税務上の適正な時価以外の課税関係

　税務上の適正な時価を外れた場合の課税関係についてご教示くだ
さい。

Answer

　基本的に以下の課税関係になります。

［解説］

　自社株を移動する場合の税務上の適正な評価額があり、そこから外れて
しまうと、以下のような課税が生じてしまいます。

1　個人⇒個人間売買

　①　低額譲渡の場合：相続税法第7条「みなし贈与」の発動可能性が有
　　ります。

　　「著しく低い価額」：明確な規定ありません。ただし、相続税評価額で
　　　　　　　　　　の売買であれば実務上問題ありません。個人間ではみなし譲
　　　　　　　　　　渡は発動しないことに留意してください。

　　「時価」：明確な規定はありません。ただし、相続税評価額での売買で
　　　　　　あれば実務上問題ありません。

　②　高額譲渡の場合：課税関係が生じる可能性は低いでしょう。

　以上、東京地判平成19年8月23日判示が生きていることが前提です。こ
の判示には批判意見も多い一方、課税実務上は非常に多くの場面で採用さ

28 I 基本編

れています。

2 個人⇒法人間売買

① 低額譲渡の場合：下記の課税関係が生じます。

・売主個人

時価の2分の1未満：時価譲渡とみなし譲渡所得課税（所法59①
二、所令169）が生じます。ただし、時価の2分の1以上でも
行為計算否認の発動可能性が有ります（所基通59-3）。実務
上は「時価」は前述の所得税基本通達59-6、法人税基本通
達9-1-14（法人税基本通達4-1-6）、租税特別措置法基本
通達37の10・37の11共-22に従います。

・買主法人：時価より低い場合は、差額を受贈益課税（法法2②）

これに関しては拙著『みなし贈与のすべて』（ロギカ書房）で詳細
解説しておりますのでご参照ください。

② 高額譲渡：特に課税関係は生じる可能性は低いでしょう。

3 法人⇒個人間売買

① 低額譲渡

売主法人：低額譲渡なら寄附金（法法37）、給与（法法34）

買主個人：低額譲渡なら一時所得（所法34）、給与（所法28）

② 高額譲渡

特に課税関係が生じる可能性は低いでしょう。

Q I-11　税務上の適正評価額の強制力

前述までの税務上の適正評価額に「絶対に」従わなければならないのでしょうか。

Answer

　そんなことはありません。確固たる専門家の証明書があれば大丈夫だと暗に読みとれる判示も過去にあります。

［解説］

　2つのアプローチからそれは原則としてないと考えられます。1つは先述の「純然たる第三者概念」です。これに該当した時は、法人税基本通達9-1-14（4-1-5）も所得税基本通達59-6も、ともに形式的に当てはめることはおかしいとありますので（各脚注参照のこと）、これが論拠の1つとなります。また、課税執行庁が、納税義務者が選択した株価とそれに基づいて計算した所得に代えて、租税法上の定めた株価に基づいて計算した所得をもって課税をするのであれば、明らかに取引自体に干渉をなす結果と招きます。これは租税法の隠れた原則の1つの「経済取引への中立性」から逸脱することになるという意見もあります[8]。

　もう1つは過去の裁判例です。東京地判平成19年1月31日では次のように述べています。判示において「原告は、本件における買取価額は、公認会計士や税理士等の専門家に相談して決めたものでも、評価通達に定められた評価方法を基に算定したものでもなく、原告の大体の感覚で決めた旨述べており、原告が買取価額の設定をする際に何らかの合理的な方法に基づく計算を行ったという事実は認められない上、本件各買取申出書面には、1株当たりの当期利益や、類似業種比準方式又は純資産価額方式に基づく1株当たりの評価額等、Aの株式の買取価額の算定根拠を示す記載

8　茂腹敏明『非上場株式鑑定ハンドブック』460頁　中央経済社　2009年

は一切ない。また、弁論の全趣旨によると、Ａの株式は、原告の買取り
の申出による売買以外の取引はほとんど行われていなかったものと認めら
れるところ、Ａの株主が株主総会に出席することはほとんどなかったこ
と及び本件各譲渡人同士のつながりを示す事実は見受けられず、本件各譲
渡人が本件各譲受けに際し、本件各株式の売却価額について他の者に相談
等した様子がうかがわれないことからすると、本件各譲渡人が、Ａの株
式の客観的な交換価値を把握するための情報を入手していたとは言い難
く、その客観的な交換価値を把握することは困難であったといえる。」

　ここから専門家による鑑定意見書が存在し、かつ、その計算過程に問題
がないのであれば、租税法上も容認されるとの見解があります[9]。

Ｑ I-12　個人の属性によって変わる適正評価額

　個人の属性によっても譲渡・贈与でも税務上の適正評価額は変わ
ると聞きました。具体的な適正評価額をご教示ください。

Answer

　原則的な取扱いは下記の通りとなります。

［解説］

1　個人⇒個人間売買の場合

　個人⇒個人間売買の場合は、次の４つのパターンに分かれることになり
ます。

　・オーナー系からオーナー系

　・オーナー系から少数株主

　・少数株主からオーナー系

9　佐藤信祐『非上場株式の評価の実務』107頁　日本法令　2018年

・少数株主から少数株主

税務上の適正な評価額は買手の属性に引っ張られます。株式を移動させることによって買手の支配権が維持・拡充するのであれば、税務上その移動時の株価は高い評価額が強制適用されるというのが基本的な考え方です。

そのため、この4パターンのうち、

・オーナー系からオーナー系

・少数株主からオーナー系

の場合は、オーナー系が株式移動によって支配権を維持・拡充することになるので、高い評価額が強制適用されます。この高い評価額とは、相続税評価額（原則）と一般的には呼ばれているものです。

一方、

・オーナー系から少数株主

・少数株主から少数株主

の場合は、配当還元方式で問題ないということになります。

2　個人⇒法人間売買の場合

これについても1と同様で、個人にはオーナー系と少数株主等がいて、法人がそのオーナー系の関連会社だとすると、オーナー系からオーナー系関連会社か少数株主からオーナー系関連会社という2つのパターンがあるということになります。

1と同じ考え方をすると、次のように考えられます。

・オーナー系からオーナー系関連会社に売却するとき：所得税基本通達59-6が発動

・少数株主等からオーナー系の関連会社に売却するとき：配当還元方式

ここで、本当に単純に配当還元方式でいいのかという問題があります。少数株主からオーナー系関連会社に売却したとき、その少数株主が「どのような属性であれば」配当還元方式でいいのかということを見極めなけれ

ばなりません。少数株主がオーナー系の関連会社に株式を売却する場合
は、自己株式の取得（金庫株）が典型例です。金庫株は所得税基本通達
59-6の適用が原則ですが、課税上弊害がない限り、配当還元方式が使え
るということです。この場合の「課税上弊害がない」というのは、一般的
には少数株主等と呼ばれる者が「純然たる第三者に該当するか」によって
判断します。

　少数株主等について、いくつか列挙してみましょう。この場合、課税上
弊害があるかないかを考えてみます。「役員」「従業員」「取引先」「銀行」
「経営に参画しない親族傍系」などが想定されますが、配当還元方式が使
えるのは誰になるのでしょうか。

・役員に関しては、赤の他人だと想定すれば、問題なく純然たる第三者
　に該当すると思われるので配当還元方式が使えます。

・従業員に関しても、純然たる第三者に該当するでしょう。

・取引先も純然たる第三者に該当するでしょう。

・銀行に関しては平成17年10月12日東京地裁では評価通達によらない特
　別の事情があるとして配当還元方式を否認したみなし贈与課税処分に
　対してそのような事情はないとした事例（納税者勝訴）というものが
　あります。課税実務上は、「純然たる第三者」で問題ないと思われま
　す。

・経営に参画しない親族傍系ですが、これに関しては×と判断します。
　親族傍系ということで配当還元方式が使えるとしても、親族傍系から
　安い値段で株式を購入することにより、親族直系の議決権比率が間接
　的に上昇するわけで、これが「課税上弊害がない」とは言えないと筆
　者には思われます。したがって、この場合の買取価格に関しては、所
　得税基本通達59-6を採用するのが望ましいと思われます。個人⇒法
　人間売買は原則として所得税基本通達59-6を使用するのですが、従
　業員等の非支配少数株主譲渡の時のみ特例評価である配当還元方式が
　使えるのです。したがって、あくまで原則は所得税基本通達59-6で

I-1 株式評価編 **33**

あり、「課税上弊害がない限り」特例評価を用いることができるのです。

Q I-13 株式の個人⇒個人間の異動の留意点

株式の個人⇒個人間の異動についてその他留意点をご教示ください。

Answer

下記の点が留意点となります。

［解説］

○時価による譲渡（民法555、売買）：譲渡価額が譲渡収入金額（所法36①・②）／株式の取得価額及び譲渡費用が必要経費（所法33③）／株式等に係る譲渡所得は分離課税（措法37の10①）／購入代価が取得価額（所法48、所令109①四）

○贈与（民法549）：譲渡価額が譲渡収入金額 0 円（所法36①・②）、しかし、譲渡損失はなかったものとみなされる（所法59②、所基通59-3）／所得税は非課税（所法 9 ①十六）／時価が贈与財産（相法 9 ）／将来、必要経費となる取得価額は譲渡者の取得価額を引き継ぐ（所法60①一）

○単純承認の相続（民法920）及び包括遺贈（民法990）：被相続人に課税規定なし／所得税は非課税（所法 9 ①十六）／時価が相続財産（相法11の 2 、評基通 1 ）／将来、必要経費となる取得価額は譲渡者の取得価額を引き継ぐ（所法60①一）

○限定承認の相続（民法922）及び限定承認の遺贈（民法986）：被相続人の譲渡所得、時価を譲渡収入金額とみなされる（所法59①一）／株式の取得価額及び譲渡費用が必要経費（所法33③）／株式等に

34 Ⅰ 基本編

係る譲渡所得は分離課税（措法37の10①）／時価が相続財産（相
法11の2、評基通1）／将来、必要経費となる取得価額は相続時
の時価となる（所法60②）[10]

　単純承認の相続というのは、いわゆる普通の相続や包括遺贈の場合で
す。所得税がかからないのは当たり前ですが、「時価が相続財産」という
のは、財産評価基本通達178項での時価ということになります（相法11の
2、評基通1）。将来、必要経費となる取得価格は相続時の時価となります
が、これは譲渡者の取得価額を引き継ぐということです（所法60①一）。

　限定承認の相続、遺贈は、税務上デメリットしかありません。実務上
は、法務手続も非常に煩雑であることから、原則として、やってはいけな
い方法と言えます。具体的には、譲渡側の個人は被相続人の譲渡所得とな
り、時価が譲渡収入金額とみなされます（所法59①一）。株式の取得価額及
び譲渡費用が必要経費となります（所法33③）。もちろん株式等に係る譲
渡所得は分離課税です（措法37の10①）。取得者側では時価が相続財産とな
り（相法11の2、評基通1）、将来必要経費となる取得価額は相続時の時価
となります（所法60②）。

Q Ⅰ-14　個人⇒個人間の時価譲渡の論点：低額の場合

　個人⇒個人間移動の時価譲渡に関するその他の論点、低額の場合
について教示ください。

Answer

　下記の課税関係が生じる可能性があります。

10　中島茂幸『非上場株式の税務』30頁　中央経済社　2015年

I-1 株式評価編 **35**

［解説］

　時価とは、各税法における諸規定に登場しますが、実務上の許容範囲は
どの程度でしょうか。相続税評価額と完全に一致した金額で譲渡、贈与を
しなくてもそれは問題ないと思われます。多少のズレは許容されていると
いうのが、課税実務での印象です。よく言われているのは、税務上許され
るディスカウント幅は、低額の場合は10％だという話です。法人税基本通
達2-3-7で10％という数値が出ており、参照値として用いられることが
多いです。

【法人税基本通達2-3-7】
（通常要する価額に比して有利な金額）

2-3-7　令第119条第1項第4号《有利発行により取得した有価
　　証券の取得価額》に規定する「払い込むべき金銭の額又は給付すべ
　　き金銭以外の資産の価額を定める時におけるその有価証券の取得の
　　ために通常要する価額に比して有利な金額」とは、当該株式の払込
　　み又は給付の金額（以下2-3-7において「払込金額等」という。）を
　　決定する日の現況における当該発行法人の株式の価額に比して社会
　　通念上相当と認められる価額を下回る価額をいうものとする。（平
　　12年課法2-7「四」により追加、平19年課法2-3「十」、平19年課法
　　2-17「五」により改正）

（注）
　1　社会通念上相当と認められる価額を下回るかどうかは、当該株式
　　　の価額と払込金額等の差額が当該株式の価額のおおむね<u>10％相当額</u>
　　　以上であるかどうかにより判定する。
　2　払込金額等を決定する日の現況における当該株式の価額とは、決
　　　定日の価額のみをいうのではなく、決定日前1月間の平均株価等、
　　　払込金額等を決定するための基礎として相当と認められる価額をい
　　　う。（下線筆者）

36 I 基本編

　例えば、財産評価基本通達178で評価した相続税評価額が100だとして、そこから10％ディスカウントした金額、つまり90で売却や贈与をしても低額譲渡、低額贈与には当たらないと判断される傾向にあるということは、言えるかもしれません。しかし、それより金額を下げた場合は、税務署の判断となります。多くの実務家は80％ぐらいを低額の限度と考えているようです（詳細は拙著『みなし贈与のすべて』（ロギカ書房）をご参照のこと）。ちなみに筆者は10％ディスカウントの根拠をこの通達に求めておりません。この通達は新株発行時の有利発行でしか機能しません。

　また、金額の絶対値によっても判断は変わります。

Q I-15　高額譲渡の課税関係

　高額の場合についてご教示ください。

Answer

　下記の課税関係が生じる可能性があります。

［解説］

　高額譲渡、高額贈与の場合、つまり適正な評価額が100とされているものを110や120で贈与・売却した場合は、よほど高額でない限りは、課税関係に関しては原則として、何も言ってこないと思っていいでしょう。低額譲渡・贈与に関してだけ、注意すればいいということになります。

Q I-16 みなし贈与に関する裁判例

みなし贈与関係で課税実務上有益と思われる裁判例を端的に上げてください。

Answer

仙台地判平成3年11月12日をぜひ知っておくべきです。多くの会社に当てはまる事例だと思われます。

［解説］

この事例は、従業員株式を代表者が買い戻した際に、原則的評価が適応された裁判例です。

当該会社は従業員持株会制度を設けて従業員に対して1株50円の旧額面価格で譲渡し、退職に際しては同額で当該会社に売り渡す旨を約束されていました。退職従業員所有株式については、他に譲渡する従業員を選定するまで一時的に代表者が所有していました。この場合における代表者の買取価格は旧額面価格であり、その後3年に亘り配当を受け取っていました。次の株式保有者が決定するまでの一時的な所有であることを主張したものの認められず、評価額と旧額面価格との差額についてみなし贈与課税が適用されたという事例です。

なぜ一時的な所有の主張が認められなかったのかといえば、3年間も所有して配当受領までしていたという既成事実があったからです。近年は、"幽霊"従業員持株会（本来の従業員持株会としての機能が停止しているような持株会のことを言います）が増えていて、従業員が辞めた際に次に株主になる従業員のなり手がいないということで、代表者が仕方なく持っているという例は非常に多いと思われます。この場合、旧額面価格で購入していて、その後3年間に渡り配当を受けていたとなると、税務上の適正な評価額はオーナーが買い戻したということで相続税評価額（原則）となり、相続税評価額（原則）と旧額面価格との差額についてみなし贈与が発動され

るのは、当然のことです。

　従業員持株会制度における適正な株価にも触れておきます。設計の前提として、入口と出口が同じ金額になるようにすることです。従業員が買うときの金額も手放すときの金額も、同じ金額になるようにすることが重要です。その金額は旧額面価格である場合もあれば、配当還元方式価格である場合も多いですが、どちらでも問題ありません。「旧額面価額と配当還元方式価格が異なる金額なのですが、課税関係が生じますか」という問題に関しては、特に課税関係は生じません。大事なのは入口と出口の金額が同じであるということです。

仙台地裁昭和59年（行ウ）第7号贈与税決定処分等取消請求事件（棄却）（確定）【税務訴訟資料第187号64頁】
　〔判示事項〕
　相続税法第7条（贈与又は遺贈により取得したものとみなす場合……低額譲渡）にいう時価とは、当該財産が不特定多数人間で自由な取引がなされた場合に通常成立すると認められる価額、すなわち当該財産の客観的交換価値を示す価額をいうとされた事例。

　相続税財産評価に関する基本通達が、いわゆる類似業種比準方式において、70パーセントの安全率を設けていることをもって、右方式を不当ということはできないとされた事例。

　相続税財産評価に関する基本通達が、いわゆる純資産価額方式において、同族株主であるか否かにより異なる評価方法をとることとしていることは、経済的実質に応じて税負担を求めるものであり、公平の原則に反するものではない、とされた事例。

　相続税法第7条は、相続税の租税回避行為に対する課税を目的としたものであり、そのような意図を持たない本件には適用がない旨の納税者の主張が、同条は著しく低い対価によって財産の取得が行われた

I-1 株式評価編 **39**

場合の実質的贈与に着目して、税負担の公平の見地から贈与とみなす趣旨の規定であり、当事者の具体的な意図、目的を問わずに適用されるとして、排斥された事例。

本件株式の取得は、従業員持株制度による売戻条件の履行として約定どおりの価額（1株50円）で譲り受けたもので、その売買価額も当事者間の自由意思による正常な取引価額であるから、「著しく低い価額の対価」による取得には当たらない旨の納税者の主張が、本件株式には譲渡制限等があつたことから、経済原理的には、価額形成についていえば、株式の評価にあたって優先的に評価されるべき売買取引には当たらないとして、排斥された事例。

評価通達により本件株式を非上場株式として評価して行われた本件処分は、同株式についての取引の実情、沿革、売買事例等に基づく価額を無視し、恣意的に時価を定めて、相続税法第7条、第22条等を適用するもので、憲法第84条に違反し、無効であるとの納税者の主張が排斥された事例。

Q I-17 相続税法第7条の発動

個人⇒個人間移転での相続税法7条発動の考え方についてご教示ください。

Answer

まずは条文を読み込みましょう。

40 Ⅰ 基本編

［解説］

【相続税法第7条】

(贈与又は遺贈により取得したものとみなす場合)

第7条 著しく低い価額の対価で財産の譲渡を受けた場合において
は、当該財産の譲渡があった時において、当該財産の譲渡を受けた
者が、当該対価と当該譲渡があった時における当該財産の時価(当
該財産の評価について第三章に特別の定めがある場合には、その規定に
より評価した価額)との差額に相当する金額を当該財産を譲渡した
者から贈与(当該財産の譲渡が遺言によりなされた場合には、遺贈)に
より取得したものとみなす。ただし、当該財産の譲渡が、その譲渡
を受ける者が資力を喪失して債務を弁済することが困難である場合
において、その者の扶養義務者から当該債務の弁済に充てるために
なされたものであるときは、その贈与又は遺贈により取得したもの
とみなされた金額のうちその債務を弁済することが困難である部分
の金額については、この限りでない。

　個人・個人間移転での相続税法第7条の適用関係については、「贈与税
の場合は、利益を受けた側の課税であるので個別ケースにより受贈益を判
断するというのは極めて自然であり、一律の割合あるいは金額で判定する
というのはかえって租税回避の誘引となる恐れがあるだろう。ただ、僅少
の差にまですべて課税するというのは、著しく低いという法律の要件に抵
触する」[11]と考えられているのが通説です。

　要するに、所得税法施行令第169条のように、時価の50％未満という考
え方がないので、取引の実態に応じてみなし贈与の判断がなされるはずで
あるという考え方です。では、取引の実態に応じてどのように具体的に判

11　橋本守次『ゼミナール相続税法』442頁　大蔵財務協会　2015年

断していけばいいのかというと、みなし贈与に関してはいくつか裁判例が出ていて、「東京国税局課税第一部 資産課税課 資産評価官（平成21年8月作成）「資産税審理研修資料」」において、各裁判例から導かれる結論として以下のようにまとめられています。

「贈与税は相続税の補完税であることから、贈与税が課税されるべき行為については将来に相続が生じ得るような特殊関係者での行為に限定されるべきであるとの主張が起こり得る。このことについて仙台地裁平成3年11月12日判決（上記で解説した裁判例）では、「贈与税の納税義務者を相続税の納税義務者とは別個に定めており、遠隔的には贈与税が相続税の補完税としての性格を有しているとしても、理論的には贈与により財産の取得が取得者の担税力を増加させるために、それ自体として課税の対象になるというべき」と判示して、相続を生じる特殊関係のある者相互間での贈与だけではなく、いわゆる第三者間の贈与について贈与税を課税することを相当としている。

そして、第三者間において利益の授受があった場合のみなし贈与課税についても、東京地判平成19年1月31日判示では、「租税回避の問題が生じるような特殊な関係にあるか否かといった取引当事者間の関係および主観面を問わない」と判示して、相続を生じる特殊関係のある者相互間での贈与だけではなく、いわゆる第三者間の取引における、利益の授受について、みなし贈与課税することを相当としている」と言っています。

さらに、「したがって贈与税は、沿革的には相続税の補完税の性格を有しているとしても、贈与による財産の取得が取得者の担税力を増加させること自体が課税の対象になるのであり、将来に相続が生じるような特殊関係者に限定されることはなく、第三者間での贈与についても贈与税の課税がされることとなる。そしてそのことは、本来の贈与により取得した財産への課税であっても、みなし贈与課税であっても同様である」とされています。東京地判平成19年1月31日判示によって上述の大きなポイントが提示されました。

42　I　基本編

Q I-18　個人⇒法人間の異動の留意点

個人⇒法人間異動について留意点をご教示ください。

Answer

下記の課税関係にご留意ください。

［解説］

○時価による譲渡（民法555、売買）譲渡価格＝時価：譲渡価額が譲渡収入
　　　　金額（所法33、36①・②）／株式の取得価額及び譲渡費用が必要
　　　　経費（所法33③）／株式等に係る譲渡所得は分離課税（措法37の
　　　　10①）／譲渡対価が取得価額（法令119①一）

○低額譲渡（時価の50%≦譲渡価額＜時価）：譲渡価額が譲渡収入金額（所
　　　　法33、36①・②）／株式の取得価額及び譲渡費用が必要経費（所
　　　　法33③）／株式等に係る譲渡所得は分離課税（措法37の10①）／
　　　　時価を取得価額（法令119①二十六）／時価との差額は受贈益課
　　　　税（法法22②）

○高額譲渡（譲渡価額＞時価）：差額原因により給与所得又は一時所得（所
　　　　基通34-1(5)）（時価＝譲渡価額）が譲渡収入金額（所法33、36
　　　　①・②）／株式の取得価額及び譲渡費用が必要経費（所法33③）
　　　　／株式等に係る譲渡所得は分離課税（措法37の10①）／時価を取
　　　　得価額（法令119①二十六）／時価との差額は給与又は寄付金等
　　　　（法法22③）

○著しく低い価額で譲渡（譲渡価額＜時価の50%未満）／贈与又は遺贈（民
　　　　法549、990）（譲渡価額＝0）：譲渡者の譲渡所得（時価）を譲渡
　　　　収入金額とみなす（所法59①一・②、所令169、所基通59-3、
　　　　59-6）／株式の取得価額及び譲渡費用が必要経費（所法33③）／
　　　　株式等に係る譲渡所得は分離課税（措法37の10①）／時価を取得
　　　　価額（法令119①二十六）／時価との差額は受贈益課税（法法22

②)[12]

　個人⇒法人間異動に関してまず注意しなければならないのは、低額譲渡です。譲渡価額が時価の50％を下回ってしまった場合は、著しく低い価額での譲渡となりみなし譲渡が発動します。この場合、譲渡側の個人では譲渡価額が譲渡収入金額になり、取得法人としては時価を取得価額とすることになります。

　次に、高額譲渡の課税関係についても見ておきます。譲渡価格が時価より高額な場合は、原因により給与所得又は一時所得となるのが原則です。しかし、課税実務上には、高額譲渡に関して問題とされることはほとんどないと考えていいでしょう。個人⇒法人間譲渡で問題となる、著しく低い価額での譲渡での個人側の取扱いは先述のとおりです。法人側で時価との差額について受贈益課税がなされるかということです。著しく低い価格で受贈益が計上されるケースについては下記のとおりです。発行法人が取得する場合、いわゆる自己株式取得、あるいは金庫株と呼ばれるものに関しては受贈益は生じません。なぜなら、資本等取引だからです。これに対し、発行法人以外の法人が著しく低い価額での譲渡で取得する場合には、受贈益が生じることになります。これもケースとしては限定されていて、発行法人以外の法人が取得する場合にも、例えば、まったく資本関係のない第三者間のM＆Aであれば、そこで形成された価格が客観的な交換価値となるので、著しく低い価額になることはありません。では、発行法人以外の法人が取得する場合に受贈益が生じる場合とはどのような場合かというと、発行法人の関係法人が取得する場合が典型例と考えてください。オーナー系の法人がいくつかあるケースで、そのいずれかの法人が他のオーナー系法人に売却する場合など、関係会社間で法人が取得した場合にも、受贈益課税が生じると考えておけばいいでしょう。

12　中島茂幸『非上場株式の税務』92頁　中央経済社　2015年

44 I 基本編

Q I-19 みなし贈与の課税関係

みなし贈与にまつわる課税関係についてご教示ください。

Answer

下記の課税関係についてご留意ください。

［解説］

みなし贈与にまつわる課税関係については、次のようになります。

売主個人が買主同族法人に対し、時価の2分の1未満の価額で譲渡した場合には、みなし贈与課税となり、時価の2分の1以上であっても、行為計算否認に該当する場合には所得税基本通達59-3が発動する可能性があります。買主は法人ですが、単なる資本等取引のため、受贈益は生じません。この点については異論や他説もありますが、実務上はこの考え方で問題ありません。

【所得税基本通達59-3】

（同族会社等に対する低額譲渡）

59-3　山林（事業所得の基因となるものを除く。）又は譲渡所得の基因となる資産を法人に対し時価の2分の1以上の対価で譲渡した場合には、法第59条第1項第2号の規定の適用はないが、時価の2分の1以上の対価による法人に対する譲渡であっても、その譲渡が法第157条《同族会社等の行為又は計算の否認》の規定に該当する場合には、同条の規定により、税務署長の認めるところによって、当該資産の時価に相当する金額により山林所得の金額、譲渡所得の金額又は雑所得の金額を計算することができる。（昭50直資3-11、直所3-19追加）

では、みなし贈与課税となった場合、誰に課税関係が生じるのかと言う

I-1 株式評価編 **45**

と、相続税法基本通達9-2⑷より、株式を低額で譲渡した者から既存株主への経済的利益の移転が生じたものとして、その利益が贈与税対象となるということです。

【相続税基本通達9-2⑷】

（株式又は出資の価額が増加した場合）

9-2 同族会社（法人税法（昭和40年法律第34号）第2条第10号に規定する同族会社をいう。以下同じ。）の株式又は出資の価額が、例えば、次に掲げる場合に該当して増加したときにおいては、その株主又は社員が当該株式又は出資の価額のうち増加した部分に相当する金額を、それぞれ次に掲げる者から贈与によって取得したものとして取り扱うものとする。この場合における贈与による財産の取得の時期は、財産の提供があった時、債務の免除があった時又は財産の譲渡があった時によるものとする。（昭57直資7-177改正、平15課資2-1改正）

⑷ 会社に対し時価より著しく低い価額の対価で財産の譲渡をした場合 当該財産の譲渡をした者

Q I-20 自社株の取得の論点 ：著しく低い価額

自社株の取得等に関する論点についてご教示ください。

Answer

下記の点に留意しなければなりません。

46 Ⅰ 基本編

［解説］

　例えば、自己株式を取得するというケースで、現在の株価では高過ぎて購入資金を捻出できないということで、株価対策を行い、限界まで株価を下げた場合の金額が、所得税基本通達59-6で1株100円だったとします。そして、1株100円でもまだ、高過ぎて買える金額ではないという場合に、どのように考えるべきかを考えてみましょう。すなわち「著しく低い価額」の考え方を見てみます。

　まず、時価を100％とすると、実務上、10％までの差額は原則として、問題ありません。いわば、課税実務上の許容ラインと言えるでしょう。

（再掲）**【法人税基本通達2-3-7】**

（通常要する価額に比して有利な金額）

2-3-7　令第119条第1項第4号《有利発行により取得した有価証券の取得価額》に規定する「払い込むべき金銭の額又は給付すべき金銭以外の資産の価額を定める時におけるその有価証券の取得のために通常要する価額に比して有利な金額」とは、当該株式の払込み又は給付の金額（以下2-3-7において「払込金額等」という。）を決定する日の現況における当該発行法人の株式の価額に比して社会通念上相当と認められる価額を下回る価額をいうものとする。（平12年課法2-7「四」により追加、平19年課法2-3「十」、平19年課法2-17「五」により改正）

（注）

　　1　社会通念上相当と認められる価額を下回るかどうかは、当該株式の価額と払込金額等の差額が当該株式の価額のおおむね<u>10％相当額</u>以上であるかどうかにより判定する。

　　2　払込金額等を決定する日の現況における当該株式の価額とは、決定日の価額のみをいうのではなく、決定日前1月間の平均株価等、払込金額等を決定するための基礎として相当と認められる価額をいう。（下線筆者）

I-1 株式評価編 **47**

　ちなみにこの規定に関してはあくまで新株発行の際の有利発行に関する規定であり、準用、類推は不自然と思われます。

　一方で、50％を切ってしまうとみなし贈与が発動してしまいます。

　では、50％以上であって90％よりも低かった場合はどうなるのでしょうか。まず、50％以上であっても所得税基本通達59-3の発動可能性はありますが、この所得税基本通達59-3は行為決算否認規定です。行為計算否認規定は、基本的には発動されないので、所得税基本通達59-3は基本的には気にせずに、無視しても問題ありません。とすると、50％～90％のどこが許容ラインかということですが、これについては「75％」という考え方があります。これは大阪地判昭和53年5月11日判示で示された考え方です。この基準は、一般的には、実務で通用する考え方ではないと言われています。

　なお、この著しく低い価額の考え方について、大阪地裁判決の判決文中では、「4分の3」という表現を使っていますが明確な根拠は判示中、ありません。この点、この判例は学説、実務家からも非常に批判が大きいところです。

Q I-21　低廉譲渡の法人側の留意点

> 低額譲渡の場合の法人側での考え方についてご教示ください。

Answer

　下記の点につきご留意ください。

［解説］

　この場合の法人側の基本的な考え方ですが、自己株式取得はあくまで株式資本の払戻しで、株数按分計算で譲渡対価額に対応する資本金等の額と利益積立金額を減少させます。自己株式は資産ではないことから時価と実

48　Ⅰ　基本編

際の対価との差額については受贈益は生じない、ということです。これが現行法上の結論となります。

　この点につき誤解が多いのは、「自己株式の売買価格を時価より低額としたことが何らかの利益移転を目的とした損益取引と資本等取引と抱き合わせした結果であると認められる場合には、売買価額を時価に引き直したところにより課税関係が成立させられることもあると思われます」と『平成19年版　税務相談事例集』（由比祝生編、大蔵財務協会）に載っていたためと思われます。

　しかし、この記述はその後の改訂版では削除されています。現在、当局はこの考え方をとっていないということが垣間見られます。

Ｑ Ⅰ-22　分配可能額規制に違反した自己株式の取得

　分配可能額規制に違反した自己株式取得の場合についてご教示ください。

Answer

　下記の点につきご留意ください。

［解説］

　自己株式取得は資本等取引、会社財産の払戻しの性格を有することから、分配可能額による制限を受けます。ただし、分配可能額が不足しているにもかかわらず行った違法配当でも、会社法上有効とされる考え方もあります。この場合、税務上も配当として取り扱われます。中小企業では、債権者が違法状態を訴えるケースはほぼ想定できないので、分配可能額がたとえゼロだったとしても、違法配当として問題視されることはまずないでしょう。つまり、自己株式の取得はそのまま有効になるということです。

自己株式取得は分配可能額による制限を受けます。いわゆる財源規制の問題です。分配可能額が不足しているにもかかわらず行った違法配当は、会社法上有効だと会社法の立案担当者が言っています[13]。税務上もその違法配当は配当として取り扱われます。

最高裁大法廷昭和36年（オ）第944号所得審査決定取消請求上告事件（棄却）（確定）【株主優待金の性格／株主相互金融会社】

　○請求原因

　原告は金融業、映画演芸の経営等を目的とし、昭和8年3月13日設立された株式会社である。

　原告は、昭和26年10月1日から同30年9月30日に至るまでの各事業年度の法人税につき、夫々確定申告をなしたところ、新潟税務署長は、関東信越局の官吏によって調査した結果に基いて別表記載の通り各更正決定をなし、原告はこれに不服であったから、いずれも同表記載の通り被告に対し審査の請求をしたところ、被告は同表記載の通り各審査決定をなした。

　しかしながら、原告会社の前記各期の所得金額は、別表中「原告主張の所得額」欄に記載した通りであって、被告が原告主張の所得額を超えて原告の所得額を認定したのは、所得計算上損金とすべき株主優待金、奨励金、謝礼金（同表中「株主優待金等」の欄に記載した額。以下単に株主優待金等という。）の支払いを、原告会社の利益処分として取扱い、益金として計上した結果に基くものである。前記各期における原告主張の所得額を超えて原告の所得額を認定した前記各審査決定、或は更正決定を認容した被告の各審査決定はいずれも違法であるからこれが取消しを求める。

　前記株主優待金等が損金である理由は左の通りである。

13　http://kaishahou.cocolog-nifty.com/blog/2008/03/post_b8c2.html

(1) 原告会社の営業は、所謂株主相互金融方法をとり、一般大衆から資金を吸収する方法として、

(1) 先ず取引の前提として、原告会社の株式を買受け、株主になる者を求めるため、原告会社は必要に応じて新株式を発行する新株式は、或る特定人をして一括引受けさせておき、次いで一般大衆から株式買受希望者を募集し、原告会社がその買受方を斡旋する。

(2) 株式買受代金の支払いは、一時払いの外、日掛、月掛による分割支払いを認め、分割支払いというのは、株式買受を応諾した者に対して原告会社がその買受代金を貸付け、この貸付金を分割弁済するという形となる。従って、株式買受が株主となる時期は、分割払いと関係なく、右貸付金により株式買受代金が払込まれた時であり、通常分割払いの第1回目の支払いがなされた時である。

(3) 株主が右一時払いをなしたとき、或は右株式買受代金として原告会社が貸付けた金額を完済したときには、原告会社から株主に対して持株の額面金額の三倍迄の金額を融資する。この場合には後記(4)(5)の利子当該額の支払いをしない。

(4) 株主が右融資を希望しないときは、原告会社は株主の持株を他人に譲渡することを斡旋するが、譲受人が決まるまでは原告会社が一時これが譲渡代金を立替支払いをなし、株式を回収する。この際原告会社は右株式譲渡代金（株主が原告会社に対し株式取得の際支払った金額と等しい。）に予め約定された一定の利率によって算出した金額を加算して支払う。

(5) 右(3)の融資を受けず、又、(4)の株式の譲渡をしない株主にたいしては、原告会社は引続き6ケ月以上株主たることを持続する毎に予め約定された一定利率にて算出した金額を支払う。

(6) 前記株式買受代金を一時に支払った者に対しては、予め6ケ

月、或は1年の株式持続期間を約定し、その期間経過後前記(4)の株式譲渡の斡旋を行う。

という方法により行われ、右(4)、(5)に記載された一定の利率により算出して株主に対して支払う金額を株主優待金、奨励金或は謝礼金などと呼んでいる。

(2) 従って、右株主優待金等は、原告会社が融資を受けない株主に対して融資を受け得る権利を行使しないことの代償として支払うものであるから、全株主に平等に支払われるものでなく、原告会社の各事業年度の決算を待つことなく、各期の損益に関係なく当初に原告会社と各株主間に約定された一定率に従って確定的継続的に支払われるものである。このような性質を有する本件株主優待金等の支払いは、株式会社における株主の利益配当とは全く異なったものであり、これを原告会社の株主の側からみるならば、株式買受代金を元金とする利息に該当するものというべく、原告会社とすると、資金を獲得するための必要経費というべきものである。

(3) 又、本件株主優待金等とは比較にならない程高価な利益を株主に対して供与している映画会社の株主優待パス、交通会社の無料乗車券、百貨店等の株主割引券、製造会社の製品の無料交付或は割引販売等が、法人税上法人の利益処分として益金とされたことは従来ないのであって、これらの点からしても株主に対する利益の供与が、総て税法上株主に対する利益配当にして会社の益金を構成するものとなすべきでないことは明らかである。

(4) 以上、いずれの点からするも、本件株主優待金等の支払いは株主に対する利益配当ではなく、法人税上原告会社の益金として計算すべき性質のものではない。

○被告の申立、答弁及び主張

52 I 基本編

1、（省略）

2、（省略）

3、右株主優待金等は税法上株主に対する利益配当と看做されるべきものであり、従って、原告会社の益金というべきであるから被告のなした本件各決定は適法である。

(1) 即ち、税法上利益配当として取扱うべきか否かは、商法上の形式に拘泥することなく、又支出金の名目如何にかかわりなく実質的、経済的に観察して決めるべきであり、本件株主優待金等のように、出資者たる株主が資本の払戻手続によらないで、会社の純資産を減少する方法によって利益を得る場合は、税法上すべて利益配当として取扱うべきであり、これを所得の計算上益金とすべきものである。

(2) 原告は本件株主優待金等は株主が原告会社に対して有する融資申込権の不行使に対する代償であり株式買受代金を元金とする利子相当額であって、必要経費であると主張するが、右融資申込権なるものの性質その発生の根拠は明らかでなく、右申込権というのも、単に株主に対し融資の申込みをなし得る資格を与えるという程度のものであり、申込みをしなかった株主に対し代償を支払わねばならない程の価値ある財産権といえないものであり、又原告会社が株主から受け入れた金は株式払込金のみであり、これに対し利子発生の余地なく、いずれにしても本件株式優待金等が損金であるとの原告主張は理由がない。

(3) 原告が主張するように、映画会社、交通会社等の株主に対する利益の供与については、利益配当として課税していないが、これは、株主が現に享受した利益を確定することができないために課税対象となし得ないからである。もし株主が受ける利益が確定し得るならば、例えば創業何周年記念等との名目により株主に対し記念品料等を出した場合、或は、ガス会社が株主に対し一定量以

上のガスの使用を無料としているような場合においては総て利益
配当として課税対象としている。

○（判決）理由

本件における争点は、要するに、右請求原因第3項の(1)記載の方法
を以て原告会社が株主に対して支払った金銭が法人税の上から原告会
社の損金として取扱うべきか、益金として取扱うべきかという点につ
きる。よってこの点について考える。

右に認定したような方法を以て、原告会社が株主に対して支払った
本件株主優待金等は、株主が株主であるという理由によって、その持
株の額面額に応じて支払われているものである。もっとも、右支払い
を受ける株主は、原告会社から請求原因第3項(1)の(4)記載の融資を受
けていない株主に限られているわけではあるけれども、原告会社は金
融業を営むものであり、右融資においても、融資を受けた株主は融資
金に対し利息を支払わねばならない（この点は成立に争いない甲第1号
証1、により認められる）のであるから、融資を受ける株主として
は、第3者よりも優先的に融資を受けられるというような利益はある
けれども、融資する原告会社からすると、貸付けをなし得る資金を何
人に貸付けようと原則として会社の営業自体には関係ないことであ
り、従って、融資を受けないということが、原告会社に対し何らかの
特別な営業上の利益を与えており原告会社としてこれに対し何等かの
対価を与うべきものということはできない。その他に、本件株主優待
金等の支払いを受けるべき株主が、原告会社の営業に従事するとか或
は原告会社に対しその他特種な利益をもたらしているというような点
は何ら主張立証されていない。

そうすると、本件株主優待金等は、株主が株主であり、原告会社か
ら融資を受けないという理由のみにより、他には何らの実質的な理由
なくして、その持株数に応じて支払いを受けているものというべきで

ある。右のような性質を有する本件株主優待金等の支払いは、原告会
社の純資産を減少する方法による株主に対する実質的な利益の供与と
いうべきであり、これは法人税上原告会社の所得を計算する際には、
原告会社の利益処分として、益金に計上するのが相当である。

　原告は、本件株主優待金等の支払いは、株主に対する利益配当でな
いから益金でないと主張し、これに対し、被告は利益配当であるから
益金であると主張するのであるが、本件株主優待金等の支払いが商法
上適法な手続による利益配当でないことは明らかであり、これを商法
上或は税法上利益配当というべきであるか否かは困難な法律問題があ
るから結論をしばらく措くとして、右にいうような意味における利益
配当に当たるか否かということと、法人の所得計算上益金とすべきか
否かとは自ら別個の問題であり、前項に説明したような性質を有する
本件株主優待金の支払いは、利益配当でないとしても、これを原告会
社の利益処分として益金に算入することが不当であるといえないもの
と解する。

　原告は、本件株主優待金等は株式買受代金を元本とする利子である
とか、融資申込をなさない代償として支払われるものでなるとか、資
金獲得のための経費であるとか主張する。そうして、前認定のような
原告会社の株式募集方法、或は原告会社が株主に対し何時でもその持
株を株式額面額に一定率の割合の金銭を付加した代金で買取ると約定
している点、又本件株主優待金等が原告会社の各事業年度における損
益にかかわりなく決算期以前において支払われた点等からして、一見
原告会社と株主との間の金銭消費貸借に基く支払いのようにも見える
けれども、前認定事実の如く、本件株式優待金等の支払いの原因は株
式会社と株主との関係に基くものであってみれば、その株主の持株に
応じた支払金を利子ということはできないし、融資申込をなさない代
償として支払われる金銭又は資金獲得のために支出される金銭を必要
経費とは解し難く他にこれを損金に計上することは適当でないと解す

> る。
>
> 　以上説明した通り、本件株主優待金等の支払いは法人税上原告会社の所得計算に当って益金として取扱うべきものである。

　ただし、取締役の任務懈怠責任など会社法上の責任は、発生する可能性があるので、そこは注意しなければなりません。中小企業では債権者が違法状態を訴える状態にないのが通常なので、訴えてくる債権者がいない状態ならば、これを行えるということです。

　配当の場合も、いわゆる財源規制は同じ結論になります。例えば、比準要素数０、１の会社が期末配当を行い、比準要素数０、１の会社から脱しようとする場合に用いられるテクニックです。比準要素数０、１の会社というのは、往々にして会社法上の債務超過状態にある会社であることが多いでしょう。そのため、一見、配当ができないように思われますが、債権者がいないということを確認した上で会社法上の違法配当をすると、税務上も配当したことになるとみなされます。税務上も中間配当したことになるので、比準要素数０、１の状態から脱することができます。

　比準要素数０、１の会社がその状態から脱するための方法は、もう１つあります。決算期変更です。例えば、毎期1,000万円程度の利益が出るような会社があったとして、節税対策をし過ぎて前々期末と前期末の利益が０円となっていたとします。利益も出ていないので、配当もしていなかったとすると、比準要素数０、１の会社になってしまいます。この場合に、株式を移動したいというような状況が出てきた場合はどうしたらいいのでしょうか。その解決策が、決算期変更です。決算期を変更してそこで今まで出してこなかった利益を出すようにします。そして、配当を出すようにすれば、比準要素数０、１の会社から脱することかできます。

56   I　基本編

Q I -23　相続自社株の金庫株の特例における価額

相続自社株の金庫株特例における価額の論点についてご教示ください。

Answer

下記の点につきご留意ください。

［解説］

所得税基本通達59-6に関連するものとして、相続自社株の金庫株特例における価額の論点に留意する必要があります。

譲渡する自社株の時価は、所得税基本通達59-6により算定するのですが、実務上の通常の対応は相続税評価額ベースにすることが多いはずです。相続した自社株があるとして、取得費加算の特例を使いたいという気持ちもあり、早めに資金化もしたいということで、相続した自社株を会社に売却するという方法はよく行われますが、その場合、相続した自社株の評価額というのを評価替えせずに、相続税評価額をそのまま売却価額としてしまうケースが、実務上は散見されます。

この価額設定は誤りです。会社に売却する場合の税務上の適正価額は所得税基本通達59-6で計算します。つまり、相続税評価額で売買を行うとしても、相続税評価額＞所基通59-6×1/2をクリアしているかどうかを確認しなければなりません。そうしなければ、みなし譲渡の発動可能性があります。

Q I -24　株式の法人⇒個人間の異動の留意点

株式の法人⇒個人間異動について留意点をご教示ください。

I-1 株式評価編　**57**

Answer

　下記の点につきご留意ください。

［解説］

○時価による譲渡（民法555売買）（譲渡価額＝時価）：譲渡価額から取得価
　　　　額及び譲渡費用を控除した差額が益金の額又は損金の額・譲渡
　　　　利益額又は益金の額・譲渡損失額又は損金の額（法法22②、61
　　　　の2）／購入代価が取得価額（所法48、所令109①三）

○時価より低い価額で譲渡（譲渡価額＜時価）：時価が譲渡収入（法基通
　　　　2-3-4）／譲渡価額と時価との差額は寄附金（法法37⑧）／役
　　　　員等への経済的利益の供与（法基通9-2-9⑵）／購入代価が取
　　　　得価額（所法48、所令109①三）／経済的利益の享受（所基通
　　　　36-15⑴）／購入代価と時価との差額は一時所得等（所基通34-1
　　　　⑸）、（業務に関して受けるもの及び継続的に受けるものは給与等の
　　　　所得課税）

○時価より高い価額で譲渡（譲渡価額＞時価）：時価が譲渡収入（法基通
　　　　2-3-4）／譲渡価額と時価との差額は受贈益（法法25の2②）
　　　　／受贈益が生じると法人の株主へのみなし贈与（相基通9-2）
　　　　／時価が取得価額（所法48、所令109①三）／購入代価と時価と
　　　　の差額は法人への贈与

○贈与（民法549）（譲渡価額＝0）：時価が譲渡収入／時価相当額が寄附金
　　　　（法法37⑧）、（業務に関して贈与するもの及び継続的に贈与するも
　　　　のは給与等の損金の額）／時価が取得価額（所法48、所令109②
　　　　三、評基通1）／一時所得（所基通34-1⑸）、（業務に関して受け
　　　　るもの及び継続的に受けるものは給与等の所得課税）[14]

　時価より低い価格での譲渡に関しては、役員等への経済的利益の供与や
譲渡価格との差額について、原則として寄附金認定などがあります。時価

14　中島茂幸『非上場株式の税務』120頁　中央経済社　2015年

58 Ⅰ　基本編

より高い価格で譲渡する場合は、課税関係を記載してはいますが、先述の
ように高額譲渡・高額譲受に関しては基本的に課税が生じることはないと
考えていいでしょう。金額があまりにも高額な場合のみ留意しておけば問
題ありません。

　贈与に関しては、上記の通りです。法人⇒個人間異動については、実務
上はあまり事例がないので、論点があまり生じません。強いて挙げるとす
れば、金庫株の処分の場合です。税務上の適正時価については、第三者割
当増資の場合は法人税基本通達 9 - 1 -14（法人税基本通達 4 - 1 - 6 ）又は時
価純資産価額となり、株主割当増資の場合は株主平等原則の要請からいく
らでもよいこととなっています。要するに、金庫株の処分というのは新株
の発行と同様の取扱いをするということです。なお、金庫株の処分（自己
株式の処分つまり新株発行ということ）することは、あまり、お勧めできま
せん。金庫株の処分は新株の発行なので、これをまた割り当てるのは面倒
だということです。そのため、本当に増資したい場合はいいですが、自己
株式をただなくしたいというだけであれば、自己株式を処分するよりも消
却した方がよほど簡単です（ただし、みなし配当に留意してください）。
　また、みなし贈与がでてくる場面があります。

Ｑ Ⅰ-25　第三者割当増資の課税関係

　第三者割当増資の場合の課税関係についてご教示ください。

Answer

　下記の課税関係になります。

［解説］

　第三者割当増資時の税務上適正評価額は、法基通 9 - 1 -14（法基通
4 - 1 - 6 ）又は時価純資産です。ちなみに株主割当の場合には、株主平等

原則の規定により、いくらでも大丈夫です。

　発行価額　＜　新株時価：新株取得者について所得税又は贈与税

　発行価額　＞　新株時価：旧株保有者について贈与税

Q I-26　減資の税務関係

通常の減資について税務関係をご教示ください。

Answer

　下記のようになります。

［解説］

　資本金等の金額の内部の増減として認識されます。したがって株主に対するみなし配当等の問題は生じません。ただし、法人住民税削減スキーム等でその他資本剰余金を配当した場合はみなし配当が生じる可能性が出てきます。

Q I-27　自社株引下げ時の留意事項

自社株評価引下げ時の留意事項についてご教示ください。

Answer

　下記の点につきご留意ください。

［解説］

　相続評価はすべて議決権割合で判定することになります。自己株式に議決権がないという点は問題ないと思われますが、相互持合株式について議決権停止株式があることも忘れてはなりません。この点につき過去、税理

60 Ⅰ 基本編

士の損賠賠償が問われたこともあります。

東京地方裁判所平成19年（行ウ）第322号相続税更正処分取消等請求
事件（一部認容）（確定）国側当事者・国（丸亀税務署長）平成21年
2月27日判決【税務訴訟資料　第259号 -38（順号11151）】【判例タイ
ムズ1355号123頁】【更正の請求期間内における遺産の再分割に基づく
更正の請求の可否】

　〔判示事項〕

　本件は、被相続人の妻（原告乙）が取得する本件同族会社の株式の
価額につき、配当還元方式による評価を前提として第一次遺産分割を
し相続税の申告をした後に、配当還元方式の適用を受けられず、類似
業種比準方式による高額の租税負担となることが確認されたため、配
当還元方式の適用を受けられるように各相続人が取得する株式数を調
整した上で新たな遺産分割の合意（以下「第二次遺産分割」という。）
に基づき、更正の請求期間内に原告らが更正の請求又は修正申告をし
た事案である。

　原告乙が遺産分割により取得する株式について、配当還元方式によ
る評価によることが、第1次遺産分割に当たっての重要な動機として
明示的に表示され、かつ、その評価方法についての動機の錯誤がな
かったならば相続人らはその意思表示をしなかったであろうと認めら
れるから、第一次遺産分割のうち株式の配分に係る部分は要素の錯誤
があったと認めるのが相当である。

　分割内容自体の錯誤と異なり、課税負担の錯誤に関しては、それが
要素の錯誤に該当する場合であっても、申告納税制度の趣旨・構造及
び税法上の信義則に照らすと、申告者は、法定申告期限後は、課税庁
に対し、原則として、課税負担またはその前提事項の錯誤を理由とし
て当該遺産分割が無効であることを主張することはできず、例外的に
その主張が許されるのは、分割内容自体の錯誤との権衡等にも照ら

し、①申告者が、更正請求期間内に、かつ、課税庁の調査時の指摘、修正申告の勧奨、更正処分等を受ける前に、自ら誤信に気付いて、更正の請求をし、②更正請求期間内に、新たな遺産分割の合意による分割内容の変更をして、当初の遺産分割の経済的成果を完全に消失させており、かつ、③その分割内容の変更がやむを得ない事情により誤信の内容を是正する一回的なものであると認められる場合のように、更正請求期間内にされた更正の請求においてその主張を認めても弊害が生ずるおそれがなく、申告納税制度の趣旨・構造及び租税法上の信義則に反するとはいえないと認めるべき特段の事情がある場合に限られるものと解するのが相当である。

　認定事実によれば、本件会社の株式の評価に係る配当還元方式の適用は、その適用の有無により評価額に合計約19億円の差異が生じることから、遺産分割における重要な条件として当初から相続人らの間で明示的に協議されていた事項であり、相続人らが当該株式の評価方法を誤信して第1次遺産分割の合意に至ったのは、本件税理士の誤った助言に起因するものであり、事柄の内容も税務の専門家でない相続人らにとって同税理士の助言の誤りに直ちに気付くのが容易なものとはいえないことであったこと、遺産分割の協議に際して、相続人らは、第一次遺産分割に基づく当初の申告を経て、自らその誤信に気付いた後、速やかに、配当還元方式の適用を受けられる内容に当該株式の配分方法を変更した第二次遺産分割の合意に至っていることが認められ、これらの経緯に照らすと、第一次遺産分割から第二次遺産分割への分割内容の変更は、やむを得ない事情により誤信の内容を是正する一回的なものであったと認められ、本件上記3③に該当するものと認められる。

　認定の事実関係の下では、本件は、上記3①ないし③のいずれにも該当し、更正の請求において課税負担の前提事項の錯誤を理由とする遺産分割の無効の主張を認めても弊害が生ずるおそれがなく、申告納

税制度の趣旨・構造及び租税法上の信義則に反するとはいえないと認めるべき特段の事情がある場合に該当するものというべきである。

原告乙が更正請求期間内にした国税通則法23条1項1号の規定による更正の請求により、処分行政庁は、第一次遺産分割のうち本件会社の株式の配分に係る部分が無効であり、当該株式の配分については第二次遺産分割の内容に従って計算がされるべきことを前提として相続税額の減額更正に応ずべき義務を負うに至ったものと解するのが相当である。

また、未分割申告をする場合は、少数株主までも含めて、一旦、原則評価をしなければならないという点にも留意が必要です。個人間の取引相場がない株式売買については、低額譲渡については財産評価基本通達のみで判定され、所得税基本通達59-6は出て来ないという点と、個人間の低額譲渡で課税関係が生じるのは低額譲渡のみで、財産評価基本通達以外の評価方法が登場する余地はないという点も留意して下さい。

Q I-28　種類株式と属人株

種類株式と属人株についてご教示ください。

Answer

下記のようなまとめになります。

［解説］

会社法上は、剰余金配当請求権、残余財産分配請求権、議決権の3点セットがそろっている株式が、普通株式です。

【普通株式を構成するもの】

・剰余金配当請求権

I-1　株式評価編　**63**

・残余財産分配請求権

・議決権

そして、上記３点のどれかに制限をかけるのが、会社法第108条、第109条に出てくる種類株式です。９種類の種類株式について、９つの事項を複数組み合わせて、多種多様な種類株式を発行することが可能になります。

「非常に便利な道具で使い勝手がいい」と、会社法施行時は万能の道具であるかのように言われていましたが、実際にこれを活用している会社は非常に少数と思われます。

理由は２点です。１つ目は実務上の問題で、導入が煩雑であるということと、２つ目は出口の税務上のリスクがあるということです。

１点目の入り口の問題については、種類株式はどのように設定するのかという点です。簡単に言えば２階建ての構造をつくる必要があるということになります。１階部分は、定款で「種類株式を発行する」という定款の変更決議をしなければならないということで、定款の変更決議なので株主総会の特別決議が必要です。２階部分は、大きく２つのルートに分かれます。一方のルートが、種類株式を、今までの株式とは別のものとして、新たに発行するというルートです。これは、新株発行となるので、株主総会の特別決議を経て発行することになります。ただ、新株発行をして資本金等の額が増加して法人住民税均等割等が大きくなるのは避けたいということで、そのルートは通常はとられません。すると、もう一方のルートで進めることになります。もう一方のルートとは、既発行の株式のうち、一部を種類株式に変更するルートです。ただ、この場合の手続が煩雑で、株主全員の同意が必要になります。この煩雑さが、種類株式が普及しない１つの理由となっているのではないかと言われています。

実際に種類株式を事業承継に有効に活用できる場面を、具体的な事例で見てみましょう。現オーナーが70歳で、後継者が30歳ぐらいの会社で、現オーナーが１株保有、後継者が99株保有、全体の株式数は100株という会社があるとします。そして、70歳のオーナーの１株は黄金株としたいとい

う場面です。この会社は無借金の状態です。ポイントになるのは、70歳、30歳という年の差と無借金というところです。まず、70歳と30歳という年の差がある場合は、事実上、後継者はオーナーの言いなりで、オーナーがいないと後継者は何もできないという場合がほとんどです。そのため、株主全員の同意は取りやすいということになります。つまり、有効活用できる場面の条件として、このぐらいの年の差がある方がいいということです。無借金がポイントとなるというのは、以下のような理由です。種類株式は登記事項なので、全部履歴事項証明書に載ります。例えば、黄金株であれば、「A種種類株式」という形で全部履歴事項証明書に載りますが、「A種種類株式」という記載がある時点で銀行は引いていきます。この会社は事業承継がうまくいっていない会社だと見られるので、無借金の会社しか適用ができないということです。以上のような諸事情が積み重なって、種類株式を活用できる会社は非常に少ないということになります。

　手続に関しては、補足説明しなければならないことがあります。種類株式の導入に関しては2階建てと説明し、1階は種類株式を導入するという定款の変更手続（株主総会の特別決議）、2階は2つのルートに分岐すると説明しましたが、分岐しない場合があります。種類株式の中で、「全部取得条項付株式」と「譲渡制限株式」の導入に関しては、株主総会の特別決議だけで導入可能です。ただし、特に前者について、実際にこれを利用する場面は限られます。全部取得条項付株式というのは大規模会社がスクイーズアウトをするときぐらいにしか使われないため、実際に中小企業が活用するような場面は少ないでしょう。

　出口の説明をしましょう。これは、税務上の取扱い、特に評価がはっきりしていない、ということです。現在、種類株式の評価方法に関しては、国税庁から公表されている資料は3つという状態です。1つ目が配当優先の議決権株式、2つ目が社債類似株式、3つ目が拒否権付株式（黄金株）です。ということは、会社法第108条、第109条に載っている他の種類株式についてはどのように評価するかがよく分からないという状況となってい

ます。会計では株式評価のガイドラインで種類株式の取扱いが掲載されているようですが、あくまで「ガイドライン」なので税務上の取扱いとしてあてにできるものではないように思われます。

黄金株・譲渡制限株式共通の留意点について補足しておきます。先ほどの条件を満たした会社に関しては、黄金株を付与しても問題ありませんが、以下の4点に留意する必要があります。

・生前贈与しない場合には、遺言で後継者に確実に行きわたるようにしておくこと
・取得条項を付与しておくこと
・他の相続人の遺留分に留意すること
・遺留分の順番を株式については後順位にしておくこと

黄金株を後継者以外の人が所有すると、非上場株式等の納税猶予を受けることができないという点も挙げておきます。通常、黄金株というのは登記事項で、登記すると「A種種類株式」と記載されることになりますが、司法書士が書いたひな型を見ると、「A種種類株式」という記載とセットで「取得条項付」と記載も同時に付されています。黄金株を設定した現オーナーが1株持っていて、突然亡くなってしまった場合、その1株は宙に浮いてしまうことになります。この場合に、取得条項が付与されていれば、会社で取得条項をトリガーにしてその1株を買い取ることができるということです。そして、先ほどの例では、黄金株1株、後継者の保有株99株と設定しましたが、このように極端に生前に後継者に株式を移動することとなると、他の相続人の遺留分を留意しておかなければなりません。さらに、遺言書を作って後継者に確実にいきわたるようにしてください。

種類株式に関連したものとして、属人株についても解説します。会社法では、公開会社でない株式会社については、配当請求権等について株主ごとに異なる取扱いが可能で、定款で定めるだけでその導入が可能です。異なる取扱いができるのは、剰余金配当請求権、残余財産分配請求権、株主

66 Ⅰ 基本編

総会における議決権です。そして、種類株式と属人株との最も大きな違い
は、種類株式は登記が必要ですが、属人株は不要だという点です。ここ
で、属人株の方が同族法人において特定の株主に利益を与えることが容易
になるということで、みなし贈与の発動可能性があるかということを考え
てみたいと思います。

　特定の株式について所有割合と異なる配当基準を決定し、その基準に
従って配当した場合の課税関係を考えましょう。例えばAとBの出資額
が同じ1,000だった場合に、配当額については1対4、例えば、500対2,000
という配当を出した場合を考えてみます。株主Aと株主B、この2人が
赤の他人の状態であったとします。Aは取引先500、Bは取引先2,000を
もっていたとします。この場合、配当額500対2,000にしてもみなし贈与の
発動可能性はないものと思われます。例えば同族法人で株主Aが親、株
主Bが子で、2人とも役員、同じ仕事をやっている状況であれば、それ
は親から子へ、属人株を利用して配当を500対2,000にすることで贈与をし
ていると認定される可能性があります。

　この課税が発動する場合、すなわち、みなし贈与が認定されるような場
合とは、私見では、同族法人等において、特定の株主に利益を与えるため
に属人株を採用したことが明らかな場合に関しては、みなし贈与が発動さ
れる可能性があるのではないかと考えています。異なる取扱いが許されて
いるのは、「剰余金の配当を受ける権利」、「残余財産の分配を受ける権
利」、「株主総会における議決権」ですが、実務上実行してよいのは、「株
主総会における議決権」だけです。みなし贈与の発動リスクが高いという
ことで、議決権以外についてはやっている方はほとんど見られないという
のが現状だと思われます。なお、議決権に関して、いわゆる一般社団法人
スキームに関連する話を補足しておきます。一般社団法人の社員は1持分
1議決権というのが原則ですが、一般社団法人法第48条但書に、社員の議
決権を変化させて2倍や3倍にすることができるという規定があります。
これをうまく使えば、事業承継にうまく適応できるのではないかと考えて

いる方も多いようですが、議決権を変えるのであれば、それなりの大義名分は必要になってくると思われます。なぜ議決権を変更したかという点を説明できるようにしておいたほうがいいのではないかと考えます。

　平成30年度税制改正において一般社団法人（財団含む）スキームに関しては一定の規制が設けられました。これから設立を企図されている方は今後の改正動向について慎重に検討してください。ちなみに特定一般社団法人の回避方法もいくつか出回っているものがありますが、どれも短期的な解決方法ばかりで長期的視野に立った場合の対策としてはお勧めできません。

　属人株の導入には、特殊決議（総株主数の頭数の過半数＋総議決権数の4分の3以上の賛成）が必要です。変更する場合も同様の手続きが必要です。登記事項ではないものの、導入は難しいということです。所有株式数によらず人数割で配当や残余財産の分配を決めることも可能です。1株に総議決権数の3分の2以上の議決権数を与えることや、一定数以上の株式を有する株主については議決権を制限するということも可能です。剰余金の配当、残余財産分配請求権について全部を与えない定款の定めは無効だとされています。普通株式の2要素、「剰余金の配当」「残余財産分配請求権」である自益権は絶対に守らなければいけない要素とされているので、無効にするというのは許されません。

　会社法上認められている属人株について、持分割合に応じない配当の定めをすること「のみ」をもって株主間贈与を認定することは困難でないかと思われます。例えば、出資先医療法人の定款変更に伴い、残余財産分配請求権が失われたとして納税者が損金の額に算入した特別損失の金額は、寄附金に該当するとされた事例がありますが、これをそのまま適用することは妥当ではないと思われます。なぜなら、属人株の定めというのはいつでも変更が可能なためです。実際に持分割合に応じない残余財産の分配をした場合には、その分配をしたときに、株主間贈与が認定されると考えられます。優先配当については、それを行ったという事実だけでは、種類株

68　I　基本編

式との取扱いと平仄を合わせることから、株主間贈与の認定は困難である
と考えられます。また、私見として、属人株については、納税者側が立証
責任を最終的には負うことになると思われます。

Q I-29　一物一価

一物一価概念についてご教示ください。

Answer

下記のような概念を総称して指します。

［解説］

一物一価概念とは、会社の1事業期間に株式を移動させる場合には、原
則として、統一させるということです。この点については、多くの先生か
ら異論が出てくるところではあります。しかし、筆者が実際に経験した事
例についてご紹介します。

平成26年6月30日に、対象会社がデット・エクイティ・スワップ
（DES）を実行しました。デット・エクイティ・スワップというのは増資
です。第三者割当増資の場合の税務上適正な評価額は法人税基本通達
9-1-14（法人税基本通達4-1-6）か時価純資産価額かのどちらかで評価
するのが基本なので、6月30日には時価純資産価額で評価しました。その
後、平成26年11月25日に対象会社のオーナーが死亡しました。相続税申告
で使用した平成26年11月25日時点での株価は相続税評価額で行いました。
しかし、当局の見解として、平成26年11月25日についても時価純資産価額
で処理するべきだという指摘がなされました。指摘根拠は相続税法第22
条、法人税基本通達9-1-13です。

I-1　株式評価編　**69**

【相続税法第22条】
（評価の原則）

　この章で特別の定めのあるものを除くほか、相続、遺贈又は贈与により取得した財産の価額は、当該財産の取得の時における時価により、当該財産の価額から控除すべき債務の金額は、その時の現況による。

【法人税基本通達9-1-13】
（上場有価証券等以外の株式の価額）

9-1-13　上場有価証券等以外の株式につき法第33条第2項《資産の評価換えによる評価損の損金算入》の規定を適用する場合の当該株式の価額は、次の区分に応じ、次による。（昭55年直法2-8「三十一」、平2年直法2-6「三」、平12年課法2-7「十六」、平14年課法2-1「十九」、平17年課法2-14「九」、平19年課法2-17「十九」により改正）

(1)　売買実例のあるもの　当該事業年度終了の日前6月間において売買の行われたもののうち適正と認められるものの価額

(2)　公開途上にある株式（金融商品取引所が内閣総理大臣に対して株式の上場の届出を行うことを明らかにした日から上場の日の前日までのその株式）で、当該株式の上場に際して株式の公募又は売出し（以下9-1-13において「公募等」という。）が行われるもの（(1)に該当するものを除く。）　金融商品取引所の内規によって行われる入札により決定される入札後の公募等の価格等を参酌して通常取引されると認められる価額

(3)　売買実例のないものでその株式を発行する法人と事業の種類、規模、収益の状況等が類似する他の法人の株式の価額があるもの（(2)に該当するものを除く。）　当該価額に比準して推定した価額

(4)　(1)から(3)までに該当しないもの　当該事業年度終了の日又は同

日に最も近い日におけるその株式の発行法人の事業年度終了の時
における1株当たりの純資産価額等を参酌して通常取引されると
認められる価額

(参考)【法人税基本通達4-1-5】
(上場有価証券等以外の株式の価額)

4-1-5　上場有価証券等以外の株式について法第25条第3項《資
　　産評定による評価益の益金算入》の規定を適用する場合において、
　　再生計画認可の決定があった時の当該株式の価額は、次の区分に応
　　じ、次による。(平17年課法2-14「七」により追加、平19年課法2-3
　　「十五」、平19年課法2-17「九」、平22年課法2-1「十三」により改正)

(1)　売買実例のあるもの　当該再生計画認可の決定があった日前6
　　月間において売買の行われたもののうち適正と認められるものの
　　価額

(2)　公開途上にある株式(金融商品取引所が内閣総理大臣に対して株
　　式の上場の届出を行うことを明らかにした日から上場の日の前日まで
　　のその株式)で、当該株式の上場に際して株式の公募又は売出し
　　(以下4-1-5において「公募等」という。)が行われるもの((1)に
　　該当するものを除く。)　金融商品取引所の内規によって行われる
　　入札により決定される入札後の公募等の価格等を参酌して通常取
　　引されると認められる価額

(3)　売買実例のないものでその株式を発行する法人と事業の種類、
　　規模、収益の状況等が類似する他の法人の株式の価額があるもの
　　((2)に該当するものを除く。)　当該価額に比準して推定した価額

(4)　(1)から(3)までに該当しないもの　当該再生計画認可の決定が
　　あった日又は同日に最も近い日におけるその株式の発行法人の事
　　業年度終了の時における1株当たりの純資産価額等を参酌して通
　　常取引されると認められる価額

I-1 株式評価編 **71**

　これは、相続発生とデット・エクイティ・スワップの時期が近すぎたの
です。オーナーからの貸付金が増えていて、このまま相続が発生すると、
相続財産に券面額で加算されてしまうので、今のうちにデット・エクイ
ティ・スワップを行い、債権を株式化することで株価対策をしていこうと
思っていた矢先に、オーナーが亡くなったという事例です。デット・エク
イティ・スワップをするときは十分に時間的な余裕を取ってください。目
安として1年以上の期間をもって実行するのが望ましいでしょう。

　また、10年以上前に流行したスキームもご紹介しておきます。

　オーナーが自己株式を多数持っており、これを非支配少数株主に売却し
ます。この税務上適正評価額は配当還元方式価格です。その後、非支配少
数株主から会社に売却します。この場合の税務上適正評価額は配当還元方
式価格です。このように1つひとつの取引自体を単発で取り上げると上記
のような取引がなり立ちますが、これが「一連の取引」認定されますと、
金額によっては、非支配少数株主から会社への売却に関して「みなし贈
与」+「みなし譲渡」の課税関係が生じます。

　これに関する裁判例等はいくつかありますが、これを回避する方法は、
1つひとつの取引について期間を空けることです。一連の取引認定される
ことをさけるためには期間を空けることがセオリーです。これは自社株対
策、事業承継スキーム全般に言えることです。

Q I-30　DESでの負債の時価評価

　DESでの負債の時価評価の方法についてご教示ください。

Answer

　複数の方法が考えられます。

72 I 基本編

［解説］

　デット・エクイティ・スワップは、デット（負債）について税務上、時価評価する必要があります。これについては複数の方法が考えられます。まず1つ目は、負債を時価評価してもなお簿価とする考え方です。要するに、中小企業のオーナー貸付金は時価評価のしようがないので、時価というのはその貸し付けた金額だということ、つまり簿価なので、簿価でよいとする考え方です。ただし、債務超過会社（時価ベース）において税務上の時価評価額は0です。財産評価基本通達205項が適用される余地はありません。

　従って、会社法・会計上の仕訳「（借入金）○○　（資本金）○○」と税務仕訳で不一致が生じますから申告調整が必要となります。

　2つ目の方法は、平成13年に日本公認会計士協会が公表した、デット・エクイティ・スワップに係る会計実務指針に従う方法です。デット・エクイティ・スワップに係る会計実務指針に従うと、原則として、DCF法で債権を時価評価することになります。

　3つ目の方法が、国税庁の照会事例として公表されている「適正評価手続に基づいて算定される債権及び不良債権担保不動産の価額の税務上の取扱いについて（法令解釈通達）」です。

　　　「平成10年11月2日、日本公認会計士協会から、また、同年11月2日及び11月20日、日本不動産鑑定協会から、国税庁に対し、両協会が策定した適正評価手続に基づいて算定される債権及び不良債権担保不動産の取引価額は税務上も認められると解して差し支えないか照会がありました。

　　　国税庁においては、その内容について検討し、平成10年12月4日、それぞれの手法の計算の基礎とした収支予測額及び割引率が適正であれば税務上も認められる旨両協会に対して回答しました。」

　平成17年に国税庁に日本公認会計士協会と日本不動産鑑定協会が債権の評価方法について照会をかけました。債権の評価方法についてDCF法で

I-1 株式評価編 **73**

算定する方法がありますが、これは税務上、問題ないかと照会したということです。これに対し、国税庁は「問題ない」と返答しました。その「問題ない」と言われた方法がDCF法です。

以上を整理すると、①簿価、債務超過会社（時価ベース）では0評価、②会計実務指針に従ったDCF法、③国税庁への照会で「問題なし」となったDCF法という、3つの方法があることになります。他にも多数方法はありますが、この3つのいずれかで通ると思われます。一般的には①もしくは③に基づく方法が多いと思われます[15]。

Q I-31 個人地主の法人化に係る株価の論点

個人地主の法人化に係る株価の論点についてご教示ください。

Answer

下記のような論点がありますが、通説はありません。

[解説]

不動産所有型法人の場合、地主が建物と土地を持っているところを、不動産所有型法人を設立して、建物だけを不動産所有型法人に売却するという形で行われます。

1 家の売却価額の注意点

建物は、原則として所得税法上の簿価で売却することになることが多いと思われます。しかし、簿価で売却してはいけないパターンが2つあります。1つは簿価が1円の場合、もう1つは所得税法上の（主に買換の）圧縮記帳の適用を受けている場合です。1円簿価の場合は不動産鑑定評価額に

---

15 https://www.nta.go.jp/law/tsutatsu/kobetsu/hojin/981204/01.htm

74 Ⅰ 基本編

する必要があり、所得税法上の圧縮記帳の適用を受けた建物であれば、その圧縮記帳の適用を受ける前の簿価に引き直して売らなければなりません。

　ちなみに、所得税法上の簿価が売却時の時価である根拠としては下記が考えられます。「所得税法上の減価償却は法人税法上と異なり、強制償却である。償却方法も耐用年数も法令に従ったものである。これを時価といわずして何を時価というのか」というものです。

　当然、売却時の時価いかんによってはみなし譲渡発動可能性もあるので留意が必要です。

2　地代の支払方法に関する注意点

　上記スキームだと、土地は個人が持っています。個人が土地を持っていて、不動産所有型法人はその土地を借りることになるので、地代を支払うことになります。その地代の支払い方法は3つあります。

　①　「相当の地代」の方法
　②　「通常の地代＋無償返還方式」による方法
　③　「定期借地権」による方法です。

　①「相当の地代」は、土地評価額×6％の相当地代を1年間で支払うという方法です。②の「通常の地代」に関しては、通常の地代の求め方はいろいろありますが、固定資産税の2.5～3倍が通常だと言われています。固定資産税の2倍前半なら少し低く、固定資産税の1倍台だと当局から指摘されることになるでしょう。通常は「通常の地代＋無償返還」方式で地代を設定します。一方で、③として「定期借地権」というものを提示しました。相当の地代方式や通常の地代＋無償返還方式だと、株価に自用地の20％部分を乗せなければなりませんが、定期借地権だと当局から何も情報が出ていないので、この20％上乗せは不要、という見解が一部、見受けられます。

　ところが、当局の見解を調べてみると、「国税速報」（平成6年3月17日号）に、「財産評価基本通達25項但書適用の際は株価に20％上乗せること」

I-1 株式評価編　**75**

と書かれているものが見つかります。この「国税速報」の記事は、発遣された当初の当局の担当者が執筆したものと想定されます。つまり定期借地権通達を適用する場合も、株価に20％乗せることは必要だと考えられます。ただし、当局から公式の見解が出ているというわけではないので、20％上乗せしないことが、必ずしも間違っているとは言い切れません。

しかしながら、相続税の調査で指摘されることがあり得るため、念のためにクライアントへの説明責任を果たす必要があります。

<big>Q</big> I -32　土地譲渡類似株式等の短期譲渡所得課税

土地譲渡類似株式等の短期譲渡所得課税についてご教示ください。

Answer

会社分割＋清算スキームなどでは留意すべき点です。

［解説］

下記のいずれかに該当する株式を、下記の一定の条件で譲渡した場合には、短期譲渡所得課税になってしまいます。

【土地譲渡類似株式等（次のいずれかに該当する株式）】

・株式発行法人の総資産価額の70％以上が、譲渡した年の1月1日において所有期間が5年以下の土地等である場合のその株式

・その年の1月1日において所有期間が5年以下の株式で、かつ、その発行法人の総資産価額の70％以上が土地等である場合のその株式

【一定の条件（次のいずれかに該当する譲渡）】

・その年以前3年以内のいずれかの時において、その年に株式を譲渡した者を含む特殊関係株主等の持株割合が30％以上であること

・特殊関係株主等が、その年において発行済株式の5％以上の株式を譲渡し、かつ、その年以前3年以内において15％以上の株式を譲渡して

いること

　この趣旨は、土地を単純に取得から5年以内に売却すると、短期譲渡所得課税がかかってしまうので、ペーパーカンパニーを作り、土地を現物出資等して、そのペーパーカンパニーの株式を売却する形であれば、5年以内でも短期譲渡所得課税にならずに済むのではないかという、脱法行為を禁止するためのものです。

　この規定に、知らずに引っかかってしまうケースもあるので、注意が必要だということです。会社分割スキームで分割後の不動産部門を売却するものが有りますが、これに該当しないように留意する必要があります。

Ⅰ-33　業種目番号判定

> 複数業種の場合の業種目番号判定についてご教示ください。

Answer

　下記の評価通達が参考になります。

［解説］

> **（評価会社の事業が該当する業種目）**
>
> **181-2**　前項の評価会社の事業が該当する業種目は、178《取引相場のない株式の評価上の区分》の(4)の取引金額に基づいて判定した業種目とする。
>
> 　なお、当該取引金額のうちに2以上の業種目に係る取引金額が含まれている場合の当該評価会社の事業が該当する業種目は、取引金額全体のうちに占める業種目別の取引金額の割合（以下この項において「業種目別の割合」という。）が50％を超える業種目とし、その割合が50％を超える業種目がない場合は、次に掲げる場合に応じ

たそれぞれの業種目とする。(平11課評2-2外追加、平12課評2-4外、平21課評2-12外改正)

(1) 評価会社の事業が1つの中分類の業種目中の2以上の類似する小分類の業種目に属し、それらの業種目別の割合の合計が50%を超える場合　その中分類の中にある類似する小分類の「その他の○○業」

　　なお、これを図により例示すれば、次の通り。

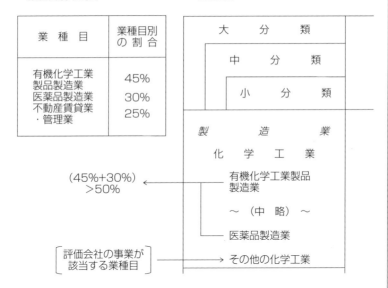

(2) 評価会社の事業が1つの中分類の業種目中の2以上の類似しない小分類の業種目に属し、それらの業種目別の割合の合計が50%を超える場合((1)に該当する場合を除く。)　その中分類の業種目

　　なお、これを図により例示すれば、次の通り。

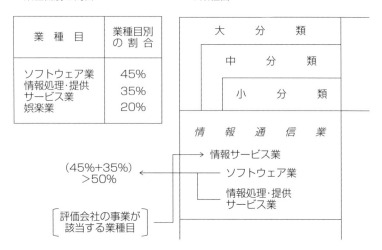

(3) 評価会社の事業が1つの大分類の業種目中の2以上の類似する中分類の業種目に属し、それらの業種目別の割合の合計が50%を超える場合　その大分類の中にある類似する中分類の「その他の○○業」

なお、これを図により例示すれば、次の通り。

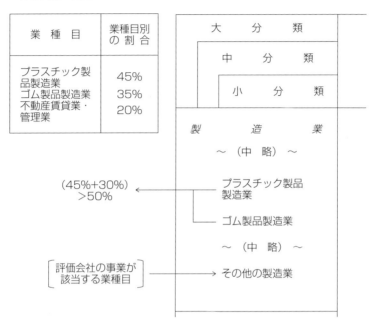

(4) 評価会社の事業が１つの大分類の業種目中の２以上の類似しない中分類の業種目に属し、それらの業種目別の割合の合計が50％を超える場合（(3)に該当する場合を除く。） その大分類の業種目

なお、これを図により例示すれば、次の通り。

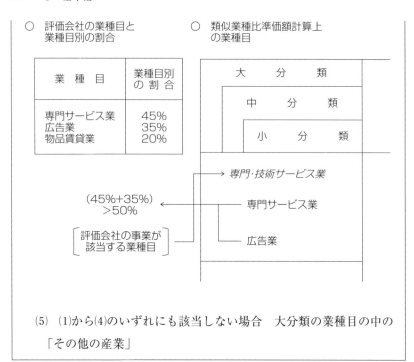

(5) (1)から(4)のいずれにも該当しない場合　大分類の業種目の中の「その他の産業」

Q I -34　類似業種比準価額方式と純資産価額方式の数値

類似業種比準価額方式と純資産価額方式の数値の取り方をご教示ください。

Answer

下記の通りとなります。

［解説］

まず、類似業種比準価額方式については、翌期のいかなる時点においての譲渡、贈与についても直前期末の数値を用います。一方、純資産価額方式の場合は、直前期末の数値＋重要な後発事象をとることで代用できま

I-1 株式評価編　**81**

す。何も仮決算方式を無理に採用しなくても構いません[16]。

Q I-35　税務上適正評価額：株価の洗い替え

　相続税の納付のために自己株式の取得を行うことを予定しており
ます。
　この場合、自己株式取得の株価は、株価算定時に使用する業種目
別株価等は算定時に公表されている最新のものを使用すればいいと
いう理解でよろしいでしょうか。
　毎年6月時点では今年の2月分までしか公表されていないので、
どのようにすべきか迷っております。

Answer

　課税実務上は下記の取扱いを行います。

［解説］

　相続直系⇒会社への金庫株は所基通59-6を使います。相続税申告時の
相続税評価原則ではないのでご留意ください。みなし譲渡の発動可能性が
あります。必ず所基通59-6×1/2＞相続税評価原則のチェックを行い
ます（拙著『みなし贈与のすべて』（ロギカ書房）ご参照のこと）。

　ご質問後段についてです。例えば、6月末の時点の臨時決算書類ベース
で試算するとします。類似はご指摘のとおり、例年、6月時点ではその年
の2月分までしか公表されておりません。これで一度精算（価額算定し、
売却）します。そして6月までの類似が公表された場合、その差額分を計
算し、決済します。

　仮に、

16　平成25年版『株式公社債の実務』266頁　大蔵財務協会　「直前期末課税時期までの間に増
　　資があった場合」を参照しています。

82　I　基本編

1）6月分＞2月分の場合、その差額はみなし贈与認定される可能性も
　　ないとは限りませんので、精算したほうがよいでしょう（もっとも
　　指摘された事例は聞いたことがありません）。

2）6月分＜2月分の場合、2月時点の評価で既に高額取引を行ってい
　　るので課税実務上は原則として問題ないでしょう。

　上記における差額決済の考え方は当該実行日の類似発表前における譲
渡・あるいは贈与においても共通の考え方です。

Q I -36　税務上適正評価：純資産価額の時期の考え方

　下記の前提で仮決算を組むか組まないかの考え方についてご教示
ください。

Answer

　以下の設例で具体例を考えてみます。

［解説］

（前提）

・卸売店売上45％、不動産賃貸売上55％（収益物件）の小会社（業種は
　不動産賃貸業）

・収益不動産敷地に含み益が大きく土地保有特定会社に該当

・3月決算5月申告

・5月中に納税資金ねん出のため、収益不動産を売却

・土地について簿価1億円、相評2億円、売却価額5億円

・6月に相続が発生

・直前決算ベースの純資産株価は2,000円

　なお、収益不動産は相続税評価額で2億円です。

（質問）

6月の相続税申告における自社株評価につき、以下ご教示ください。

1．仮決算を組む場合

⑴　相続開始前の5月に売上55％を挙げる収益不動産を売却しているため、仮決算が必要となりますか。

⑵　仮決算を組む場合、直前期末以前1年間の取引金額をもとに業種目判定を行うため、不動産賃貸業のままでしょうか。

2．仮決算を組まない場合

⑴　仮決算を組まずに直前3月決算をベースに、重要な後発事業を加味することで対応できますでしょうか。

⑵　上記が可能の場合、具体的に後発事象をどう反映させるのでしょうか。以下のどこかに該当しますでしょうか。

・土地を相評2億円から売却価額5億円へ置き換える

・土地を現金化させ、未払法人税等を負債計上

1．⑴について

　純資産価額は当該評価時点の金額をあくまで原則とするのが相続税法第22条、財産評価基本通達の制度趣旨に合致します。したがって、売却後の試算表ベースに計算する方が無難です。ただし、万が一ですが、当局から下記のような指摘はあるかもしれません。

・土地特である場合の相評と売却後キャッシュリッチな会社の相評のいずれか高い方を採用すべき（相続税法第22条の考え方、制度趣旨による）。しかし、当該評価時点の株価が原則ですから、売却後の株価が一義的に採用されると思われます。

1．⑵について

　類似の判定は絶対に直前事業年度末で行います。これは類似の各業種B、C、Dの各数値抽出が過去3事業年度の業種に則った金額によるからです。

　したがって当該ケースの場合、不動産賃貸業のままです。

84   I   基本編

2．(1)について

　当該ケースの場合、これはやめた方がよろしいかと思います。この組まない手法はあくまで例外です。重要な後発事象の加味は会社の総資産価額に占める当該資産の割合でも利用できるかどうかは判断が変わってきます。

　しかし、今回は土地特ということで非常に土地の割合が高いことがわかっておりますので、課税実務上は使わない方が無難です。もちろん、これに関わる具体的な金額的基準を示した通達等はありません。

2．(2)について

　このように考慮するぐらいなら、仮決算を組んだ方がよろしいかと思われます。

　仮決算を組むと売却金額＝時価の金額が株価に反映されますが、土地特ではないです。そして上述のとおり、純資産価額はあくまで「その時の現況による」のが課税実務ですから、上記の反映のされ方がなされます。

　結果として、小会社になるでのあればそうでしょう。

　仮にあとで当局と極力もめないために（先生方にとって）安全な方法でやるとしたならば、

・株価への反映は現金化後の金額

・評価方法は土地特

という極めて納税者不利となる評価方法もあり得るかもしれません。

　というのは、財基通189項前文への目くばせです。

（財産評価基本通達189項）

（特定の評価会社の株式）

189　178《取引相場のない株式の評価上の区分》の「特定の評価会社の株式」とは、評価会社の資産の保有状況、営業の状態等に応じて定めた次に掲げる評価会社の株式をいい、その株式の価額は、次

I-1 株式評価編　**85**

に掲げる区分に従い、それぞれ次に掲げるところによる。

　なお、評価会社が、次の(2)又は(3)該当する評価会社かどうかを判定する場合において、課税時期前において合理的な理由もなく評価会社の資産構成に変動があり、その変動が次の(2)又は(3)に該当する評価会社と判定されることを免れるためのものと認められるときは、その変動はなかったものとして当該判定を行うものとする。

(昭58直評5外・平2直評12外・平6課評2-8外・平12課評2-4外・平15課評2-15外・平25課評2-20外・平29課評2-12外改正)

(1)　比準要素数1の会社の株式

　　183《評価会社の1株当たりの配当金額等の計算》の(1)、(2)及び(3)に定める「1株当たりの配当金額」、「1株当たりの利益金額」及び「1株当たりの純資産価額(帳簿価額によって計算した金額)」のそれぞれの金額のうち、いずれか2が0であり、かつ、直前々期末を基準にして同項の定めに準じそれぞれの金額を計算した場合に、それぞれの金額のうち、いずれか2以上が0である評価会社(次の(2)から(6)に該当するものを除く。以下「比準要素数1の会社」という。)の株式の価額は、次項の定めによる。

　　(注)　配当金額及び利益金額については、直前期末以前3年間の実績を反映して判定することになるのであるから留意する。

(2)　株式保有特定会社の株式

　　課税時期において評価会社の有する各資産をこの通達に定めるところにより評価した価額の合計額のうちに占める株式及び出資の価額の合計額(189-3《株式保有特定会社の株式の評価》において「株式等の価額の合計額(相続税評価額によって計算した金額)」という。)の割合が50%以上である評価会社(次の(3)から(6)までのいずれかに該当するものを除く。以下「株式保有特定会社」という。)の株式の価額は、189-3《株式保有特定会社の株式の評価》の定めによる。

86　Ⅰ　基本編

(3)　土地保有特定会社の株式

　　課税時期において、次のいずれかに該当する会社（次の(4)から
(6)までのいずれかに該当するものを除く。以下「土地保有特定会社」
という。）の株式の価額は、189-4《土地保有特定会社の株式又
は開業後3年未満の会社等の株式の評価》の定めによる。

　イ　178《取引相場のない株式の評価上の区分》の定めにより大
　　会社に区分される会社（同項の定めにより小会社に区分される会
　　社（同項に定める総資産価額（帳簿価額によって計算した金額）
　　が、評価会社の事業が卸売業に該当する場合には20億円以上、卸売
　　業以外に該当する場合には15億円以上のものに限る。）を含む。）
　　で、その有する各資産をこの通達の定めるところにより評価し
　　た価額の合計額のうちに占める土地等の価額の合計額の割合
　　（以下「土地保有割合」という。）が70％以上である会社

　ロ　178《取引相場のない株式の評価上の区分》の定めにより中
　　会社に区分される会社（同項の定めにより小会社に区分される会
　　社（同項に定める総資産価額（帳簿価額によって計算した金額）
　　が、評価会社の事業が卸売業に該当する場合には7,000万円以上、小
　　売・サービス業に該当する場合には4,000万円以上、卸売業、小売・
　　サービス業以外に該当する場合には5,000万円以上で、上記イに該当
　　しないものに限る。）を含む。）で、土地保有割合が90％以上であ
　　る会社

(4)　開業後3年未満の会社等の株式

　　課税時期において次に掲げるイ又はロに該当する評価会社（次
の(5)又は(6)に該当するものを除く。以下「開業後3年未満の会社等」
という。）の株式の価額は、189-4《土地保有特定会社の株式又
は開業後3年未満の会社等の株式の評価》の定めによる。

　イ　開業後3年未満であるもの

　ロ　183《評価会社の1株当たりの配当金額等の計算》の(1)、(2)

及び⑶に定める「1株当たりの配当金額」、「1株当たりの利益金額」及び「1株当たりの純資産価額（帳簿価額によって計算した金額）」のそれぞれの金額がいずれも0であるもの

(注)　配当金額及び利益金額については、直前期末以前2年間の実績を反映して判定することになるのであるから留意する。

⑸　開業前又は休業中の会社の株式

　　開業前又は休業中である評価会社の株式の価額は、189-5《開業前又は休業中の会社の株式の評価》の定めによる。

⑹　清算中の会社の株式

　　清算中である評価会社の株式の価額は、189-6《清算中の会社の株式の評価》の定めによる。

　しかし、今回のケースでは189項前文の指摘事項には該当せず、すなわち、通常の相続税納付のための資金生み出しという説明なら、経済的合理性があるため、上記まで不利にやる必要は全くありません。

　結論として上記1.⑴仮決算を組む場合で実行するのがベストでしょう。

Q I-37　法人⇒法人間の株式異動の留意点

法人⇒法人間の株式異動の留意点についてご教示ください。

Answer

　下記の基本的な課税関係が参考になります。［解説］

○時価による譲渡（民法555、売買）（譲渡価格＝時価）：譲渡価格から取得価額及び譲渡費用を控除した差額が益金の額又は損金の額／譲渡利益額又は譲渡損失額（法法22②、61②）／購入代価が取得価額（法令119①）

88 I 基本編

○時価より低い価額（譲渡価額＜時価）で譲渡、小さな差額の場合（法基通
　　2－3－7・10％基準適用）：時価から取得価額及び譲渡費用を控
　　除した差額が益金・損金の額／時価と譲渡価額との差額が寄附
　　金（法法37⑧）／時価が取得価額（法令119①一）／購入代価と時
　　価との差額は受贈益（法法22②）
○時価より高い価額で譲渡（譲渡価額＞時価）：時価から取得価額及び譲渡
　　費用を控除した差額が益金・損金の額／時価と譲渡価額との差
　　額が受贈益（法法25の2②）／時価が取得価額（法令119①一1）
　　／購入代価と時価との差額は寄附金（法法37⑧）
○贈与（民法549）（譲渡価額＝0）：時価を譲渡価額として取得価額及び譲
　　渡費用を控除した差額が益金又は損金の額／時価相当額が寄附
　　金（法法37⑦）／時価が取得価額（法令119①・⑧）／時価相当額
　　は受贈益（法法22②）[17]

Q I-38 類似業種比準方式における株価引下げ策

類似業種比準方式における株価引下げ策についてご教示ください。

Answer

下記が単純かつオーソドックスなものとなります。

［解説］

現状で考え得る手法を、チェックリストとして下記にまとめました。

17　中島茂幸『非上場株式の税務』146頁　中央経済社　2015年

I-1 株式評価編　**89**

大分類		実行内容		抵抗感
組織変更	1	取引形態の変更	現状に近い業種で業種別株価をより低いものが採用できるようにする。	☐
	2	合併・会社分割・事業譲渡等による業種の変更		☐
決算・配当対策	1	配当率の引下げ	配当率を引き下げる（記念配当は計算対象外）	☐
	2	たな卸資産	税務上認められる評価損失計上	☐
	3	金銭債権	貸倒損失（法基通 9 - 6 - 1、 9 - 6 - 2、 9 - 6 - 3 ）	☐
	4	有形固定資産	不要資産の売却、除却、有姿除却	☐
	5	投資有価証券	回復の見込みのない有価証券の評価損	☐
	6	ゴルフ会員権	売却	☐
	7	貸付金	貸倒損失（法基通 9 - 6 - 1、 9 - 6 - 2、 9 - 6 - 3 ）	☐
	8	短期前払費用	金額的重要性の少ないもの	☐
	9	特別償却	新規取得固定資産につき特別償却を適用	☐
	10	デリバティブ評価損	未決済デリバティブ取引をみなし決済	☐
	11	役員退職金	生前に役員退職金支給（分掌変更通達の安易な適用は絶対に不可！）	☐
	12	退職金移行		☐
	13	決算賞与	賞与要件を上手に利用	☐
決算・配当対策	14	会社分割	高収益部門の分社による利益圧縮	☐
	15	保険（定期逓増・長期平準）	生命保険・損害保険等の節税商品の活用	☐

| 株式数増加 | 1 | 株式数の増加 | 第三者割当増資・自己株式の処分による発行済株式数の増加 | □ |

　平成29年度税制改正で、「決算配当対策」のうちの「決算対策」は、以前ほど効果が出なくなるようになってしまいましたが、これをチェックリストとして使って、少しでも削れる部分を探すことが重要です。

　「配当率を引き下げる」という項目に「（記念配当は計算対象外）」と記載されています。配当金額は株主に配慮して変えたくないものの配当率を下げたいというよくある要望に対して、記念配当の部分を多く出せばそれが可能になります。

　筆者は、コンサルティングの現場で「御社は何周年ですか」と聞きます。例えば、「55周年です」との答えが返ってきた場合は、「配当金額を落とせないのなら55周年記念配当を出しましょう」と提案します。すると、同じ配当金額でも記念配当の比重が大きくなるので、要望を叶えることができます。例えば、「新工場開設記念」「新会社設立記念」などによって、配当率を引き下げることができます。

　なお、「役員退職金」については、安易な分掌変更は絶対にしてはなりません。法人税基本通達9-2-32はあくまで例示通達と思われます。単に報酬を50％以下に落とせばいいという話ではありません。

Q I -39　類似業種比準方式の留意点

　類似業種比準方式活用の留意点についてご教示ください。

Answer

　下記が単純かつオーソドックスなものとなります。

I-1 株式評価編 **91**

［解説］

　業界株価の動向については、ある程度読めるので、どこの段階で贈与、譲渡を実行すればよいのかというのが読めます。国税庁が出している業種目別株価は日経平均に連動しているので（その業種に連動した株価が載ってくるので）、ある程度どの時点で株価が下がってどの時点で上がったかが分かりやすくなっています。その動向を読めるようにしておけば、贈与、譲渡の時期が判定しやすいということです。予測株価を算定する場合にも、業種目株価と日経平均を連動させておく必要があります。

　業種判定に誤りがないかについては、消費税の簡易課税業種の考え方と異なるということに留意が必要です。日本標準産業分類を基準に行うことになります。非経常的利益は、役員退職金、慰労金があっても保険金収入があれば差し引くというのは当然のことですが、レバレッジドリースの終了時の物件処分益は想定利益なので、非経常的な利益ではないということに注意してください。

　このような事例にも留意してください。

　評価会社はパチンコ業です。パチンコ台の入替えに係る譲渡損益について、損益計算書上、固定資産売却損益勘定を使用しています。この場合、類似業種比準価額の算定上、１株当たりの利益金額から除外する非経常的な利益の金額について、財産評価基本通達183(2)に「（固定資産売却益、保険差益等の非経常的な利益の金額を除く。）」とありますが、当該譲渡益は除外の対象として問題ありませんか、というものです。

　勘定科目等の形式的な基準では、非経常的な利益に係る除外対象の判断はできません。評価会社の利益金額の計算上、非経常的な利益の金額を除外する趣旨は、類似業種比準方式における比準要素として、臨時偶発的に生じた収益力を排除し、その営む事業に基づく経常的な収益力を株式の価額に反映させるためです。したがって、その利益が経常的であるか否かを判断するには、評価会社の損益計算書上、「経常利益」「特別利益」等のいずれに計上されているかの形式的な基準で判断するのではなく、評価会社

92　I　基本編

の事業の内容、その利益の発生原因、その発生原因たる行為の反復継続性
又は臨時偶発性等を考慮して判断すべきと考えます。

　なお、非経常的な利益の金額とは、臨時偶発的に生じた個々の利益の総
体を指しますので、固定資産の譲渡が期中に数回あり個々の譲渡に売却益
と売却損があるときは、個々の譲渡の損益を通算し、種類の異なる損益が
ある場合であっても、これらを通算し、その結果として利益の金額があれ
ば除外することとなりますのでご留意ください。

　【参考条文等】
　　財産評価基本通達183(2)

平成20年6月26日　国税不服審判所裁決（公開）東裁（諸）
(取引相場のない株式の評価（類似業種比準方式))
　類似業種比準方式における1株当たりの利益金額の計算上、匿名組
合契約に係る分配金は非経常的な利益ではないから法人税の課税所得
金額から控除すべきではないとした事例（平成15年分の贈与税の更正
処分及び過少申告加算税の賦課決定処分・棄却・平20-06-26裁決）
【裁決事例集第75集594頁】
　〔裁決の要旨〕
　類似業種比準方式における、匿名組合員である評価会社の「1株当
たりの年利益金額」については、①評価通達が、「1株当たりの年利
益金額」の計算を法人税の課税所得金額を基礎としていることについ
ては合理性があること、②法人税の取扱いでは、匿名組合員が分配を
受ける匿名組合営業について生じた利益の額又は損失の額は、匿名組
合の営業者の計算期間の末日の属する匿名組合員の各事業年度の益金
の額又は損金の額に算入されること、③匿名組合から分配を受ける損
益は、匿名組合契約が継続する限り毎期発生することが予定されてお
り、臨時偶発的に発生するものではないことからすると、「1株当た
りの年利益金額」を計算する上で、匿名組合契約に係る損益の額を非

経常的な損益として除外すべき理由は認められない。そして、本件事業は航空機リース事業であって、本件 A 匿名組合契約に係る損益が、最終計算期間以外の計算期間については航空機の賃貸による損益であり、最終計算期間における分配金については、賃貸物件である航空機の売却による収益を含むというように、計算期間によって損益の発生の源泉が異なるという性質を持っているとしても、このようなリース事業は、リース物件の売却によってはじめて契約期間を通した収支が確定するものであり、そもそもリース物件の所有、賃貸及び売却が一体となった事業である。つまり航空機の売却は、K 社をその優先的売却先として本件 A 匿名組合契約の締結時に予定されていたものであるから、一般的な固定資産の売却とは異なり、当該航空機の売却が臨時偶発的なものとは言い難い。また、本件 A 匿名組合契約に係る最終分配金額は、航空機の賃貸による収益と航空機の売却による収益という収益の発生の源泉が異なる部分により構成されているとしても、本件会社にとって匿名組合契約に係る出資に対する利益の分配という性格が異なるわけではないから、その利益の一部を取り出して非経常的な利益と判断すべき理由は認められない。

* * *

平成25年 2 月14日　国税不服審判所裁決（非公開）大裁（諸）平24-51（取引相場のない株式／類似業種比準方式／非経常的な利益）

　取引相場のない株式の評価額を類似業種比準方式によって算定する際、評価会社が出資した匿名組合契約に係る損益のうちオペレーティング・リース取引終了時における固定資産売却に係る利益は、「1 株当たりの年利益金額」の計算上、非経常的な利益に該当しないとされた事例（平成■■年■■月■■日相続開始に係る相続税の更正の請求に対して平成23年10月26日付でされた更正をすべき理由がない旨の通知処分・棄却・平25-02-14裁決）【大裁（諸）平24-51】

〔裁決の要旨〕

　本件は、審査請求人が、被相続人の死亡に係る相続税の申告書を原処分庁に提出した後、相続により取得した株式の評価額の計算を財産評価基本通達に定める類似業種比準方式によって行うに当たり、匿名組合契約に係る事業利益のうち固定資産売却に係る利益金額は非経常的な利益に該当し、法人税の課税所得金額から控除すべきであったとして更正の請求をしたところ、原処分庁が、匿名組合契約に係る損益については、その全てが経常的な損益に当たるとして、更正をすべき理由がない旨の通知処分を行ったことに対し、審査請求人が、その全部の取消しを求めた事案である。

　評価通達183は、評価会社の利益金額の計算上、固定資産の売却益や火災の際の保険差益等を非経常的な利益として利益金額から除くこととしているが、これは、類似業種比準方式における比準要素としての利益金額は、基本的には、評価会社の経常的な収益力を表すものを採用し、これと類似業種の利益金額とを比較対照して、評価会社の経常的な収益力を株式の価額に反映させるためであって、合理性がある。

　したがって、ある利益が経常的な利益に該当するか非経常的な利益に該当するかを判断するに当たっては、その利益が、評価会社の損益計算書上、「経常利益」又は「特別利益」のいずれに計上されているかのみで判断するのではなく、評価会社の事業の内容、その利益の発生原因、その発生原因たる行為の反復継続性又は臨時偶発性等を考慮して判断するのが相当である。

　匿名組合契約において、匿名組合員の出資は、全て営業者に帰属し、その出資により営業者が取得した財産について匿名組合員が共有持分を有することはなく、匿名組合員が匿名組合の目的である事業の範囲に属する営業者の個々の取引を自己の取引と認識することはあり得ず、匿名組合員は、営業者の営業から生じた各計算期間における最終的な利益又は損失の額の分配を受ける地位を有するにすぎない。

したがって、匿名組合員は、匿名組合契約に基づいて分配された利益又は損失が営業者の行った営業のうち、いかなる取引に起因する損益として生じたものであるかを認識することは匿名組合契約の法的性格上あり得ないし、営業者が匿名組合の目的である事業の範囲に属する限りどのような取引を行うとしても、匿名組合員にとって出資に対する利益又は損失の額の分配であるという性格が異なることとなるわけではない。

　本件各匿名組合契約は、固定資産の所有、賃貸及び売却が一体となった契約であり、固定資産の売却は、匿名組合の目的である事業の内容として契約締結時に予定されていたものである。そうであるとすれば、本件各匿名組合契約における固定資産の売却は、匿名組合の目的である事業の遂行そのものであって、臨時偶発的なものとはいい難く、当該固定資産の売却に起因して生じた匿名組合の事業の利益又は損失も、臨時偶発的なものとはいい難い。

　また、匿名組合員が匿名組合契約に基づき営業者から分配を受ける利益又は損失は、匿名組合契約の性質上、営業者における当該利益又は損失の発生の源泉によってその性格を異にするものではない。

　以上によれば、匿名組合員であるＡ社が本件各匿名組合契約に基づき各営業者から分配を受ける利益は、本件各匿名組合契約に係る固定資産の賃貸（リース）から生じたものであると当該固定資産の売却により生じたものであるとを問わず、いずれも、本件各匿名組合契約の締結（取引）というＡ社自身の経常的な事業活動から生じたＡ社の経常的な利益とみるべきである。

　したがって、評価通達183に基づき取引相場のない株式であるＡ社の株式（本件株式）の評価額の計算を類似業種比準方式によって行うに当たり、「１株当たりの年利益金額」を計算する上で、本件各匿名組合契約に係る固定資産の売却利益を非経常的な利益として除外すべきではない。

96　Ⅰ　基本編

　また、下記のような事例もありました。

　請求人は移動式クレーン車を貸し出し、オペレーターが揚重作業を行う事業などを含む法人の代表取締役の子供です。代表取締役からの株式の贈与について、対象法人の株式評価が誤っていると更正処分を受けたのに対し、審判所に取り消しを求めた事案（平成29年9月12日裁決）です。争点は、評価会社が行ったクレーン車の売却益を評価会社の1株当たりの利益金額の計算上、法人税の課税所得金額から除くべき「非経常的な利益の金額」である固定資産売却益に該当するか否かです。確かに、財産評価基本通達183(2)は、法人税の課税所得金額から「固定資産売却益、保険差益等の非経常的な利益の金額を除く」と定めています。文理解釈からは、上記売却益は非経常的な利益と判断しても問題なさそうにも思えます。しかしながら、審判所は、「ある利益が同金額に該当するか否かの判断は、評価会社の事業の内容、その利益の発生原因、その発生原因たる行為の反復継続性または臨時偶発性等を考慮して判断すべきものである」と指摘しました。その上で、「同法人は事業を継続・維持するため、クレーン車の売却を事業の一環として行っており、毎期相当数のクレーン車を繰り返し売却し、売却台数も年々増加させていたことを考慮すれば、同法人のクレーン車の売却は反復継続的に行われていたと評価できる」とし、本件売却益は同金額に該当しないとしました。非経常的な利益分類を勘定科目だけで判断することは危険ということです。

（株式評価／類似業種比準方式／クレーン車売却益の「非経常的な利益の金額」該当性）
　取引相場のない株式の評価について、クレーン事業を営む評価会社のクレーン車売却益は、類似業種比準価額により評価するときの「評価会社の1株当たりの利益金額」の計算上、法人税の課税所得金額から除くべき「非経常的な利益の金額」に当たらないとされた事例（平

I-1　株式評価編　**97**

成25年分の贈与税の更正処分及び過少申告加算税の賦課決定処分・棄
却・平29-09-12裁決）

　〔裁決の要旨〕

　本件は、請求人が贈与により取得した取引相場のない株式の評価に
ついて、原処分庁が、当該株式の発行会社（本件法人）が行ったク
レーン車の売却に係る売却益（本件売却益）が当該株式を財産評価基
本通達（評価通達）に定める類似業種比準価額により評価するときの
「評価会社の１株当たりの利益金額」の計算上、法人税の課税所得金
額から除くべき非経常的な利益の金額に当たらないとして贈与税の更
正処分等をしたのに対し、請求人が、当該売却益は非経常的な利益の
金額に当たるとして、当該更正処分等の一部の取消しを求めた事案で
ある。

　取引相場のない株式の評価について、評価通達179は、大会社の株
式の価額を、原則として、類似業種比準価額によって評価する旨定
め、これを受け、評価通達180は、類似業種比準価額は評価会社の１
株当たりの配当金額、利益金額及び純資産価額の各要素を評価会社と
事業内容が類似する上場会社の当該各要素の平均値と比較し、当該上
場会社の株価の平均値に比準して評価会社の１株当たりの価額を算出
する旨定めている。

　そして、評価会社の１株当たりの配当金額、利益金額及び純資産価
額の具体的な算出方法については、評価通達183においてその計算方
法を定めているところ、評価通達183の(2)は、１株当たりの利益金額
を算出する際の評価会社の利益金額の計算上、直前期末以前１年間に
おける法人税の課税所得金額から固定資産売却益、保険差益等の非経
常的な利益の金額を除くこととしている。これは、類似業種比準価額
を算出するときの比準要素である利益金額として、基本的には、評価
会社の経常的な収益力を表すものを採用し、これと類似業種の利益金
額とを比較対照することにより、評価会社の経常的な収益力を株式の

価額に反映させることにある。

　そうすると、ある利益が固定資産売却益に計上されていたとしても、業種やその利益の発生原因等によってはその利益が必ずしも非経常的な利益の金額となるものではなく、また、株式の価額に反映すべき経常的な収益力は評価会社によって様々であることから、ある利益が経常的な利益の金額に該当するか非経常的な利益の金額に該当するかは個別に判断すべきであり、その判断に当たっては、その利益が評価会社の損益計算書の経常利益又は特別利益のいずれに計上されているかのみをもって判断するのではなく、評価会社の事業の内容、その利益の発生原因、その発生原因たる行為の反復継続性又は臨時偶発性等を考慮するのが相当である。

　したがって、本件法人が本件売却益を固定資産売却益として、損益計算書の特別利益に計上していることのみをもって、非経常的な利益の金額に該当すると判断することは相当ではない。

　本件法人は、本件法人の経常的な事業である本件クレーン事業を営利事業として継続・維持するに当たり、クレーン車の売却による収益力を見越した上で、クレーン車の取得及び売却を本件クレーン事業と一体をなすものとして捉えて、本件クレーン事業の一環としてクレーン車の売却を行っていたものと認められ、このことは、下取りによる売却か下取り以外による売却かによって異なるものではない。

　本件法人は、クレーン車の売却を本件クレーン事業の一環として行っており、直前各3事業年度において、毎期、相当数のクレーン車を繰り返し売却し、その売却台数も年々増加させていたことを考慮すれば、本件法人によるクレーン車の売却は反復継続的に行われていたと評価するのが相当である。

　東京地裁令和元年5月14日判決でこの採決が同趣旨で支持されています。この後の裁判動向にも注視すべきものとなります。

I-1　株式評価編　**99**

　以上によれば、本件売却益は、非経常的な利益の金額に該当しないということです。安易に固定資産売却損益を非経常的なものと決めつけるのは危険です。

　功労加算金に関しては基本的な認識として、当局は公式には認めていません。保険会社が作ってくる設計書は、例えば、月額最終報酬が100万×在任年数30年×功績倍率３倍×1.3のように、功労加算金を加算していたりしますが、平成23年５月25日の仙台裁決例を見ても、当局は公式には認めていません。

（役員退職給与／平均功績倍率法が最も妥当であるとされた事例）

　「平均功績倍率法」が一般的な役員退職給与相当額の算出方法として最も妥当なものであるとされた事例（平成16年８月１日～平成18年７月31日までの各事業年度の法人税の各更正処分及び過少申告加算税の各賦課決定処分・棄却）（平成23年５月25日裁決）

　〔裁決の要旨〕

　本件は、原処分庁が、審査請求人が死亡退職した取締役に支給した役員退職給与のうち、不相当に高額な部分の金額については損金の額に算入されないとして法人税の更正処分等を行ったのに対して、請求人は、更正の理由付記に違法があること及び当該役員退職給与は相当な金額であるとして、同処分等の全部の取消しを求めた事案である。

　役員退職給与計上額について、不相当に高額な部分として損金の額に算入できない金額があるか否か。

　最終報酬月額は、一般的にその役員の法人に対する貢献度をよく反映した指標であると解されているところ、■■■■の最終報酬月額がその貢献に比して低く抑えられていたことを示す事実は認められず、当該最終報酬月額は、■■■■の請求人に対する貢献度を適正に反映したものと認められる。そうすると、TKC経営指標に掲載されている574,000円を請求人における適正な最終報酬月額とすることに合理

性はない。

　また、平均功績倍率は、同業類似法人における役員退職給与の額を当該役員の最終報酬月額に勤続年数を乗じたもので除した倍数の平均値であるところ、当該役員退職給与の額には、その支出の名目のいかんにかかわらず、退職により支給される一切の給与が含まれるのであるから、請求人の主張する特別功労加算金相当額は、本件同業類似法人の功績倍率に反映されているものと解され、これを基礎として算定した役員退職給与相当額（審判所認定額）は、特別功労加算金を反映したものというべきである。

　分掌変更退職金については、東京地裁平成27年2月26日判決に留意が必要です。事実関係は以下のようなものです。分掌変更退職で、取締役会決議で合計2億5,000万円の役員退職慰労金支給を決定しました。その期に2億5,000万円のうち7,500万円について分掌変更に係る退職金を支給し、損金経理し、実際に現金支給しました。

　翌期になって1億2,500万円を分掌変更退職金として損金経理し、支給したという事例です。最初の期は7,500万円、次の期が1億2,500万円ということで、当局側は、初めの取締役会決議で2億5,000万円の分掌変更退職金の決議をした期に計上した7,500万円の役員退職慰労金だけを損金算入に認めると主張しました。納税者側は、両方とも損金となると主張したという事案です。結論から言えば、納税者が勝ちました。納税者が勝ったことによって、分掌変更退職金の分割支給もこれからは正々堂々できるようになったと考える見解も多く見られますが、これは行き過ぎた意見と思慮します。判示をよく読めば分かりますが、当該事案では、粉飾の目的及び資金繰りの関係で、仕方なく分割支給したのです。最初に取締役会で決議した退職慰労金の金額は2億5,000万円ということでした。実際に支給したのは合計2億円です。5,000万円のズレがあります。これは、粉飾の目的及び資金繰りの関係で払えなかったからです。その事情の全体を考慮

I-1　株式評価編　　**101**

して、裁判所としては分割支給しても認めたという形になっているので、読み方を間違えないようにしなければなりません。

　実際にこの裁判例を受けての通達改正はありませんでした。このことからも当局はこの裁判例について特殊性の強い個別案件であるという認識を持っているという憶測が働きます。

（参考）

【公正処理基準／分掌変更に伴う役員退職給与の分割支給と損金算入時期】（平成27年2月26日判決）

〔判示事項〕

　本件は、原告の創業者である役員乙が原告の代表取締役を辞任して非常勤取締役となったことに伴い、乙に対する退職慰労金として2億5,000万円を支給することを決定し、平成19年8月期に7,500万円を支払い、さらに平成20年8月期にその一部である1億2,500万円（第二金員）を支払い、本件第二金員が退職給与に該当することを前提として、損金の額に算入し、また、本件第二金員が退職所得に該当することを前提として計算した源泉所得税額を納付したところ、処分行政庁から本件第二金員は退職給与に該当せず損金の額に算入することはできないとして更正処分等を受け、また、本件第二金員は退職所得に該当しないとして、賞与であることを前提に計算される源泉所得税額と原告の納付額との差額について納税の告知処分等を受けたことから、その取消しを求めるとともに、本件納付金等の返還を求める事案である。

　本件第二金員は、本件退職慰労金の一部として支払われたものであり、退職基因要件、労務対価要件及び一時金要件のいずれも満たしているものと解すべきであるから、所得税法上の退職所得に該当するというべきである。

　原告は、本件第二金員が退職所得に当たることを前提として、本件

第二金員に対する源泉所得税2,203万2,000円を納付したのであり、本件第二金員が退職所得に当たらず、給与所得に該当することを前提としてされた本件告知処分等はいずれも違法であり、取消しを免れない。

源泉徴収による国税の納税義務は、源泉徴収の対象となる所得の支払の時に成立し同時に納付すべき税額が確定するものであるところ、原告が本件告知処分等を受けて納付した金員は、その徴収義務がないにもかかわらず納付されたもの（誤納金）であるから、被告は、原告に対し、遅滞なく、これを金銭で還付しなければならない。

本件第二金員は、退職慰労金の一部として支払われたものであり、法人税法上の退職給与に該当し、かつ、本件第二金員を現実に支払った平成20年8月期の損金の額に算入することができるというべきである。

したがって、本件更正処分等は、本件第二金員が退職給与に該当しないことを前提としてされた点において違法であるというべきである。

法人税基本通達は、課税庁における法人税法の解釈基準や運用方針を明らかにするものであり、行政組織の内部において拘束力を持つものにすぎず、法令としての効力を有するものではない。

しかしながら、租税行政が法人税基本通達に依拠して行われているという実情を勘案すれば、企業が、法人税基本通達をもしんしゃくして、企業における会計処理の方法を検討することは、それ自体至極自然なことであり、中小企業においては、企業会計原則を初めとする会計基準よりも、法人税法上の計算処理に依拠して企業会計を行っているような中小企業との関係においては、本件通達ただし書に依拠した支給年度損金経理は、一般に公正妥当な会計慣行の1つであるというべきである。

以上検討したところによれば、本件第二金員を平成20年8月期の損金の額に算入するという本件会計処理は、公正処理基準に従ったもの

I-1　株式評価編　**103**

ということができる。

　役員退職給与に係る費用をどの事業年度に計上すべきかについては、公正処理基準に従うべきところ、本件通達ただし書に依拠した本件会計処理が公正処理基準に従ったものといえることは、これまで検討してきたとおりであり、これと異なる被告の主張は採用することができない。

　そして、本件第二金員が退職給与に該当するものとして平成20年8月期の損金の額に算入した上で、平成20年8月期の法人税に係る所得金額及び納付すべき法人税額を算定した結果、本件更正処分のうち、当初申告所得金額、納付すべき法人税額を超える部分及び本件過少申告加算税賦課処分は、いずれも違法であり、取消しを免れない。

　役員退職慰労金の損金算入時期は、法人税法では支給期の損金経理が認められています。しかし、役員退職慰労金支給規定があれば取締役会決議のみで認められるというのは間違いです。正しい取扱いは株主総会決議によって支給額が定まるということです。未払いとすると仮装と思われてしまいます。この場合、必ず現金支給して、法人に現金が足りないということであれば、支給した後に再度貸し付ける等で対処してください。なお、現物給付については、代物弁済の対象が課税資産であれば消費税課税取引となる点に注意が必要です。

Q I-40　節税商品としての保険・リース

　節税商品としての保険・リースの留意点についてご教示ください。

Answer

シンプルな考え方を述べていきます。

104 I 基本編

［解説］

　節税商品として、生命保険やリースを活用する事例が多く見られますが、単なる節税目的のみの金融商品は、課税上のリスクを負うだけでなく、経営上の失敗を招くこともあります。大前提として、節税目的以外の、経営目的としてのストーリーがあることが重要です。

　保険に関して注意しなければならないのは、役員退職金原資として保険商品を提案していながら、満期が役員退任時期とまったく合っていない商品です。レバレッジドリースに関しては、ある程度大きな規模のレバレッジドリースを節税目的で入れる場合にはそれを、いわゆる投資業として始めたこととして、必要ならば、定款の変更をして、「営業外」として起こしていたものもすべて売上にして、投資業を始めていることを全面に打ち出すようにすべきです。

　レバレッジドリースについては、匿名組合契約締結時に出口まで確定しています。処分益（分配金）は臨時偶発的なものでないため、非経常的な利益に該当しません。保険契約については、損害保険契約は、火災、地震等によるものなので、当然、非経常的な利益に含まれます。一方、長期平準保険・逓増定期保険については、解約時期は当初契約時に推定できます。そのため、非経常的な利益に該当しないとも一見思えますが、解約時期はあくまでシミュレーション上の話であって、契約から解約までが契約として一体となっているものではないということから、結論として、非経常的な利益として扱うことになります。

Q I-41　相互持合いの純資産価額が高額

　相互持合いによって純資産価額が高額になっている場合についてご教示ください。

I-1 株式評価編 **105**

Answer

　下記のようになります。

［解説］

　相互持合いによって、通常よりも純資産価額が高額になっているケースは、よく見られます。ある会社と別の会社が、それぞれにお互いの株式を持っていると、それを取り込んだ形でそれぞれの会社の株式を評価することとなり、エクセルの循環参照のようになって、異常に純資産価格が高くなってしまうということです。

　この場合、通常の中小企業の場合は株主が同族関係者であるため、適格合併することが可能です。この場合、合併後3年間の論点確認が必須となりますが、これについては後述します。

　次に考えられる方法は、金庫株です。金融機関は、合併のほうがメリットが大きいと判断できたとしても金庫株を勧めてくる場合が多いようです。つまり、相互持合いをしているので片方の会社が他方の会社の保有する自社株を取得することになるのですが、それに必要な資金を貸し付けたいということです。このようにすると、一方の会社が他方の会社を一方的に持っているという状態になります。つまり、全体として見れば、株式を取得した会社が持株会社となり、株式を売却した会社が本体会社となるような形になって、金融機関は持株会社に貸付けを行っている状態になるわけです。これが、金融機関がよく提案する手法です。

　3つ目の方法は、清算です。これは、合併を使いたくないとき、緊急避難的に行う手法です。これは、下記のような事例の場合に使うということです。

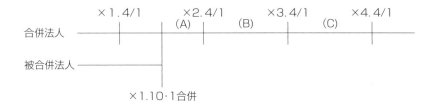

　合併後3年間の株価の論点を説明します。合併法人と被合併法人とがあり、被合併法人が×1年10月1日に合併したという事例です。課税時期が(A)、(B)、(C)とあります。これらの課税期間のうち、どこからが問題なく類似業種比準価額での評価が使える時期なのかという点については、(C)から、というのが結論となります。なぜなら、合併法人と被合併法人の実績が1年間反映された×3.3.31期の数値が利用できるのは、(C)の期間だからです。つまり、(C)の期間は類似業種比準価額と純資産価額が使えて、(A)と(B)の期間は純資産価額しか使えないということになります。

　ここで、合併を使いたくないときに緊急避難的に清算を使う、と述べたことの意味が分かってきます。仮に、株主の1人が亡くなりそうで、(A)～(B)の時期に亡くなりそうだという場合、合併して相互持合いを解消したため株価は若干減少したものの類似業種比準価額が使えず純資産価額を使わざるを得なくなりそうという場合に、清算すればいいということになります。こうすれば、これまで説明してきた論点は一切関係なくなります。一方の会社を精算してしまえば、純資産価額しか使えないという問題はなくなるのです。

　なお、課税実務上は、合併法人と被合併法人の各比準要素の合算による評価でも、課税上問題がないと認められる場合、単純合算により類似業種比準価額を利用できると思われます。合併法人と被合併法人とが合併前にまったく同業種を営んでいた場合等が典型例ですが、合併法人の大項目区分と中項目区分、被合併法人の大項目区分と中項目区分がまったく同じ、業種目番号がまったく同じという場合には、単純合算しても問題ないと思

I-1 株式評価編 **107**

われます。

Q I-42 株価引下げ策の純資産価額編

株価引下げ策の純資産価額編についてご教示ください。

Answer

通常、下記の事項が考えらえます。

［解説］

【株価引下げ策】 ～純資産価額編～

	実行内容		抵抗感
1	生命保険（定期逓増、長期平準）	解約返戻金ピークのシミュレーションが絶対必要	☐
2	オペレーティング・リースの利用		☐
3	含み損のある土地等の資産を売却	グループ法人税制との兼ね合い留意	☐
4	借入金で賃貸不動産を購入	購入後３年間は通常取引価格評価	☐
5	含み益のある土地を子会社に移動	グループ法人税制との兼ね合い留意	☐
6	類似業種比準価格編の通常の決算対策実行	累積利益は当然下がる	☐

（相互持合いにより異常に純資産価額が高くなっている場合）

	実行内容	抵抗感	
7	合併	合併（合併後３年間の論点確認は必須）・金庫株・清算（合併を使いたくないとき緊急避難的に）	☐

Q I-43 相互持合い株価の計算方法

相互持合い株価の具体的な計算方法についてご教示ください。

Answer

下記のようにエクセルを使って算定するのが通常です。

[解説]

(STEP 1) 第5表若しくはエクセルと使って相続税評価額と簿価純資産価額を埋めてください。

(STEP 2) 下記の表のようなエクセルシートを作成し、そこに STEP 1 での算定結果を埋めていってください。

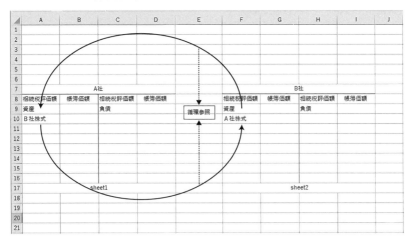

(STEP 3) エクセルの循環参照状態になりますので、それを使って循環参照計算を行います。デフォルトでは100回転します。それで算定した金額が相互持合株価の計算結果です。複雑な連立方程式など解く必要はありません。

I-1 株式評価編 **109**

Q I-44 組織再編後の株式評価の実務上の留意点：土地・家屋等

組織再編後の株式評価の留意点についてご教示ください。

Answer

下記の点に留意してください。

［解説］

課税時期3年以内に取得した土地、土地の上に存する権利、家屋及びその附属設備、構築物は通常の取引価格で、という規定がありますが、この「課税時期3年以内に取得」の「取得」には、単なる購入だけではなく、合併、分割、現物出資、適格現物分配も含まれます。特に明文規定はありませんが、課税実務上はそのように扱うこととされております。

なお、貸家の評価減、貸家建付地の評価減もとれます。

Q I-45 投資育成会社・取引先安定株主導入時の留意点

投資育成会社・取引先安定株主導入時の留意点についてご教示ください。

Answer

下記のようになります。

［解説］

投資育成会社や、取引先に安定株主になってもらう際には、付与する株式は無議決権株式とし、配当優先株式にする場合には、非参加型・非累積型にすることをお勧めします。

配当優先株式の株主に優先配当した後に、なお分配可能利益が残っており、普通株式の株主に配当をする場合に、これと同時に、同順位で、配当優先株式の株主にも配当するのが参加型で、普通株式の株主に配当する場合に、これと同時に配当優先株式の株主に配当しないものが非参加型です。また、ある年度に所定の優先配当がされなかった場合に、この未払額を翌年度以降に繰り越して支払うものが累積型で、この未払額を翌年度以降に繰り越さず、切り捨ててしまうのが非累積型です。以上をまとめると、非参加型配当優先株式は、優先順位の決定された額しか配当が受けられず、受け取る配当額については金銭配当と同様に一定額に限定される（上限がある）ということになります。

参加型配当優先株式は、優先順位に基づく配当を受けた後も残余している剰余金があれば追加の配当を受けることができるので、配当の上限額がないことになります。なお、優先配当は、業績が悪くても配当を支払う必要があります。これらを踏まえると、従業員等第三者に持たせる場合は、効果が社債等と変わらない「非参加型・累積型配当優先株式」がよく、後継者以外の相続人に持たせる場合には、業績が悪ければ全員で翌期まで配当を持ち越すことになって不満感が低い「参加型・非累積型配当優先株式」がよいことになります。そして、投資育成会社や取引先による安定株主創出の場合には、できるだけ配当しない非参加型、そしてできるだけ翌年度に繰り越さない非累積型が理想です。

投資育成会社の導入に関しては、一般的に、以下のようなメリットが挙げられています。

① 投資育成株式会社からの投資を受けることによって、投資育成株式会社が引き受けた持分比率だけ、社長の持分比率が減るので、社長の所有する自社株式の評価額を下げることができる。

② 投資育成株式会社は、経済産業省の方針に従い、原則として、経営陣の経営判断を尊重する姿勢をとっている。会社法にそって適正に決算書が開示されており、安定的に配当がされている限りは問題を起こ

I-1 株式評価編 **111**

すことはない。

では、実際にこれを非上場会社で導入した場合には、本当にそのような効果が得られているのでしょうか。また、最終的に解消する方法はあるのでしょうか。導入した場合のイメージについて簡単に解説しましょう。まず、導入手続としては、出資額は法定されているため、最初に投資育成会社に連絡1本入れるだけです。そして、導入後の動きについてですが、投資育成会社は、株主総会には出席しますが、配当に口出ししてくるだけというのが現状のようです。また、解消の方法も非常に簡単で、出資額と同様の金額で買い戻すだけ（通常の場合は、会社で）となっています。

取引先持株会については、一般的に下記のイメージとなります。

上場企業の場合、よくあるプレスリリースとしては、「当社は取引企業で構成する「取引先持株会」を立ち上げました。3月以降、参加企業が払う毎月の拠出金で証券市場から当社株式を継続的に買い付けます。当社の仕入れ先企業は千数百社にのぼりますが、まず購買などで親密な100社強が参加します」などという形で発表がなされ、買収の脅威に対して敏感な一部の会社が、このような形で安定株主作りを行っているという現状があります。では非上場会社の場合は、どうでしょうか。

導入に際しては、決算書開示の必要があるので、これを問題としない場合にのみ、このスキームを活用できます。よって現実的には、銀行のみが検討対象となります。ただし、銀行が株主になる場合は、一般事業会社の議決権の5％を超えて保有することは禁止されています（5％ルール）。では、実際に導入した場合に運営上の問題は生じないのかということですが、銀行が株主になった場合には、特に何も言ってこないというのが現実のようです。また、解消の方法に関しては、投資育成会社と同様、出資額と同様の金額で買い戻すだけ（通常、会社で）というものになっています。

112 I　基本編

Q I -46　法人間の異動の留意点

法人間の異動で留意すべき点があればご教示ください。

Answer

　法人間での適用される原則的な評価方式は法人税基本通達 9 - 1 -14（ 4 -
1 - 6 ）、又は時価純資産価額です。

［解説］

○時価による譲渡（民法555、売買）（譲渡価格＝時価）：譲渡価格から取得
　　　　　　価額及び譲渡費用を控除した差額が益金の額又は損金の額／譲
　　　　　　渡利益額又は譲渡損失額（法法22②、61②）／購入代価が取得価
　　　　　　額（法令119①）

○時価より低い価額（譲渡価額＜時価）で譲渡、小さな差額の場合（法基通
　　　　　　2 - 3 - 7 、10％基準適用）：時価から取得価額及び譲渡費用を控
　　　　　　除した差額が益金・損金の額／時価と譲渡価額との差額が寄附
　　　　　　金（法法37⑧）／時価が取得価額（法令119①一）／購入代価と時
　　　　　　価との差額は受贈益（法法22②）

○時価より高い価額で譲渡（譲渡価額＞時価）：時価から取得価額及び譲渡
　　　　　　費用を控除した差額が益金・損金の額／時価と譲渡価額との差
　　　　　　額が受贈益（法法25の 2 ②）／時価が取得価額（法令119①一）／
　　　　　　購入代価と時価との差額は寄附金（法法37⑧）

○贈与（民法549）（譲渡価額＝ 0 ）：時価を譲渡価額として取得価額及び譲
　　　　　　渡費用を控除した差額が益金又は損金の額／時価が取得価額
　　　　　　（法令119①・⑧）／時価相当額は受贈益（法法22②）[18]

　法人間の株式異動時の適正な時価というのは、法人税基本通達 9 - 1 -14
（法人税基本通達 4 - 1 - 6 ）又は時価純資産価額となります。これは、法人

18　中島茂幸『非上場株式の税務』146頁　中央経済社　2015年

I-1 株式評価編 **113**

同士で株式を売却する場合だけではなく、合併比率の算定、交換比率の算定の場合も同じです。この場合も、法人税基本通達9-1-14（法人税基本通達4-1-6）又は時価純資産価額を使います。

　土地や有価証券、その他の時価評価ができる資産はすべて時価評価するという取扱いも、合併比率、交換比率算定の場合も同様です。土地の時価評価についても、3通りの方法があり、相続税評価額を0.8で割り戻した概算公示価額を時価とする方法、相対的に金額が高ければ不動産鑑定士を入れる方法、近隣公示価格を用いる方法があります。また、時価より低い価額（譲渡価額＜時価）で譲渡した場合、小さな差額の場合は、法人税基本通達2-3-7の10％基準で判断でき、10％のディスカウント幅までであれば、低額譲渡とは認定されないと思われます。

（再掲）**【法基通2-3-7】**

（通常要する価額に比して有利な金額）

2-3-7　令第119条第1項第4号《有利発行により取得した有価証券の取得価額》に規定する「払い込むべき金銭の額又は給付すべき金銭以外の資産の価額を定める時におけるその有価証券の取得のために通常要する価額に比して有利な金額」とは、当該株式の払込み又は給付の金額（以下2-3-7において「払込金額等」という。）を決定する日の現況における当該発行法人の株式の価額に比して社会通念上相当と認められる価額を下回る価額をいうものとする。（平12年課法2-7「四」により追加、平19年課法2-3「十」、平19年課法2-17「五」により改正）

（注）

　1　社会通念上相当と認められる価額を下回るかどうかは、当該株式の価額と払込金額等の差額が当該株式の価額のおおむね<u>10％相当額</u>以上であるかどうかにより判定する。

　2　払込金額等を決定する日の現況における当該株式の価額とは、決

定日の価額のみをいうのではなく、決定日前1月間の平均株価等、払込金額等を決定するための基礎として相当と認められる価額をいう。（下線筆者）

I-2
事業承継スキーム編

Q I-47　自己株式を利用した事業承継の留意点　：定款の見直し

自己株式を利用した事業承継案についてご教示ください。

Answer

以下の点につき留意が必要です。

［解説］

自己株式を利用した事業承継案では、定款の見直しは必須です。

会社法では、定款に「相続その他の一般承継により株式を取得した社員に対し、会社がその株式を売り渡すことを請求することができる」と定めることができるとしています。会社が相続人に対して売渡請求ができるようになり、株式の分散を防止できるようになります。なお、売渡請求には特別決議が必要です。会社は一方的な売渡請求で取得することができ、相続人は拒否できないこととされています。この点につき、押さえておくべきポイントがあります。

① 定款の変更に期間制限はない

　この強制売渡請求を定款に盛り込む際には、期間制限がありません。どのようなタイミングでも可能です。そのため、どのタイミングで定款に盛り込むかが悩ましいところでもあります。

② 価格決定でもめないために

　この強制売渡請求は、実際には価格でもめるケースが多くありま

す。会社は一方的な売渡請求で取得することができ、相続人は拒否できないと先述しましたが、相続人は価格決定の申立てというものができ、申立てがなされると、相続人と会社で価格について合意が取れなかった場合、裁判所で価格決定することになります。こうなると、実際の価格決定に裁判所が関与し、決定することになります。これを避けるためには、結局、生前に動かすことが定石となります。生前に、税務上の評価額よりも高い株価で（高額譲受になるということ）、すなわち、色を付けるという形で株式を譲り渡してもらうのが正しい方法です。強制売渡請求を実行しようとしたことがありましたが、価格決定の申立てがなされ、最終的な価格決定がなされるまで1年半ほど要したこともあります。

　裁判所での価格決定の手続では、会社と相続人それぞれが、「この会社の株式に関してはこのような価格が妥当だという鑑定書がある」と鑑定書の出し合い合戦を行うことになります。その後、裁判所が価格決定をして紛争が落ち着くことになるか、いわゆる和解によって落ち着くかというルートをたどります。

　この価格決定の申立てという制度は「非訟事件」というもので、民事訴訟法の外の事件です。裁判外で、価格決定について合意したということになります。結局、このような事実上の和解か、裁判所の価格決定を1年半ほど待つという形で決定するしかないことになります。

③　株主との合意による取得

　株主との合意による取得をする場合、特定の株式から自己株式を買い取る場合には、すべての株主に売り渡す機会を与えるのが、会社法では原則となっています。一方、相続については、会社が株主の相続人からのみ相続した株式を取得することが認められています。これには、非公開会社で、かつ相続人が相続後に議決権を行使していないことが条件となっています。しかし実際は、この相続人からの取得についても、価格でもめることになります。

価格決定の申立てができることは、上記の売渡請求の場合と同様です。そのため、生前に動かすのがセオリーとなります。この点に関しては、なるべく価格でもめないように、生前に譲り渡してもらうのが理想的ですが、敵対的な少数株主に関しては、どうしても価格決定の申立てという方向に進んでいかざるを得ません。一方、友好的な少数株主から買い取る場合に、最も簡単な方法はどういったものでしょうか。友好的な少数株主からの買取りの場合には、まず友好的な少数株主と会社側で金額や売却時期について合意を取っておきます。その後に、その友好的な少数株主から会社に、譲渡承認を請求してもらいます。通常では、譲渡制限がかかっている会社ばかりなので、譲渡承認をお願いするということです。そして、会社はその譲渡承認に対して拒否します。

承認を拒否すると、会社は他に適当な買取人を見つけなければなりません。これを、指定買取人と言います。この指定買取人をオーナーや会社にして、友好的な株主からあらかじめ決められた金額・売却時期に応じてその株式を買ってくる形で済ますのが、最も穏便で簡便な方法です。この方法の最大のメリットは、売買価格を誰にも知られずに株式を買取りできるというところです。例えば、特定の誰かから株式を購入する場合、会社法上は、他の株主も「自分も売りたい」と言うことができることになっていますが、上記の方法であれば、その心配がなくなります。

Q I-48　持分会社を活用した相続税節税スキーム

持分会社を活用した相続税節税スキームについてご教示ください。

118 Ⅰ　基本編

Answer

　下記のようなスキームですが実効性に疑義があります。

［解説］

　合名会社等の無限責任社員の会社債務についての債務控除の適用についてですが、合名会社、合資会社の場合で、会社財産で債務を完済することができない状態で無限責任社員が死亡した場合、その死亡した無限責任社員が負担すべき、持分に応じた会社の債務超過額は、相続税の計算上、被相続人の債務として相続税法第13条の規定により相続財産から控除することができるかという論点があります。これに対し、国税庁は、被相続人の債務として控除して差し支えないと答えています。合名会社の財産だけでは会社の債務を完済できないときは、社員は全員が連帯して会社の債務を弁済する責任を負うとされ、退社した社員は本店所在地の登記所で退社の登記をする以前に生じた会社の債務に対しては責任を負わなければならないとされているため、というのが理由です。

	合同会社	合資会社	合名会社
	有限責任社員	無限責任社員	
持分払戻規定あり	純資産価額評価（相続税評価額）により評価		
定款に出資持分の相続について定めがある場合	取引相場のない株式に応じて評価		
債務超過の場合の取扱い	債務控除の適用はない		債務超過部分はその無現責任社員の連帯債務となり、その者の負担に帰属する部分が債務控除の対象となる

（出典：竹内陽一・掛川雅仁編著『自社株評価 Q&A』352頁　清文社　2017年）

【質疑応答事例】

合名会社等の無限責任社員の会社債務についての債務控除の適用

　〔照会要旨〕

I-2　事業承継スキーム編　*119*

　　合名会社、合資会社の会社財産をもって会社の債務を完済すること
　ができない状態にあるときにおいて、無限責任社員が死亡しました。
　　この場合、その死亡した無限責任社員の負担すべき持分に応ずる会
　社の債務超過額は、相続税の計算上、被相続人の債務として相続税法
　第13条の規定により相続財産から控除することができますか。
　〔回答要旨〕
　被相続人の債務として控除して差し支えありません。
　　（注）合名会社の財産だけでは、会社の債務を完済できないときは、
　　　　社員は各々連帯して会社の債務を弁済する責任を負うとされ（会
　　　　社法580）、退社した社員は、本店所在地の登記所で退社の登記を
　　　　する以前に生じた会社の債務に対しては、責任を負わなければな
　　　　らない（会社法612①）とされています。
　【関係法令通達】
　　相続税法第13条第１項
　　会社法第580条、第612条第１項

　これを利用して相続税を節税するというスキームがあります。
　例えば、１人株主会社があったとします。債務超過の会社です。これを
組織変更して１人合名会社にします。
　負債に計上されているオーナーからの貸付金というのは、オーナーに
とってはプラスの相続財産ですが、債務超過になっている部分について債
務控除が使えるので、相続財産が減少するという方法があります。他に
は、１人合名会社がある場合に、これを債務超過の株式会社と合併すると
債務超過になるため、その債務超過を債務控除に充てるという方法があり
ます。

120 I 基本編

Q I -49　Q I -48のスキームの留意点

Q I -48のスキームでの留意点についてご教示ください。

Answer

　下記の事項を総合勘案する必要があります。

［解説］

1　債務超過部分を債務控除の対象とするための要件

　組織変更スキームでも吸収合併スキームでも、考えなければいけない留意点があります。債務超過分部分は無限責任社員の連帯債務であり、債務控除の対象となるのは被相続人が負担することとなることが確実と認められる債務相当額であるということ、つまり、①相続開始時に評価会社の経営が行き詰まり、②債務超過が著しい場合で、③当該債務について死亡した無限責任社員が責任を負うことは確実で、④かつ相続において負担すべき金額が確定している場合に、債務超過部分を債務控除に使えるということになります[19]。

2　事実認定の問題

　債務超過の1人株式会社を1人合名会社に組織変更して債務超過分部分を債務控除額に充てるということでしたが、「なぜ」1人株式会社を1人合名会社に組織変更したかということを、疎明しなければならないと思われます。1人合名会社が債務超過の株式会社を吸収合併して債務超過になるのも、なぜ債務超過の株式会社を買ってきたかということについて争われるレベルだと思われます。

　すると、納税者側の理論武装として何かしらの根拠を考えなければならないことになりますが、会社法上認められた組織変更というシステムとい

19　竹内陽一・掛川雅仁編著『自社株評価 Q&A』352頁　清文社　2017年

うことはあるものの、1人の株式会社を1人の合名会社にするということに関して合理的な理由は見つからないように思えてしまいます。

また、合併スキームについても、合名会社がわざわざ債務超過である株式会社を買ってくることには非常に違和感があります。理由があるとするならば、その株式会社が非常に特殊な技術を持っている、ニッチな取引先を持っている、などといった特殊な状況であれば、このスキームが使えるということになるのかもしれません。しかし、買収する会社が合名会社である合理的な理由が見当たりません。「理論武装に必要なエビデンスはオーナー貸付金を相続財産に含まなくてよいレベルなのか」といった問題もあります。このスキームについては実務上の事例集積段階にあるので、実行する場合は慎重に行う必要があります。

3　単に債務超過だからということで債務控除できるものではない

上記で記載した事実認定の問題について、さらに、私的見解があるので、確認しておきます。このスキームは、所得税基本通達64-3や相続税法基本通達14-3とのバランスの問題があるということも指摘されているようです[20]。

【所得税基本通達64-3】

（回収不能額等が生じた時の直前において確定している「総所得金額」）

64-3　令第180条第2項第1号《資産の譲渡代金が回収不能となった場合等の所得計算の特例》に規定する「総所得金額」とは、当該総所得金額の計算の基礎となった利子所得の金額、配当所得の金額、不動産所得の金額、事業所得の金額、給与所得の金額、譲渡所得の金額、一時所得の金額及び雑所得の金額（損益通算の規定の適

20　内倉裕二『資産税事例検討会』28頁　税務研究会税務情報センターより

用がある場合には、その適用後のこれらの所得の金額とし、赤字の所得
はないものとする。）の合計額（純損失の繰越控除又は雑損失の繰越控
除の規定の適用がある場合には、当該合計額から総所得金額の計算上控
除すべき純損失の金額又は雑損失の金額を控除した金額とする。）をい
うものとする。（昭50直資3-11、直所3-19改正）

（注）　上記の譲渡所得の金額とは、長期保有資産（法第33条第3項第2
　　　号《譲渡所得》に掲げる所得の基因となる資産をいう。）に係る譲
　　　渡所得であっても、2分の1する前の金額をいうことに留意する。
　　　また、一時所得の金額についても同様である。

【相続税基本通達14-3】
（保証債務及び連帯債務）

14-3　保証債務及び連帯債務については、次に掲げるところによ
　り取り扱うものとする。（昭57直資2-177改正、平15課資2-1改正）

(1)　保証債務については、控除しないこと。ただし、主たる債務者
　　が弁済不能の状態にあるため、保証債務者がその債務を履行しな
　　ければならない場合で、かつ、主たる債務者に求償して返還を受
　　ける見込みがない場合には、主たる債務者が弁済不能の部分の金
　　額は、当該保証債務者の債務として控除すること。

(2)　連帯債務については、連帯債務者のうちで債務控除を受けよう
　　とする者の負担すべき金額が明らかとなっている場合には、当該
　　負担金額を控除し、連帯債務者のうちに弁済不能の状態にある者
　　（以下14-3において「弁済不能者」という。）があり、かつ、求償
　　して弁済を受ける見込みがなく、当該弁済不能者の負担部分をも負
　　担しなければならないと認められる場合には、その負担しなけれ
　　ばならないと認められる部分の金額も当該債務控除を受けようと
　　する者の負担部分として控除すること。

I-2 事業承継スキーム編 **123**

合名会社等の無限責任社員も、会社が返済できない状況にあり、かつ主たる債務者に求償しても返還を受けることができない場合に債務控除の対象となるものであって、会社が債務を返済することができないかどうかは事実認定の問題であり、単に債務超過であれば債務控除ができるというものではないという見解です。

1人合名会社で債務超過になっている会社に関して債務控除ができるということは、その1人のオーナーは、相続税の申告を出すぐらいの富裕層だということで、そのような人が他に財産を保有しているのに、なぜ合名会社の部分だけ債務超過に陥っているのかということについて、合理的な理由が必要だということです。また、過去の相続税法第64条で否認された事例があります。同族法人で不動産を時価より遥かに高額で借入金により購入し、その借入金の連帯保証人に当該同族法人の代表者がなった場合です。当該代表者がなくなった場合、その連帯保証分は債務控除の対象とできます。これについて裁判例では、法人を経由した相続税の圧縮行為をみなして相続税法第64条を発動したのです。

大阪地方裁判所平成16年（行ウ）第97号相続税決定処分等取消請求事件、平成16年（行ウ）第141号差押処分取消請求事件（棄却）（控訴）国側当事者・平成16年（行ウ）第97号につき茨木税務署長、平成16年（行ウ）第141号につき大阪国税局長平成18年10月25日判決【税務訴訟資料　第256号-292（順号10552）】【相続税法64条1項における「不当に減少」の判断基準／高額な土地取引】

〔判示事項〕

被相続人の遺言書の内容と被相続人と同族会社との間の土地売買契約の内容とが符合しないことなどから、当該売買契約は仮装された存在しないものであるとする課税庁の主張が、当該売買契約書が被相続人の意思に基づいて作成されたものではないと認めるのは困難であるとして排斥された事例。

相続税法第64条第1項（同族会社の行為又は計算の否認等）における
「相続税又は贈与税の負担を不当に減少させる結果となると認められ
る」場合の判断基準。

　同族会社と被相続人との間で締結された土地売買契約は、経済的、
実質的見地において純粋経済人の行為として不自然、不合理なものと
いうほかなく、同社の株主である納税者らの相続税の負担を不当に減
少させる結果をもたらすものであることは明らかであるとされた事
例。

　被相続人と同族会社との間の土地売買契約は、当該同族会社を存続
させるための唯一の方策として採用したものであり、被相続人らには
不当に相続税の軽減を図るという意図など全くなかったから、当該売
買契約は相続税法第64条第1項（同族会社の行為又は計算の否認等）
により否認することができる場合に該当しないとの納税者の主張が、当
該売買契約の究極的な目的が納税者の主張するとおり同族会社を存続
させることにあるとしても、時価相当額の13倍をこえる価格を売買契
約の代金額として定めることが、経済人の行為として合理的かつ自然
なものとは到底いうことはできないのみならず、当該売買契約の締結
に至る経過事実に照らしても、当該売買契約が納税者らの相続税の不
当な軽減を図ることを目的として締結されたものであることは明らか
であるとして排斥された事例。

　納税者は土地売買契約に基づき同族会社の借入金債務を承継するこ
とになり、それと合わせて相続税等を支払う能力はなかったところ、
納税者のように担税力のない者に相続税法第64条第1項（同族会社の
行為又は計算の否認等）を適用することは同項の趣旨に反するとの納
税者の主張が、納税者が同族会社の借入金債務を負担することになっ
たのは、納税者が代表取締役を務める同族会社が相続税法第64条第1
項の規定による否認の対象となるような土地売買契約を締結したこと

によるのであり、しかも、納税者に同項を適用しないことにより、かえって租税回避行為が容易に行われるのを防止して租税負担の適正化を図るという同項の趣旨、目的が害されることになるとして排斥された事例。

保証債務が相続税法第14条第1項（控除すべき債務）にいう確実と認められる債務に該当するか否かの判断基準。

同族会社の損益計算書において当期未処理損失が計上され、債務超過状態にあったことがうかがわれるものの、同社について破産、会社更生等の法的整理手続が進行していたり、同社が事業閉鎖により再起不能であったなどの事情はなく、同社は被相続人の死亡後もその事業を継続していたと認められることからすれば、相続開始時において被相続人が同族会社から保証債務に係る求償権の履行を受ける見込みがなかったということはできず、よって、本件における相続債務は相続税法第14条第1項にいう確実と認められる債務には該当せず、相続税の課税価格の計算上控除されないものというべきであるとされた事例（上告棄却・不受理）。

相続直前に「作為的に」債務控除を作出するという点で非常に似ている参考になる判例だと思います。

今後の動向に注視が必要なスキームの一種だと思われます。

Q I-50　配当還元方式＋完全無議決権株式スキーム

配当還元方式＋完全無議決権株式スキームについてご教示ください。

126 Ⅰ　基本編

Answer

　一部では流行していたようです。

［解説］

　スキームの概要は、以下の通りです。まず、99％の株式を完全無議決権株式に変更します。１％を相続税評価額（原則）で贈与します。すると、移転税金コストに関して大幅削減ができる上に、議決権の確保（間接的集約）ができるということになります。移転税金コストは、１％だけ現オーナーから後継者に相続税評価額（原則）で贈与するだけだからです。99％は完全無議決権になって残り１％が議決権株式なので、その１％の保有で間接的に100％を保有したことになるので、議決権の確保に関しても問題なくできていることになります。

　なぜこのようなことができるのかという点は、下記の通りです。

・贈与・相続を受けた完全無議決権株式の評価方法として配当還元法を使えるのは、普通株式のみを発行している場合と同様に、持株割合でなく議決権割合により行うため。

・よって贈与・相続直後の議決権割合に基づき財産評価基本通達188(2)にあてはめ中心的な同族株主でなく、議決権割合が５％未満で役員でない者が贈与・相続を受けた完全無議決権株式は配当還元法で評価可能（数量を問わず、判定に影響を与えない）。

・完全無議決権株式を原則法により評価する際には、議決権の有無は考慮しない。

　当局の情報からこれらが読み取れるため、このスキームが可能になってしまうということです[21]。

　では、この方法の留意点について見てみましょう。全体が100株で１株のみ議決権株式で99株無議決権株式にした場合、１株については原則方式が適用されるので、相続税評価額でオーナーから後継者に相続させるとい

21　森井昭仁『安定株主活用の法務・税務』81頁　税務経理協会　2015年

うことになります。すると、株式の現金化は諦めなければなりません。株式の現金化によるネットキャッシュvs.節税額のシミュレーションで実行を決定する必要があるということです。分かりやすいように、持株会社スキームのうちの新設法人資金調達型スキームを見てみましょう。

　これは経営者と後継者が持株会社を設立して、現経営者が持っている本体会社株式を持株会社に売却する方法です。図で示すと以下のようになります。

【持株会社に資金調達する典型パターン】〜説明の便宜上簡単設例で〜

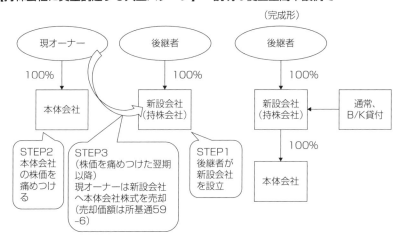

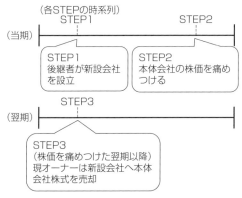

128　Ⅰ　基本編

【持株会社スキームの株価推移】～金融機関は持株会社スキームについて下記のような説明をします～

【土地・建物・本体会社購入当初】

持株会社B/S

	相続税評価額	帳簿価額		相続税評価額	帳簿価額	
土地	790(※1)	1,000	借入金	1,000	1,000	(※1)1,000×(1−0.3×0.7)=790
建物	350(※2)	500	借入金	500	500	(※2)500×(1−0.3)=350
本体株式	100(※3)	1,000	借入金	1,000	1,000	(※3)取込価格は相続税評価額
計	1,240		<	2,500		=株価0

★1　取得後3年以内の不動産は時価評価(取得価額評価)、しかし貸付の用に供した場合には建物については貸家評価減、土地については貸家建付地評価が可能(国税局審理資料より)

★2　上記における本体株式の評価額は下記の通りであると仮定する。

評価方式は大会社(類似業種比準価額方式)	
類似業種比準価額方式	100
所基通59−6(※4)	1,000

(※4)オーナーから持株会社への売却価額

【購入時から3年経過後】

持株会社B/S

	相続税評価額	帳簿価額		相続税評価額	帳簿価額	
土地	553(※1)	1,000	借入金	1,000(※4)	1,000	(※1)700(3年経過後の想定相続税評価額)×(1−0.3×0.7)=553
建物	245(※2)	500	借入金	500(※4)	500	(※2)350(3年経過後の想定相続税評価額)×(1−0.3)=245
本体株式	300(※3)	1,000	借入金	1,000(※4)	1,000	(※3)取込価格は相続税評価額
計	1,098		<	2,500		=株価0

(※4)ここでは説明の便宜上、約弁付ではなく一括返済と仮定

★1　取得後3年経過後の不動産は相続税評価、更に貸付の用に供した場合には建物については貸家評価減、土地については貸家建付地評価が可能

★2　上記における本体株式の評価額は下記の通りであると仮定する。

評価方式は大会社(類似業種比準価額方式)	
類似業種比準価額方式	300

(※5)3年経過後の想定相続税評価額

仮に株主が現オーナーと後継者だとしたら、現オーナーから後継者への移転時まで株価継続モニタリングが必要

　現経営者、後継者が持株会社を持っていて、持株会社が本体会社を持っているという状況になります。

　持株会社は本体会社の株式を買うことになるので、株式の購入資金が必

要となり、その資金は金融機関からの借入後、配当金や賃料収入によって返済するスキームです。ここで、現経営者が持株会社に本体会社を売却すると説明しましたが、これが、「配当還元方式＋完全無議決権株式スキーム」では株式を現金化できない、と指摘した部分と関係します。つまり、現経営者は、持株会社に本体会社株式を売却することによって売却資金を入手することになりますが、「配当還元方式＋完全無議決権株式スキーム」ではそれを諦めなければならないわけです。そこで、株式の現金化によるネットキャッシュ、つまり持株会社に本体会社株式を売却して入ってきた株式代金と、「配当還元方式＋完全無議決権株式スキーム」を活用した場合の節税額のどちらが高いかで検討が必要ということです。

　この点、私見ですが、オーナーは「配当還元方式＋完全無議決権株式スキーム」をあまり使いたいとは思わないでしょう。というのも、オーナーは何十年も自分が支えてきた会社の株価を非常に気にしていて、その株価が今いくらになっているかということも非常に大切にしているという傾向にあります。株価の動向、現金化するとどれぐらいの金額になるかというのをとても大切にしているので、「配当還元方式＋完全無議決権株式スキーム」の節税額よりも、単純に自分の懐に入ってくるキャッシュの方がいいと考えてこの持株会社スキームを選ぶ経営者がかなり多くを占めると思われます。

　99％の株式を完全無議決権株式にするということですが、普通株式には配当期待権、残余財産分配請求権、議決権の3要素があり、議決権だけを制限したとしても、配当期待権も残余財産分配請求権もそのまま持ち続けることになります。そして、99％完全無議決権にしたところで、親族傍系に株式が分散していってしまうという分散化のリスクは残ります。

　分散化していった先に1人でも面倒な株主が出てくると、「株式を会社に買い取ってもらいたい」と会社に要求してくることにもなりかねません。これが将来の株式買取リスクと呼ばれるものです。価格決定の申立てについては、たとえ1株でも2株でも、株式を持っている少数株主がいた

ら、その者の株式買取請求には対応しなければならなくなります。会社が譲渡承認の請求を拒否したら、会社か指定買取人が買い取らなければいけなくなり、それでも協議が整わなかった場合には、裁判所に持ち込まれる案件となります。先述のとおり、非訟事件となり、価格決定までに1年半程度もかかることになります。さらに、遺留分侵害額請求の問題もあります。最初の設計時に遺留分に関して考慮していないと、遺留分侵害額請求が発生することになります。

このように、上記の問題点が想定できるので、「配当還元方式＋完全無議決権株式スキーム」は積極的に導入できないスキームだということになります。

II
高難度論点編

132　Ⅱ　高難度論点編

Ⅱ-1
株式評価編

Q Ⅱ-1　「相続税評価額」「帳簿価額」欄に記載する金額の根拠

　「相続税評価額」「帳簿価額」欄に記載する金額の根拠についてご教示ください。

Answer

　下記の設例でご案内します。当該「帳簿価額」は税務上の帳簿価額ですから、会社決算報告書に法人税申告書別表五（一）を加味した金額を原則として計上します。

［解説］

①　繰延税金資産・繰延税金負債

　「相続税評価額」「帳簿価額」ともに0です。

②　有償取得により生じたのれん（資産調整勘定）

　「相続税評価額」は0、「帳簿価額」は税務上の帳簿価額です。なお、自己創設のれんは「相続税評価額」に金額計上、「帳簿価額」は0です。

③　その他有価証券評価差額金

　「相続税評価額」「帳簿価額」ともに評価しません。

④　特別償却準備金　認容額（剰余金処分方式）

　「相続税評価額」「帳簿価額」ともに評価しません。

Ⅱ-1 株式評価編 **133**

⑤ 売掛金計上漏れ

「相続税評価額」「帳簿価額」ともに加算します。

⑥ 棚卸資産計上漏れ

「相続税評価額」「帳簿価額」ともに加算します。

⑦ 繰延控除対象外消費税額等

「相続税評価額」「帳簿価額」」ともに加減算します。

⑧ 固定資産超過額

「帳簿価額」に加算します。固定資産の種類によっては（機械装置、一括償却資産など）については加算します。

⑨ 事業所税

「相続税評価額」「帳簿価額」ともに評価しません。

⑩ 譲渡損益調整資産

「相続税評価額」「帳簿価額」ともに評価しません。

⑪ 土地再評価差額金

「相続税評価額」は当該土地の時価、「帳簿価額」は評価差額金を足し戻して計算します。

Q Ⅱ-2 同族株主がいない会社の株主の議決権割合の判定：特殊ケース

同族株主がいない会社の株主の議決権割合の判定について特殊なケースについてご教示ください。

Answer

下記の質疑応答事例が参照になると思われます。

［解説］

　国税庁の質疑応答事例で、「同族株主がいない会社の株主の議決権割合の判定」として、「甲社は同族株主のいない会社ですが、その株主であるＡおよびその親族が所有する甲社の株式数に応じた議決権割合は図の通りであり、他の株主にこれらの者の同族関係者はいません。Ａが死亡し、甲社株式をＡの配偶者Ｂが相続したときには、その株式はどのように評価することとなりますか」という照会があったケースです。

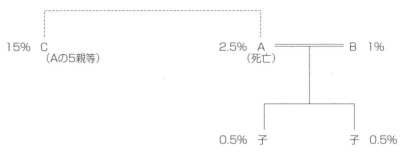

　回答要旨としては、「財産評価基本通達188(3)に定める株式に該当し、配当還元方式により評価する」とされています。

　その理由として、「財産評価基本通達188(3)では、『その株主の取得した株式』とあることから、Ｂが取得したときには、ＣはＢの親族（配偶者、6親等内の血族及び3親等内の姻族）に当たらず、『株主の1人及びその同族関係者の有する議決権の合計数』が15％未満となるため、財産評価基本通達188(3)に定める株主に該当することとなり、財産評価基本通達188-2の定めにより、配当還元方式により評価することとなります」と記載されています。

　そして、（注）として、「子のいずれかがＡの株式を相続した場合には、Ｃが6親等内の血族に当たるので、子は議決権割合の合計が15％以上のグループに属しますが、Ｃが中心的な株主であり、かつ子の相続後の議決権割合が5％未満であることから、その子が役員又は法定申告期限までに役員となる者でない限り、配当還元方式が適用される」としています。

Q II-3　姻族関係終了届

姻族関係終了届についてご教示ください。

Answer

下記の留意事項に配慮する必要があります。

［解説］

　夫婦の一方が死亡しても、残された配偶者と死亡者の親族との姻族関係は自動的に終了しません。残された配偶者が死別後「姻族関係終了届」を、届出人の本籍地又は所在地のいずれかの市区町村に提出することで、その届出の日から当該姻族関係を終了させることが可能となります。すると、同族株主のうち夫婦の一方が死亡している株主がいる場合には、姻族関係終了届の有無により、同族株主の判定に影響を与えるということになります。

　設例で見てみましょう。

　被相続人が丙で、丙の相続人は長男です。丙はB社株式を600株持っていて、これを長男がすべて相続することになります。また、B社の現況として、甲が1,400株、丙が600株持っていたという状況で、議決権は1株につき1議決権となります。長男の同族株主判定をどう考えるべきでしょうか。

① 丙の生前中に姻族関係終了届が甲によって提出されていた場合

　　長男は既に姻族に該当しません。そのため、甲がB社の株式の過半1,400株を所有しているので、長男は「同族株主以外の株主」に該

136　Ⅱ　高難度論点編

当して、配当還元方式が使えます。

②　丙の生前中に姻族関係終了届が提出されていない場合

　　長男は甲の3親等の姻族に該当し「同族株主」に該当します。取得後議決権が5％以上となるので、原則評価しなければなりません。

Q Ⅱ-4　投資育成会社・財団法人が株主の場合の留意事項

投資育成会社・財団法人が株主の場合についてご教示ください。

Answer

下記の事項に留意が必要です。

［解説］

1　投資育成会社が株主である場合の評価方法

　投資育成会社が株主の場合と、租税特別措置法第40条による財団法人スキームを組む上では必須となる事項について解説します。

　投資育成会社が株主である場合、その評価の方法は財産評価基本通達に記載されています。この通達の制度趣旨は、恣意的に同族株主等の判定をすることを防止することにあります。

【財産評価基本通達188-6】

（投資育成会社が株主である場合の同族株主等）

188-6　188《同族株主以外の株主等が取得した株式》の(1)から(4)までについては、評価会社の株主のうちに投資育成会社（中小企業投資育成株式会社法（昭和38年法律第101号）に基づいて設立された中小企業投資育成株式会社をいう。以下この項において同じ。）があるときは、次による。（平12課評2-4外追加・平15課評2-15外改正）

(1)　当該投資育成会社が同族株主（188《同族株主以外の株主等が取

得した株式》の(1)に定める同族株主をいう。以下同じ。）に該当し、かつ、当該投資育成会社以外に同族株主に該当する株主がいない場合には、当該投資育成会社は同族株主に該当しないものとして適用する。

(2) 当該投資育成会社が、中心的な同族株主（188《同族株主以外の株主等が取得した株式》の(2)に定める中心的な同族株主をいう。以下(2)において同じ。）又は中心的な株主（188《同族株主以外の株主等が取得した株式》の(4)に定める中心的な株主をいう。以下(2)において同じ。）に該当し、かつ、当該投資育成会社以外に中心的な同族株主又は中心的な株主に該当する株主がいない場合には、当該投資育成会社は中心的な同族株主又は中心的な株主に該当しないものとして適用する。

(3) 上記(1)及び(2)において、評価会社の議決権総数からその投資育成会社の有する評価会社の議決権の数を控除した数をその評価会社の議決権総数とした場合に同族株主に該当することとなる者があるときは、その同族株主に該当することとなる者以外の株主が取得した株式については、上記(1)及び(2)にかかわらず、188（（同族株主以外の株主等が取得した株式））の「同族株主以外の株主等が取得した株式」に該当するものとする。

(注) 上記(3)の「議決権総数」及び「議決権の数」には、188-5（（種類株式がある場合の議決権総数等））の「株主総会の一部の事項について議決権を行使できない株式に係る議決権の数」を含めるものとする。

2 財団法人が株主である場合の評価方法

財団法人が株主である場合、どのような株主区分で判定するかということが問題になります。

まず、①その財団法人が議決権を適正に行使していて、単独の株主とし

て認定される場合は、株主区分判定でも株主と扱われます。

そして、②財団法人が同族株主に該当し、それ以外の株主が同族株主以外の株主となる場合には、①と同じ取扱いになります。

具体的には、租税特別措置法第40条による定款をきちんと定めている場合は、財団法人が有する株式数は議決権総数から除外することになります。租税特別措置法第40条による定款をきちんと定めている場合とは、公益財団法人モデル定款等を確認すれば分かるでしょう。

なお、補足として、平成26年度税制改正で租税特別措置法第40条の非課税承認要件が以下のように改正されました。その要件とは、「その公益法人等が当該贈与又は遺贈により株式の取得をした場合には、当該取得により当該公益法人等の有することとなる当該株式の発行法人の株式がその発行済株式の総数の1/2を超えることとならないこと」（措令25の17⑥五）です。

租税特別措置法第40条による財団法人スキームは、かなり規模の大きい会社でしか使用されません。

一方で、投資育成会社が株主となっている会社は多いと思いますので、当該通達の確認は必須です。

Q Ⅱ-5　組織再編後の株価評価の留意点：営業権・不動産

組織再編後の株価評価の留意点に関する補足があればご教示ください。

Answer

営業権の取扱いは異なります。

[解説]

前章で、下記のような事例をとり上げました。

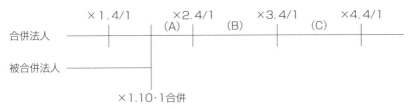

合併法人と被合併法人とがあり、被合併法人が×1年10月1日に合併したという事例です。このとき、課税時期(A)、(B)、(C)のうち、どこからが問題なく類似業種比準価額での評価が使える時期なのかという点については、(C)から、と解説しました。つまり、(C)の期間は類似業種比準価額と純資産価額が使えて、(A)と(B)の期間は純資産価額しか使えないということでした。

これに類似した論点で、「営業権」の評価はどうなるのかというものがあります。これは、組織再編直後であっても算定可能です。理由としては、類似業種比準価額の算定のように類似業種の配当、利益、純資産の3要素を過年度数年分用いる方法ではなく、自社の利益と総資産により算定するためです。

また、先述のとおり、合併、会社分割、現物出資、現物分配の場合の不動産の時価評価で、失念しやすいポイントがあります。課税時期3年以内に取得した土地、土地の上に存する権利、家屋及びその附属設備、構築物の「取得」の概念については、購入した場合や合併した場合はもちろん、会社分割、現物出資、現物分配も含まれ、すべての場合で通常の取引価額で評価します。特に明文規定はありませんが、課税実務上はこのような処理が行われるのが通常なのです。

増改築があった場合の評価ですが、従前建物が3年以内取得でない場合は、従前部分に関しては相続税評価額とする一方で、増改築部分に関しては、通常の取引価額評価になります。実務上は簿価を足すということにな

140 Ⅱ 高難度論点編

ります。借地権を買い戻した場合、従前土地が３年以内取得でないケースでは、従前部分は相続税評価額で問題ありませんが、借地権部分に関しては通常の取引価額になるので、買戻し額ということになります。従前土地が３年以内取得の場合は、従前部分に関しては、通常の取引価額の底地部分のみとなり、借地権部分に関しては買戻し額になるということです。

QⅡ-6 組織再編後の配当還元方式の留意点

組織再編後の配当還元方式について留意すべき点があればご教示ください。

Answer

株式移転後に配当還元方式が高騰するケースがあります。

[解説]

適格株式移転で、株式移転直前の完全子会社の株主数が50人以上の場合、完全親会社の資本金等の額は完全子会社の簿価純資産価額だけ増加します。

過去に株式交換や株式移転による組織再編を行った場合、特に完全子会社となる会社の株主数が50人以上だと、完全親会社側の資本金等の増加額は完全子会社の簿価純資産額の交換による取得割合を乗じた金額となることから、資本金等の額が大きく増加します。この場合、年配当金額が２円50銭を下回ることから、２円50銭で計算することになり、配当還元方式の価額が高騰する（最悪の場合、配当還元方式価額＞原則的評価となってしまう）という問題点があるのです。

平成18年の会社法施行に伴い、それ以前に完全子会社となる会社の株主数が50人以上となっているケースで株式交換・移転を行っている場合は、突如として、配当還元方式価額が高騰するという現象が生じてしまいま

Ⅱ-1 株式評価編 **_141_**

す。この問題の解決策として、完全子会社が無償の自社株買いを行うこと
も考えられます。税務上、完全親会社は完全子会社株式を無償で譲渡した
ものとして取り扱われます。当該譲渡損は資本金等の減額として処理さ
れ、完全親会社側の資本金等の額を減少させることが可能です。

　ちなみに、平成27年度税制改正により、外形標準課税の資本割の課税標
準が「資本金等の額」又は「資本金＋資本準備金」のいずれか大きいほう
となったので、節税策としては用いられることはなくなりました。

Q Ⅱ-7　債務免除があった場合の類似業種比準方式の計算方法

　債務免除があった場合の類似業種比準方式の計算方法についてご
教示ください。

Answer

　以下のとおりとなります。

［解説］

　債務免除があった場合、国税庁方式では、Ⓑ（配当）とⒸ（利益）とⒹ
（純資産）の金額のうち、Ⓓ（純資産）に債務免除益を加算して、加算した
場合と何もしなかった場合の差額で、類似業種比準方式で評価する場合の
贈与税額を算定します。

　ちなみに DES（債務超過 DES）の場合、Ⓓに債務免除益を加算する必要
はありませんが、みなし贈与の発動可能性について上記シミュレーション
をしておく必要があります。もちろん、通常は生じません。

142 Ⅱ 高難度論点編

Q Ⅱ-8 金利スワップの純資産価額計算上の取扱い

金利スワップの純資産価額計算上の取扱いについてご教示ください。

Answer

まずは質疑応答事例を押さえましょう。他に考えられる項目も類推適用されないか考慮すべきです。

［解説］

1 質疑応答事例

〔照会要旨〕

金利スワップ取引（デリバティブ取引）を開始した法人について、決算期末に法人税法第61条の5（デリバティブ取引に係る利益相当額又は損失相当額の益金又は損金算入等）の規定によりみなし決済を行ったところ、デリバティブ評価損が計上されました。この損金の額は、法人税申告書別表四の処理上「減算・留保」となることから、税務上の貸借対照表に相当する別表五（一）の処理上「デリバティブ負債」が計上されることとなりました。この場合のデリバティブ負債は、純資産価額計算上の負債として取り扱うことはできますか。

〔回答要旨〕

デリバティブ負債は、純資産価額計算上の負債として取り扱うことはできません。

（理由）

取引相場のない株式を純資産価額方式により評価する場合、評価会社が課税時期において保有する各資産の相続税評価額から、各負債の金額の合計額及び評価差額に対する法人税額等に相当する金額を控除した金額を、課税時期における発行済株式数で除して計算すること

しています（評基通185）。この場合における各負債の金額については、本来被相続人が直接負担する「債務」についての規定である相続税法第14条第1項の解釈を純資産価額方式による株式評価の場合の「負債」に準用して、原則として、「課税時期現在における評価会社の負債で確実と認められるもの」に限ることとしています。この場合、「デリバティブ負債」が確実と認められる債務といえるかどうかが問題となりますが、デリバティブ負債は法人税法上の取扱いに基づくみなし決済から生じたものであり、現実の決済は何ら行われておらず、いわば計算上の負債に過ぎないものと認められることから、純資産価額計算上の「負債」とするのは相当ではありません。

　なお、逆に、別表五（一）において「デリバティブ資産」が計上されている場合には、現実の決済は何ら行われておらず、いわば計算上の資産に過ぎないと認められることから、純資産価額計算上の「資産」として計上しません。

　　(注)　類似業種比準価額計算上の純資産価額は、法人税法上の利益積立金額を基に計算することとしていることから（評基通183⑶）、その法人税法上の処理が適正なものである限り、純資産価額計算上の資産又は負債として取り扱うこととなります。

【関係法令通達】
　財産評価基本通達185、186、相続税法第14条第1項

　デリバティブが株価へ与える影響としては、類似業種比準価額方式では、「1株当たりの利益」に影響を与え、評価損を控除することができます。そして、同じく類似業種比準価額方式の「1株当たりの純資産」に関しても、控除することは可能です。しかし、純資産価額方式では、控除不可となります。未決済デリバティブを計上するということは、仕訳でいうと（借方）デリバティブ評価損、（貸方）デリバティブ債務となりますが、この質疑応答事例では、純資産において（貸方）デリバティブ債務を計上することはできないと言っているということです。

144 Ⅱ 高難度論点編

　ここで論点が発生します。実際の調査事例を踏まえた上での結論とともに解説します。過去に一度もデリバティブ未決済評価損を計上したことのない会社が類似業種比準価額引下げのため一度に多額の未決済デリバティブ評価損を計上したケースでは、特に指摘されることはありませんでした。

　一方で同様に過去に一度もデリバティブ未決済評価損を計上したことのない会社が類似業種比準価額引下げのため一度に多額の未決済デリバティブ評価損を計上したケースでは、当局からの指摘で、未決済デリバティブの評価損を計上することは別にいいが、期間按分するように言われた事例があります。

　つまり、デリバティブの評価損が、前々々期、前々期、前期とあったとしたら、前々々期が200、前々期が300、前期が400と評価損が出ます。これを、一気にまとめて900まで評価損を計上しても何も指摘されなかったのが前段のケースです。

　ところが、後段のケースでは、900を一気に評価損を計上しようとしたら、前々々期200、前々期300、前期400で評価損を計上すべきと言われたということです。これはただの期ずれです。900のものを200、300、400に移動させるだけなので、法人税等に関しては、期ずれで修正が済むような項目だったら、特に問題ないと言えますが、この会社で問題になったのは以下のような点です。

　期間按分し、それぞれの期で200、300、400と評価損が出した結果、比準要素0又は1の会社に該当してしまったのです。そのため、過年度の株価の計算に基づく株式贈与・譲渡についても修正申告の必要が生じてしまいました。このような事例もあるので、クライアントへの説明責任が生じます。デリバティブは関係ないという会社でも、似たようなポイントで気を付けなければならない論点があります。それは、過年度損益修正です。これも、1つの期で一気にまとめて、計上してしまうと、後の税務調査で、期間按分すべきと言われる可能性があります。期間按分をしたとき

に、比準要素数 0 の会社又は 1 の会社に該当する可能性が出てきてしまうので、この点については必ずシミュレーション等を踏まえて留意しておかなければいけない部分であり、また、アカウンタビリティも重要となってきます。

Q Ⅱ-9　現物分配にまつわる株価の論点

現物分配にまつわる株価の論点について留意点をご教示ください。

Answer

下記の両者の関係により類似業種比準価額の価額が低下する可能性があります。

［解説］

まず、現物分配を受けた側の会社では、質疑応答事例によると配当額を利益額に算入する必要はないので、類似業種比準価額にはほとんど影響はありません。

対して、現物分配をした会社では、現物分配を配当額に含める必要はありません。現物分配財産が収益物件であれば、利益金額も当然下がるので、この 2 点により類似業種比準価額が減少することになります。

Q Ⅱ-10　土地保有特定会社の判定

法人税基本通達 9‑1‑14、所得税基本通達59‑6 の土地保有特定会社の判定について教えてください。

146 Ⅱ　高難度論点編

Answer

　小会社方式で判定します。従来からある実務上の慣行です。

［解説］

　法人税基本通達 9 - 1 -14（法人税基本通達 4 - 1 - 6 ）、所得税基本通達
59- 6 により株式を評価する場合、評価対象者が評価対象会社にとって中
心的な同族株主に該当するときは、評価対象会社を小会社方式により評価
します。

　ここで、評価対象会社が大会社だったとします。大会社は類似業種比準
価額を用います。土地保有特定会社の判定は、大会社の場合は70％、中・
小会社では90％という基準で行います。これを前提に、土地保有特定会社
に該当するか否かも、評価対象会社を小会社とみなして、70％ではなく
90％判定でいいのでしょうか。結論としては、評価対象会社を小会社とみ
なし、90％で判定して問題ありません。

　その理由は、法人税基本通達 9 - 1 -14、所得税基本通達59- 6 は、中心
的な同族株主に該当するときは、当該発行会社は常に財産評価基本通達
178に定める小会社に該当するものとして、財産評価基本通達178～189- 7
までの規定の適用について小会社に該当するものとして評価を行うと解釈
しているためです。この論点は、かつて株式保有特定会社の判定基準が大
会社で25％、中・小会社で50％だった時代に有名だった論点です。吉野工
業所事件によって株式保有特定会社の判定は大・中・小会社すべてで50％
になったため、現在では土地保有特定会社に該当した場合のみ問題になる
論点になったのであまり実務上は出てこないかもしれません。

Q Ⅱ-11　即時償却制度

　即時償却制度についてご教示ください。

Ⅱ-1 株式評価編 **147**

Answer

下記の通りの取扱いとなります。

［解説］

即時償却制度の株式評価に対する影響ですが、類似業種比準価額方式に関しては、引下げ効果があります。純資産価額方式に関しては、当該資産を所有していたものとして計上することになります。具体的には理論簿価で計上します。

即時償却すると簿価はゼロになってしまいますが、購入時の価額から減価償却額を引いた金額を計上するということです。オフバランスになるので、翌年度以降が留意する必要があります。また、第5表の帳簿価額は売買実例価格、又は定率法による未償却残高です。

Q Ⅱ-12　国外子会社配当による株式保有特定会社外しスキーム

　国外子会社配当による株式保有特定会社外しスキームにおける留意点についてご教示ください。

Answer

のれんの取扱いも含めて解説します。

［解説］

国外子会社のせいで株式等保有特定会社に該当している場合は、国外子会社が配当することが株特外しの定石です。順を追って説明しましょう。

国外子会社株式の評価は下記の手順で行います。

（STEP 1）国外子会社の監査を依頼している現地の会計事務所からA/R提出してもらう。使うのはそのうちB/Sだけです。

148　Ⅱ　高難度論点編

（STEP 2）B/S に計上されている net assets を抽出。わが国でいうところの純資産の額に当たります。

（STEP 3）この純資産価額に課税時期の TTB を乗じたものが評価額となります。

　こうして算定した国外子会社株式の評価額が高騰しており、株式等保有特定会社に該当する場合には、原則として配当を行います。すなわち、国外子会社の純資産は配当の金額だけ減少し、本体国内会社の総資産は配当の金額だけ増加します。

　このスキームが株式評価に与える影響について考えておきましょう。

　類似業種比準価額方式は、受取配当金のうち益金に算入されない金額がある場合には、1 株当たりの利益金額の算定にあたって益金不算入額を加算し、それに対する源泉所得税額は控除します。

　また、純資産価額方式では、受取配当金により本体会社の現預金が増加するので、総資産は増加します。一方、国外会社株式の評価額は減少します。これは、国外会社株式の評価は純資産価額方式で行うためです。

　実務上よく問題になっているものの、通説がない点について、私見を解説します。国外子会社の「のれん」の評価についてです。この論点は、いくつか説が分かれていますが、下記の C 説が、最も簡単です。

　本体会社における国外子会社株式の帳簿価額が200、国外子会社株式の直近の貸借対照表上の純資産が100の場合、100のものを200で本体会社は買っていることになるので、差額の100が「のれん」となります。この100をどう処理するかということについて、A 説、B 説、C 説があります。

　A 説は、国内財産と同様に財産評価基本通達165、166の規定に基づき、有償取得のれん＋自己創設のれんを一括評価するというものです。この165、166というのは営業権の評価明細書のことを指しています。

　B 説は、のれんの評価を別途評価するということです。この方法としては、実務上は、DCF 法等になると思われます。

　C 説は、取得価額を基に時点修正する方法です。上記の場合、「のれ

ん」は100なので、その100にその評価時点の TTB を掛けるという方法です。

Q_{II}-13　事業譲渡の際の営業権評価

事業譲渡の際の営業権評価についてご教示ください。

Answer

同族法人同士の事業譲渡においても営業権を計上すると思われます。

［解説］

まず、同族法人同士で事業譲渡を実行した場合、営業権はそもそも計上すべきなのかという点ですが、これは計上すべきです。寄附金認定リスクがあります。もちろん営業権が発生する場合の話です。

次に、営業権はどのように評価するのかということについては、諸説あります。

非上場株式評価は法人税基本通達9-1-14で行うのでこれは財産評価基本通達178から189-7を準用しますから、その際、営業権についても財産評価基本通達165項、166項（営業権の評価明細書のこと）で評価して良いかというものです。これはもともと個人の相続財産評価基準であって法人同士では使えないのではないかという見解もあり、理論的には通らないのは確かですが、「便宜上」これを使うことが多いと思われます。金額が非常に大きくなる場合も往々にしてあるので、シミュレーションは十分注意しなければなりません。

各同族法人の株主構成が違っていた場合、営業権が低くなる分、営業権を計上しなかった分だけ株主間贈与の認定があり得るのかという論点ですが、当然計上しておけば何も問題はありません。計上しなかった場合、又は低かった場合、その差額が法人間での寄付の問題になるということで

す。

　株主間の贈与は、会社に対して時価より著しく低い価額の対価で財産を譲渡した場合、財産を譲り受けた会社の株式の価額が増加した場合には、当該増加部分を、譲渡した者から贈与により取得したものとみなすという、相続税法第9条の発動可能性リスクはあります。

Q Ⅱ-14　M&A 時の時価の算定方法（修正簿価純資産法）

　M&A 時の時価の算定方法（修正簿価純資産法）についてご教示ください。

Answer

　税理士が作成した株価算定書（バリュエーション）では最も多く見られる方法です。

［解説］

　第三者 M&A については、通常下記のいずれかを折衷するのが基本です。

① 収益還元価額
② 純資産価額
③ 類似会社比準価額
④ 類似業種比準価額
⑤ DCF 法

等があります。例えば、株式譲渡スキームにおいて、売買金額が1億円と決まっているのであれば、①＋③／2が1億円になるのであればそれを採用するというような方法で決められることが多いです。また、貸借対照表をベースに修正貸借対照表というものを作って（いわゆる財務デューデリジェンス）、それを用いた修正簿価純資産価額を使う場合も多いです。

法人税法上の適正時価とは、1）適正な売買実例価額、2）入札による公募価額等、3）類似会社比準価額、4）純資産価額等となります。第三者M&Aでは1）に該当するはずなので、特段の問題はないということになります。

非上場企業のM&Aにおいては、DCF法等がかなりのケースで採用されます。これは、公認会計士がいないと算定できないのではないかと思われるかもしれませんが、税理士単独でも、上記の修正簿価純資産価額を基にしてM&Aの金額を算定することは可能です。

なお、M&Aで財産評価基本通達が登場する余地は全くありません。純然たる第三者概念に該当しているからです。純粋な第三者M&Aにおいては財産評価基本通達の登場する余地はありません。

具体的な作成方法は下記の手順です。

（STEP1）エクセル若しくは第5表をご用意ください。直近の貸借対照表を基に時価で修正をしていきます。

（STEP2）時価修正資産総計から時価修正負債総計をマイナスします。当然、法人税額等相当額の控除は行いません。これで算定した金額を1億円と仮定します。

（STEP3）中小企業M&Aでは取引金額（売買金額）が予めトップ同士で決定していることがほとんどです。これを2億円と仮定します。

（STEP4）（STEP3）と（STEP2）の差額1億円はのれんです。「営業利益」「経常利益」「税引前当期純利益」「税引後当期純利益」のいずれかの金額の2年から3年分を乗じた金額を差額1億円に合わせるように計上してください。このようにのれんは差額概念となってしまいますが、それでは株価算定書を記載することができません。そこで、株価算定書上の、のれんの計上要因として以下のものを記載することが多いです。

・企業の伝統、社会的信用

152　Ⅱ　高難度論点編

　　　・立地条件、生産条件、技術、人材（有資格者の存在など）
　　　・取引先、顧客
　　　・マーケットでの優位性
　　　・その他の営業上の優位性等

QⅡ-15　M&A における簡易的な価格チェックの方法

　M&A における簡易的な価格チェックの方法をご教示ください。

Answer

　有名なのは EV/EBIDA 倍率（マルチプル方式の一種）となります。

［解説］

　EV は時価総額＋有利子負債－買収予定会社所有のキャッシュで算定します。当該株式を全部買収する場合にそのために要する時価総額の資金と買収後の返済を予定している金額をいったん合算します。その後、キャッシュは自分のものになるのでマイナスします。これにより、買収予定会社の時価総額をキャッシュ化したものがざっくりと算定できます。その後、EBITDA ＝営業利益＋減価償却費、つまり本業における現金収入を算定します。これを割り替えすと EBITDA、つまり１年間の本業における現金収入のうち、EV、つまり企業価値がいくらかが分かります。通常は５〜８倍程度が望ましいといわれています。回収可能性についての簡易的なチェックには使えます。

Ⅱ-1 株式評価編　**153**

Q Ⅱ-16　民法上の時価

民法上の時価について考え方をご教示ください。

Answer

　以下のように考えられ、また課税関係が生じる可能性もあることを念頭に置いておく必要があります。

［解説］

　民法上の時価の適正価額は「当事者間合意価額」となります。当事者間が合意形成すればよい価格になりますので、「なんでも良い」というのが結論となります。しかし、実務上は相続税評価額原則又は簿価純資産価額を適用することが多いようです。相続税評価原則を適用する趣旨は、株価を算定する我々税理士にとってなじみ深いこと、下記の課税関係を考えなくて済むことにその理由があります。一方、簿価純資産価額を基準にする考え方は単純にそちらの方が当事者間で受け入れやすいからです。

　主に固定合意において下記の課税関係が生じる可能性があることに留意しなければなりません。

　当事者間合意価額　＞　相続税評価額原則：高額取引　特に課税関係は生じない。

　当事者間合意価額　＜　相続税評価額原則：低額取引　みなし贈与の発動可能性あり

Q Ⅱ-17　財産評価基本通達189前文

財産評価基本通達189前文の正しい読み方をご教示ください。

154　Ⅱ　高難度論点編

Answer

まずは条項を確認する必要があります。

［解説］

【財産評価基本通達189】

（特定の評価会社の株式）

189　178（（取引相場のない株式の評価上の区分））の「特定の評価
　　会社の株式」とは、評価会社の資産の保有状況、営業の状態等に応
　　じて定めた次に掲げる評価会社の株式をいい、その株式の価額は、
　　次に掲げる区分に従い、それぞれ次に掲げるところによる。

　　　なお、評価会社が、次の(2)（筆者注：株式等保有特定会社の株式）
　　又は(3)（筆者注：土地保有特定会社の株式）に該当する評価会社かど
　　うかを判定する場合において、課税時期前において合理的な理由も
　　なく評価会社の資産構成に変動があり、その変動が次の(2)又は(3)に
　　該当する評価会社と判定されることを免れるためのものと認められ
　　るときは、その変動はなかったものとして当該判定を行うものとす
　　る。（昭58直評5外・平2直評12外・平6課評2-8外・平12課評2-4
　　外・平15課評2-15外・平25課評2-20外・平29課評2-12外・平29課評
　　2-46外改正）

　翌期に株式異動を計画している場合を想定してみます。今期末で株式等
保有特定会社又は土地保有特定会社に該当したため、それらを外す対策を
実行したとします[22]。その後、株式異動までの間、常に外れていることを
試算表により確認すべきです。株式異動直前の急な総資産の増加は厳禁で
す。

　似たような論点に事業承継税制の資産保有型会社・資産運用型会社判定

22　1）外部借入、2）親会社による一括借入後、子会社へ貸付、3）保険積立金増し、4）
　　大型の固定資産導入等々が典型事例です。

があります。これは相続・贈与時の認定申請時に該当していないことはもちろんのこと、その相続贈与時の属する日の直前事業年度末の貸借対照表、損益計算書を用いて特定資産等割合を算定します。そして、当該直前事業年度末から相続・贈与時まで1日たりとも資産保有型会社、資産運用型会社に該当しないようにするのが課税実務上のルールです。しかし、この規定も平成31年度改正により柔軟化が加えられたことに留意が必要です。

（上記論点に関する平成31年度改正について〜税制改正大綱より〜）

(1)　（中小・個人向け・納税者有利）非上場株式等に係る相続税・贈与税の納税猶予制度について、次の措置を講ずることとされました（特例制度についても同様とします。）（大綱 p.47〜）。

①　贈与税の納税猶予における受贈者の年齢要件を18 歳以上（現行：20歳以上）に引き下げることとされました。

②　一定のやむを得ない事情により認定承継会社等が資産保有型会社・資産運用型会社に該当した場合においても、その該当した日から6月以内にこれらの会社に該当しなくなったときは、納税猶予の取消事由に該当しないものとすることとされました。

③　非上場株式等の贈与者が死亡した場合の相続税の納税猶予の適用を受ける場合には贈与税の納税猶予の免除届出の添付書類を不要とする等、手続の簡素化を行うこととされました。

(注)　上記①の改正は、平成34年4月1日以後に贈与により取得する財産に係る贈与税について適用することとされました。

（参考・コメント）

〇現行の法人事業承継税制では、「直前の事業年度開始の日から納税猶予の期限確定までのいずれかの日における特定資産保有割合が70％以上になった会社（その間、1日でも満たすと該当することになります。）」

のカッコ書きが要件緩和になった部分です。

○現行制度では「1日でも満たすと該当する」要件から、多額の設備投資等について委縮されていた現状を踏まえての納税者有利の改正です。

　設備投資目的で借入をした場合、一時的に現金が増加した場合等が考えられます。

　一方で特定資産を売却し、資産運用型会社の判定に該当してしまうことを回避するための措置でもあると考えられます（当該売却代金が特定資産からの収入に該当するため）。

○認定申請時に資産保有型会社等に該当している場合は法人事業承継税制の適用はできません。本改正はあくまで事業承継税制適用後の救済措置です。

○資産保有型会社は「日」で判定しますが、資産運用型会社は「事業年度」で判定します。ですから資産運用型会社については、大綱本文中の「その該当した日」という一時点を指す文言の詳細の意味が不明です。

QⅡ-18　一般社団法人等への株式異動の課税関係

一般社団法人等への株式異動の課税関係についてご教示ください。

Answer

下記の課税関係にご留意ください。

［解説］

個人が一般社団法人等に譲渡所得の基因となる財産を贈与した場合、時価譲渡したものとして取り扱われます。また、時価の2分の1未満での売却についても同様に時価で譲渡したものと計算されます。この株式の譲渡

Ⅱ-1 株式評価編 **157**

時の時価は所得税基本通達59-6が適用されますのでご留意ください。

QⅡ-19 従業員持株会への遺贈

従業員持株会への遺贈について実務上の留意点をご教示ください。

Answer

下記の課税関係にご留意ください。

［解説］

従業員持株会制度には大きく人格のない社団制度と民法上の組合制度がありますが、民法上の組合制度を採用することが通常のようです。この場合、実際の譲渡価額により譲渡所得が課税され、みなし譲渡（所法59）の規定は発動しないことになります。

QⅡ-20 同族法人への遺贈の実務上の留意点

同族法人への遺贈について実務上の留意点をご教示ください。

Answer

下記の課税関係にご留意ください。

［解説］

法人に対しても財産を遺贈することは可能です。被相続人はみなし譲渡所得課税が生じ、受遺者である法人は当該受贈益に対して法人税課税の対象となります。被相続人に対してみなし譲渡所得課税が生じるということは譲渡所得税が生じるということですから準確定申告が必要になります。この場合の所得税の納税義務はその相続人に承継されることになります。

158　Ⅱ　高難度論点編

　また、この所得税は債務控除の対象ともなります（相法13①、14②、相令３一）。この場合、受贈株式の評価は法人税基本通達９‐１‐14（４‐１‐６）により、それに受贈益課税がなされます。なお、相続税基本通達９‐２⑴より、その遺贈により同族法人の株式価値がアップした場合には、その増加部分は、遺贈者からその同族法人の株主へ遺贈されたものと考えらます（相法９）。

Q Ⅱ-21　税務上適正評価額
：亡夫が主宰法人に同社株式及び貸付金を遺贈した場合に株式の譲渡所得の金額の計算上同社の借入金は負債に計上できないとされた事例

　表題の非公開裁決が国税速報2019年６月24日（第6564）号に掲載されておりました。この裁決事例の重要なポイントをご教示ください。

Answer

　各通達の「文理」解釈の重要性を再確認すべき事例だったといえます。
　純資産価額の評価時期については、下記２つの通達は何のよりどころにもならないことが本事例から判断されるわけです。

［解説］

　本事例では、遺贈により貸付金と株式を法人に贈与しております。この場合、所得税法第59条により、みなし譲渡所得課税が生じるのが原則です。

II-1　株式評価編　**159**

（所得税法第59条）

第59条　次に掲げる事由により居住者の有する山林（事業所得の基因
　となるものを除く。）又は譲渡所得の基因となる資産の移転があった
　場合には、その者の山林所得の金額、譲渡所得の金額又は雑所得の
　金額の計算については、その事由が生じた時に、その時における価
　額に相当する金額により、これらの資産の譲渡があったものとみな
　す。

　一　贈与（法人に対するものに限る。）又は相続（限定承認に係るもの
　　に限る。）若しくは遺贈（法人に対するもの及び個人に対する包括遺
　　贈のうち限定承認に係るものに限る。）

　二　著しく低い価額の対価として政令で定める額による譲渡（法人
　　に対するものに限る。）

　2　居住者が前項に規定する資産を個人に対し同項第2号に規定す
　る対価の額により譲渡した場合において、当該対価の額が当該資産
　の譲渡に係る山林所得の金額、譲渡所得の金額又は雑所得の金額の
　計算上控除する必要経費又は取得費及び譲渡に要した費用の額の合
　計額に満たないときは、その不足額は、その山林所得の金額、譲渡
　所得の金額又は雑所得の金額の計算上、なかつたものとみなす。

　今回事例で問題になったのはその時の自社株式の評価となります。

　納税者は、貸付金を債務から外した上で当初準確定申告しました。その
後、更正の請求を行いましたが、当局には認められませんでした。

　審判所も当局を支持し、納税者は負けております。

　裁決要旨から察するに審判所は、文理解釈上、遺贈効力発生時点におい
て、貸付金は債権債務の混同により消滅しているため、当該株式移転時に
は、貸付金は消滅していると判断したわけです。

　また納税者は、当該貸付金の混同による消滅は、あくまで株式譲渡前で

160　Ⅱ　高難度論点編

判断するものだと主張もしました。根拠は、所得税基本通達59-6と財産評価基本通達188項です。

（所得税基本通達59-6）

（株式等を贈与等した場合の「その時における価額」）

59-6　法第59条第1項の規定の適用に当たって、譲渡所得の基因となる資産が株式（株主又は投資主となる権利、株式の割当てを受ける権利、新株予約権（新投資口予約権を含む。以下この項において同じ。）及び新株予約権の割当てを受ける権利を含む。以下この項において同じ。）である場合の同項に規定する「その時における価額」とは、23～35共-9に準じて算定した価額による。この場合、23～35共-9の(4)ニに定める「1株又は1口当たりの純資産価額等を参酌して通常取引されると認められる価額」とは、原則として、次によることを条件に、昭和39年4月25日付直資56・直審（資）17「財産評価基本通達」（法令解釈通達）の178から189-7まで《取引相場のない株式の評価》の例により算定した価額とする。（平12課資3-8、課所4-29追加、平14課資3-11、平16課資3-3、平18課資3-12、課個2-20、課審6-12、平21課資3-5、課個2-14、課審6-12、平26課資3-8、課個2-15、課審7-15改正）

(1)　財産評価基本通達188の(1)に定める「同族株主」に該当するかどうかは、株式を譲渡又は贈与した個人の当該譲渡又は贈与直前の議決権の数により判定すること。

(2)　当該株式の価額につき財産評価基本通達179の例により算定する場合（同通達189-3の(1)において同通達179に準じて算定する場合を含む。）において、株式を譲渡又は贈与した個人が当該株式の発行会社にとって同通達188の(2)に定める「中心的な同族株主」に該当するときは、当該発行会社は常に同通達178に定める「小会社」に該当するものとしてその例によること。

II-1 株式評価編 **161**

(3) 当該株式の発行会社が土地（土地の上に存する権利を含む。）又
は金融商品取引所に上場されている有価証券を有しているとき
は、財産評価基本通達185の本文に定める「１株当たりの純資産
価額（相続税評価額によって計算した金額）」の計算に当たり、こ
れらの資産については、当該譲渡又は贈与の時における価額によ
ること。

(4) 財産評価基本通達185の本文に定める「１株当たりの純資産価
額（相続税評価額によって計算した金額）」の計算に当たり、同通
達186-２により計算した評価差額に対する法人税額等に相当する
金額は控除しないこと。

（財産評価基本通達188項）

（同族株主以外の株主等が取得した株式）

188 178《取引相場のない株式の評価上の区分》の「同族株主以外
の株主等が取得した株式」は、次のいずれかに該当する株式をい
い、その株式の価額は、次項の定めによる。（昭47直資３-16・昭53
直評５外・昭58直評５外・平15課評２-15外・平18課評２-27外改正）

(1) 同族株主のいる会社の株式のうち、同族株主以外の株主の取得
した株式

この場合における「同族株主」とは、課税時期における評価会社
の株主のうち、株主の１人及びその同族関係者（法人税法施行令第
４条《同族関係者の範囲》に規定する特殊の関係のある個人又は法人を
いう。以下同じ。）の有する議決権の合計数がその会社の議決権総数
の30％以上（その評価会社の株主のうち、株主の１人及びその同族関
係者の有する議決権の合計数が最も多いグループの有する議決権の合
計数が、その会社の議決権総数の50％超である会社にあっては、50％
超）である場合におけるその株主及びその同族関係者をいう。

(2) 中心的な同族株主のいる会社の株主のうち、中心的な同族株主

以外の同族株主で、その者の株式取得後の議決権の数がその会社の議決権総数の5％未満であるもの（課税時期において評価会社の役員（社長、理事長並びに法人税法施行令第71条第1項第1号、第2号及び第4号に掲げる者をいう。以下この項において同じ。）である者及び課税時期の翌日から法定申告期限までの間に役員となる者を除く。）の取得した株式

　この場合における「中心的な同族株主」とは、課税時期において同族株主の1人並びにその株主の配偶者、直系血族、兄弟姉妹及び1親等の姻族（これらの者の同族関係者である会社のうち、これらの者が有する議決権の合計数がその会社の議決権総数の25％以上である会社を含む。）の有する議決権の合計数がその会社の議決権総数の25％以上である場合におけるその株主をいう。

⑶　同族株主のいない会社の株主のうち、課税時期において株主の1人及びその同族関係者の有する議決権の合計数が、その会社の議決権総数の15％未満である場合におけるその株主の取得した株式

⑷　中心的な株主がおり、かつ、同族株主のいない会社の株主のうち、課税時期において株主の1人及びその同族関係者の有する議決権の合計数がその会社の議決権総数の15％以上である場合におけるその株主で、その者の株式取得後の議決権の数がその会社の議決権総数の5％未満であるもの（⑵の役員である者及び役員となる者を除く。）の取得した株式

　この場合における「中心的な株主」とは、課税時期において株主の1人及びその同族関係者の有する議決権の合計数がその会社の議決権総数の15％以上である株主グループのうち、いずれかのグループに単独でその会社の議決権総数の10％以上の議決権を有している株主がいる場合におけるその株主をいう。

II-1　株式評価編　　**163**

　納税者は上記通達上の「前」という文言を全面に主張しました。しかし、上記通達は両者とも、同族株主判定について、株式譲渡「前」議決権数でとしているにすぎない、つまり株式譲渡価額を純資産評価する場合に、贈与「前」で判定するとは読めないと判断し、納税者の主張を斥けました。

　相続税法第22条の時価や財産評価基本通達の制度趣旨から総合勘案すると、当該債務消滅によることの将来的な株式価値の上昇が確実に予見されるため、これにより評価するのが、当事者間の合理的意思に合致すると判断しています。

　確かに、上記両者の通達は、あくまでも評価方式の「判定」を述べているに過ぎないわけです。純資産価額の評価時期については、両者の通達は何のよりどころににもならないことが本事例から判断されるわけです。

Q II-22　同族法人に現物出資した場合の課税

> **同族法人に現物出資した場合の課税関係についてご教示ください。**

Answer

　事業承継税制（特例）において、認定申請する前に当該特例対象株式に実行する可能性があります。下記の基本的な課税関係だけ知っておけば十分です。

［解説］

　法人に対する現物出資は、譲渡所得対象となります。この場合、現物出資財産が取引相場のない株式である場合には所得税基本通達59-6が発動します。

　このような課税関係をさけるため、当該法人に金銭出資をし、当該資産を購入してくるというのも典型事例となります。

164　Ⅱ　高難度論点編

QⅡ-23 営業権、原始発生借地権、自然発生借地権の計上の違い

営業権、原始発生借地権、自然発生借地権のそれぞれの計上の違いをご教示ください。

Answer

下記の通りとなります。

［解説］

国税局公表の「誤りやすい事例」によりますと、第5表で2大落としやすい財産項目が営業権と借地権となります。営業権は営業権の評価明細書にしたがって算定し、「相続税評価額」欄に記載するだけです。「帳簿価額」欄には記載不要です。

自然発生借地権は法人税基本通達13-1-15(2)にあるような算定方法で算定したあくまで相続税法上の財産権ですので、「相続税評価額欄」に記載し、「帳簿価額」欄は無記入となります。

（相当の地代で賃借した土地に係る借地権の価額）

13-1-15　13-1-14の場合において、借地人である法人が13-1-2に定める相当の地代により賃借した土地に係る借地権を譲渡し、又は当該土地を地主へ返還したときに通常収受すべき借地権の対価の額又は立退料等の額は、原則として次に掲げる場合の区分に応じ、それぞれ次に掲げる金額によるものとする。（昭55年直法2-15「三十一」により追加、平23年課法2-17「二十七」により改正）

(1)　その支払うべき地代の額の改訂方法につき13-1-8の(1)に掲げる方法によっている場合　零。ただし、当該借地権の設定等に当たり支払った権利金又は供与した特別の経済的な利益がある場合

には、当該権利金の額又は特別の経済的な利益の額に相当する金額とする。

(2) (1)以外の場合　次の区分に応じ、それぞれ次の金額

　イ　その支払っている地代の額が一般地代の額（通常支払うべき権利金を支払った場合に当該土地の価額の上昇に応じて通常支払うべき地代の額をいう。）に相当する金額となる時前にその譲渡又は返還が行われたとき　その譲渡又は返還の時における当該土地の更地価額を基礎として13-1-3に定める算式に準じて計算した金額

　ロ　イ以外のとき　その譲渡又は返還の時における当該土地の更地価額を基礎として通常取引される借地権の価額

(注)　この取扱いは、法人が借地人から貸地の返還を受けるに当たり、(1)又は(2)に掲げる金額の立退料等のほかにその返還に伴い借地人において生ずる費用又は損失の補填に充てるために合理的な金額を支払うことを妨げるものではないことに留意する。

　一方で、原始発生的に計上すべきであった借地権を計上し忘れたケースは話が変わっていきます。当初の賃貸借契約時に、借地権の計上もれがあったわけですから、借地権計上もれ（別表四加算・留保）になるはずです。そして留保項目ですから当該借地権は別表五（一）にも反映されるべきです。ここで第5表の「帳簿価額」とは税務上の帳簿価額を指しますから、会社決算書上のB/S＋別表五（一）として借地権も計上する必要があります。

　法人税申告書上では上記の調整項目は除斥期間が経過しているものと判断し、計上されていないことが通常です。

166   Ⅱ　高難度論点編

QⅡ-24　株価算定書に添付するもの

株価算定書には基本的に何を添付すべきでしょうか。

Answer

株価算定書の雛形と第4表、第5表、営業権の評価明細書が必要最低限のものとして必要です。

［解説］

営業権の計上漏れは非常に株価に対するインパクトが強いものになります。一目で営業権が生じるか否か峻別できる方以外、営業権の評価明細書は添付しておくべきです。

QⅡ-25　オーナーが仕入先の法人に所有株式の一部を売却する場合の課税関係

オーナーが仕入先の法人に所有株式のごく一部を売却する場合の課税関係についてご教示ください[23]。

Answer

下記の課税関係が基本的に生じると思われます。

［解説］

オーナーの相続対策として取引先に株式の一部を取得してもらう方法です。昨今は流行っていません。したがって基本的な課税関係だけを理解しておけばよいと思われます。

まず、個人⇒法人間売買なので、所得税基本通達59-6を疑ってみま

23　茂腹敏明『非上場株式鑑定ハンドブック』497頁　中央経済社　2009年より筆者改変

す。次に買主の属性をみます。買主が赤の他人である法人の場合、「純然たる第三者」概念に該当することから、配当還元方式でも良いのでは、と思われます。

Q Ⅱ-26 後継者への自社株売却により持ち株30％を切る場合の課税関係

　現オーナーが少しずつ後継者へ自社株式を売却しました。30％をこの度切ることになりましたが、この場合の課税関係についてご教示ください[24]。

Answer

　下記の課税関係が基本的に生じると思われます。

［解説］

　まず後継者が30％超えるまでの税務上の適正評価額はいくらになるでしょうか。この場合、30％を超えていないので配当還元方式価額でいけそうな気がします。そして30％を切ったとたん、後継者は同族株主のいる会社の同族株主に該当しますので、原則的評価方式を採用することになります。

　ところが所得税基本通達59-6を吟味してみると、①この通達は同族株主判定に関するものである点が分かります。②また譲渡、贈与の異動の前後を定めている移転である点にも留意が必要です。この２つの点からまずは同族株主であるか否かについて判断を要することになります。この点①最初に株式を譲渡したときだけでなく、その後も同族株主に判定すれば、当然、相続税評価原則の適用はあります。②また、事実関係から特殊の関

24　茂腹敏明『非上場株式鑑定ハンドブック』499頁　中央経済社　2009年より筆者改変

168   II   高難度論点編

係のある法人であることに違いないので、自分と後継者が30％以上、異動前に既に所有していれば、同族株主に該当し、相続税評価原則の適用をあると思われます。

Q II-27　個人間売買において配当還元方式が利用できる場面

　個人間売買において配当還元方式が利用できるのはどういった場面でしょうか[25]。

Answer

　下記の課税関係が基本的に参考になると思われます。

［解説］

　15％判定が生きていきます。元来所有していた株式数と今回新たに購入した株式数が15％以上となるのであれば、その移転する株式は原則的評価方式を取ることになります。

Q II-28　自己株式取得において配当還元方式が適用される場面

　自己株式取得において配当還元方式が適用されるのは限定的な場面になると思われます。具体的なケースをご教示ください[26]。

25　茂原敏明『非上場株式鑑定ハンドブック』514頁　中央経済社　2009年より筆者改変
26　茂腹敏明『非上場株式鑑定ハンドブック』515頁　中央経済社　2009年より筆者改変

Ⅱ-1 株式評価編 **169**

Answer

下記の課税関係にご留意ください。

［解説］

基本編 Q Ⅰ-12に記載しましたのでそちらをご参照ください。

Q Ⅱ-29 弔慰金に係る法人税の取扱い

質疑応答事例の「評価会社が受け取った生命保険金の取扱い」では、その保険を原資とする死亡退職金を控除して「保険差益に対する法人税額等」を計算しますが、これは弔慰金に関してもそうなのでしょうか。

Answer

下記の通りです。

［解説］

弔慰金は相続財産にならないことを鑑みて、株式の純資産価額の計算にも含めないこととされています。これと同様にこの計算に含めません。弔慰金（相続税基本通達3-18～3-20により退職手当金とされるものを除きます）については、課税時期において現に存するものではなく、また、みなす相続財産として相続税の課税対象となるものでもありません。

【相続税法基本通達3-18～3-20】

（退職手当金等の取扱い）

3-18 法第3条第1項第2号に規定する「被相続人に支給されるべきであった退職手当金、功労金その他これらに準ずる給与」（以下「退職手当金等」という。）とは、その名義のいかんにかかわらず実質上被相続人の退職手当金等として支給される金品をいうものと

170　Ⅱ　高難度論点編

する。（昭46直審（資）6改正）

（退職手当金等の判定）

3-19　被相続人の死亡により相続人その他の者が受ける金品が退
　　職手当金等に該当するかどうかは、当該金品が退職給与規程その他
　　これに準ずるものの定めに基づいて受ける場合においてはこれによ
　　り、その他の場合においては当該被相続人の地位、功労等を考慮
　　し、当該被相続人の雇用主等が営む事業と類似する事業における当
　　該被相続人と同様な地位にある者が受け、又は受けると認められる
　　額等を勘案して判定するものとする。

（弔慰金等の取扱い）

3-20　被相続人の死亡により相続人その他の者が受ける弔慰金、
　　花輪代、葬祭料等（以下「弔慰金等」という。）については、3-18及
　　び3-19に該当すると認められるものを除き、次に掲げる金額を弔
　　慰金等に相当する金額として取り扱い、当該金額を超える部分の金
　　額があるときは、その超える部分に相当する金額は退職手当金等に
　　該当するものとして取り扱うものとする。（昭57直資2-177改正）

⑴　被相続人の死亡が業務上の死亡であるときは、その雇用主等か
　　ら受ける弔慰金等のうち、当該被相続人の死亡当時における賞与
　　以外の普通給与（俸給、給料、賃金、扶養手当、勤務地手当、特殊
　　勤務地手当等の合計額をいう。以下同じ。）の3年分（遺族の受ける
　　弔慰金等の合計額のうち3-23に掲げるものからなる部分の金額が3
　　年分を超えるときはその金額）に相当する金額

⑵　被相続人の死亡が業務上の死亡でないときは、その雇用主等か
　　ら受ける弔慰金等のうち、当該被相続人の死亡当時における賞与
　　以外の普通給与の半年分（遺族の受ける弔慰金等の合計額のうち
　　3-23に掲げるものからなる部分の金額が半年分を超えるときはその

II-1 株式評価編 **171**

金額）に相当する金額

Q II-30 課税実務上、分類不能の産業

課税実務上、分類不能の産業に該当するものをご教示ください。

Answer

以下の2つとなります。

［解説］

医療法人と純粋持株会社だけです。ただし、一般的な事業承継スキームにおいて純粋持株会社型式になることは非常にまれであるため（何かしらの収益付けすることが通常）、分類されることだけ知っておいていただければ結構です。

Q II-31 リゾート会員権下取り時の株価評価

リゾート会員権購入の際に支払う登録料ですが、契約によれば登録料は買主に返還されず、有効期限がないため資産計上されるはずです。この登録料が解約した場合、返還されないがアップグレードされた場合、新契約に下取りされます。この時の株価評価上の取扱いはどうなるでしょうか。

Answer

以下の通りです。

［解説］

まず「帳簿価額」欄は取得価額を含めて記載します。法人税基本通達

172　Ⅱ　高難度論点編

9-7-13の2の反対解釈です。「相続税評価額」欄ですが、登録料は考慮しないでリゾート会員間のみを記載することで足りると解します。

【法人税基本通達9-7-13の2】

（レジャークラブの入会金）

9-7-13の2　9-7-11及び9-7-12の取扱いは、法人がレジャークラブ（宿泊施設、体育施設、遊技施設その他のレジャー施設を会員に利用させることを目的とするクラブでゴルフクラブ以外のものをいう。以下9-7-14において同じ。）に対して支出した入会金について準用する。ただし、その会員としての有効期間が定められており、かつ、その脱退に際して入会金相当額の返還を受けることができないものとされているレジャークラブに対して支出する入会金（役員又は使用人に対する給与とされるものを除く。）については、繰延資産として償却することができるものとする。（昭52年直法2-33「14」により追加）

（注）　年会費その他の費用は、その使途に応じて交際費等又は福利厚生費若しくは給与となることに留意する。

Q Ⅱ-32　信用取引の際の株式等保有特定会社の株式・出資の範囲

信用取引の際の株式等保有特定会社の株式・出資の範囲についてご教示ください。

Answer

以下の通りとなります。

［解説］

　まず、現物決済の場合は、株式・出資を現に保有していることから株式・出資の範囲に含まれると思われます。しかし、差金決済の場合、単なる投資ですから現物はありません。この場合、株式、出資の範囲に含める必要はないかと存じます。

Ⅱ-2
事業承継スキーム編

Q Ⅱ-33　MEBO スキームによる自己株取得の留意点

MEBO スキームによる自己株取得の留意点についてご教示ください。

Answer

役員退職慰労金の支給もしくは配当金の支給、金庫株の実施を行います。

［解説］

何の配慮もせずに実行してしまうと、キャッシュアウトが非常に高額になってしまいます。したがって、その価額で役員・従業員後継者に株式を売却してしまうと、その株式の売却の譲渡益が非常に多額になってしまいます。そのため、大前提として、株価を大きく引き下げた後で役員・従業員後継者へ株式譲渡するというのが定石となります。

株価引下げ手法の定石としては、以下のような2つのパターンがあります。①役員退職慰労金を株式譲渡前に支給すること、②配当を実施して内部留保を株式譲渡前に払い出すことです。②において、配当の実施に代えて「自己株式の取得」という方法を行う場合もあります。実務上は、特定の株主を対象に行うという性格を考えると、むしろ自己株式取得を考慮することの方が多いと言えます。ただし、会社がその分のキャッシュを保有しているかどうかはまた別問題です。金融機関から十分に融資を受けられない場合には、現物配当により事業に直接関係ない資産を分配することも

検討したほうがいいでしょう。

M&A の場合も同様です。株式譲渡スキームを前提に考えます。例えば、第三者の会社の株式を譲り受ける場合、第三者の株式を何も考えずに取得してしまうと、株式の譲渡益が非常に大きな金額になってしまうということになります。すると、売り手のオーナー側の株式譲渡益が非常に高額になってしまうため、売る前にその会社で退職金を支給しておいて、株価を下げた後に売却するという手法がよく用いられます。それによって、売却後の手取額と退職金が手に入ることになるわけですが、これらが、何の対策も打たないで売却した場合の手取りと一致すればいいことになります。

なお、配当も自己株式の取得についても同様の考え方をとります。

Q Ⅱ-34 相続により取得した株式の自己株取得の留意点

相続により取得した株式の自己株取得の留意点についてご教示ください。

Answer

租税特別措置法第39条は空き家に係る譲渡所得の特別控除以外、重複適用可能です。また、平均単価の考え方に特殊な取扱いを考慮する必要はありません。

［解説］

相続により取得した株式の自己株式取得の留意点として、まず、相続開始後の3年10カ月以内の買取りに限定されるという点が挙げられます。相続税の納税があり、その際に課税価格に算入された非上場株式に限定されるので、注意してください。また、事前の手続と事後の手続が必要とされていることにも注意が必要です。譲渡前に会社に届出が必要で（措令5の

176　Ⅱ　高難度論点編

2②・⑤）、翌年1月31日までに税務署への報告（同③）と会社への保存も必要（同④）となります。さらに、租税特別措置法第39条の取得費加算については、ほとんどの特例と併用可能であるものの、相続空き家の3,000万円の特別控除の特例だけは併用可能ではなく、選択適用になります。

　では、取得費加算の特例に関連して、下記の場合、取得費の取扱いはどうなるのかということを考えてみましょう。相続以前から取得している同銘柄の株式が、下記のような状況にある場合、譲渡所得の計算上、取得費の取扱いはどうなるのかという問題です。

株式の内容	株式数	単価	金額
相続前から取得しているA株式	5,000	500	2,500,000
相続によって取得したA株式	4,000	2,000	8,000,000

　譲渡所得における取得費の計算は、①平均単価でやるのか、それとも②相続した株式の単価のみを利用するのかという点が問題となります。

　①　平均単価

　　（2,500,000円＋8,000,000円）÷（5,000円＋4,000円）＝1,166円

　②　相続した株式の単価のみ利用

　　8,000,000円÷4,000円＝2,000円

　これは①が正しい方法です。原則（所令118①、総平均法を定めている規定）に、上記のような場合に関する例外規定は存在しないというのが、その根拠となります[27]。

27　内倉裕二『資産税事例検討会』4頁　税務研究会税研情報センターを参照している。

Ⅱ-2 事業承継スキーム編　**177**

Q Ⅱ-35　自己株式を利用した事業承継対策案に関する留意点

　自己株式を利用した事業承継対策案に関する留意点についてご教示ください。

Answer

　租税特別措置法第39条は相続時精算課税制度適用時においても贈与税の納税猶予適用の場合でも適用可能です。

［解説］

　相続時精算課税制度や贈与税の自社株納税猶予制度によって自社株の生前贈与を受けたものは相続時に相続で財産を取得しなくても、相続税の申告期限後3年以内に自己株式を会社に譲渡した場合の特例を受けることが可能となりました。これは平成25年度税制改正で導入された規定です。

　そのため、相続時精算課税制度によって、好まぬ相続人（当時は受贈者）に生前贈与してしまっても、会社への売却のインセンティブが高まるのではないかと思われます。

　ちなみに、取得費加算は相続時精算課税制度においても、贈与税の納税猶予制度においても使用可能なので、この点も忘れないようにしたいところです。

Q Ⅱ-36　自社株引下げ時の株式取引の留意点

　自社株引下げ時は、議決権に影響が出る株式の取引を理解しておく必要性があると聞きました。具体例をご教示ください。

Answer

　下記で示した裁決・判例は事業承継スキームを策定する上では必須の知

178　Ⅱ　高難度論点編

識となります。

［解説］

　平成23年9月28日裁決や、東京高裁平成27年4月22日判決です。経営者株主グループと同一の議決権行使に同意していると認定された法人株主の議決権を、経営者株主グループに合算するという税務署処分を容認したのがこれらの裁決例・判例となります。例えば、どの実務書にも載っている平成23年9月28日裁決について見てみましょう。

　この事例では、オーナー関係者の株主グループが14.98％の株式を保有している会社があり、その会社と同じ住所に所在している会社が7.88％を保有、それ以外の株主は皆30％未満という株主構成の会社がありました。そこで、同族株主のいない会社だと判定され、オーナーが死亡したときに、相続税申告において、当該株式を配当還元で評価して申告したという事例です。

　ところが、後に当局調査があり、同じ住所に所在している7.88％保有の法人について、オーナーの単なる操り人形に過ぎなかったと事実認定され、そのオーナー関係者のグループが持っている14.98％と会社の7.88％を合算することになり、その結果、同族株主のいる会社になって、相続税申告では配当還元ではなくて相続税評価額（原則）を適用することになったというものです。

（取引相場のない株式の評価）

　請求人が相続により取得した取引相場のない株式は、「同族株主以外の株主等が取得した株式」には該当しないことから、配当還元方式で評価することはできないとした事例（平成19年12月相続開始に係る相続税の更正処分及び過少申告加算税の賦課決定処分・棄却・平23-09-28公表裁決）

　《ポイント》

　本事例は、取引相場のない株式の評価に当たり、同族関係者の範囲

について、法人税法施行令第 4 条第 6 項の規定の適用を受けることから、「同族株主以外の株主等が取得した株式」に該当しないと判断したものである。

《要旨》

請求人は、評価会社である J 社は、同族株主がおらず、また、J 社の株主である K 社は請求人の同族関係者ではないから、請求人とその同族関係者の議決権割合が15％未満となるので、請求人が本件被相続人からの相続により取得した J 社株式（本件株式）は、配当還元方式により評価すべきである旨主張する。しかしながら、① K 社の設立経緯、資産内容、人的・物的実体及び株主総会や取締役会の開催状況からすると、K 社の出資者が J 社の経営や意思決定に関心や興味を有していたとは考え難く、また、② K 社の出資者は、いずれも J 社の役員等であり、J 社を退社した後は、K 社の出資者たる地位を失うことになっていたこと並びに K 社の出資者及び出資の譲受人は本件被相続人にその決定権があったものと認められることからすると、K 社の出資者が J 社の代表取締役であった本件被相続人の意に沿った対応をすることが容易に認められること、③そして、K 社は、本件被相続人死亡後開催された J 社の取締役を選任する重要な J 社の株主総会において、K 社が所有している J 社の株式に係る議決権を、K 社の出資者でも役員でもない請求人（本件被相続人の妻）に委任していることからすれば、K 社は本件被相続人に代表される J 社の創業家の強い支配下にあり、K 社の出資者は、同社の意思決定を、いずれも、本件被相続人及び請求人に代表される J 社の創業者一族の意思に委ねていたものと認められるから、K 社の株主総会等における議決権の行使についても、J 社の創業者一族の意思と同一の内容の議決権を行使することに同意していた者と認めるのが相当である。そうすると、請求人は、法人税法施行令第 4 条《同族関係者の範囲》第 6 項の規定により、K 社の株主総会において全議決権を有し、かつ、K 社の唯

一の出資者であるとみなされることから、同条第3項により、K社を支配していることとなって、同条第2項により、K社は請求人と特殊関係にある法人に該当するので、請求人の同族関係者に該当することとなる。そうすると、J社における請求人とその同族関係者の議決権割合は15%以上となるから、本件株式を配当還元方式で評価することはできない。

（参考判決・裁決）

東京高裁平成17年1月19日判決（訟月51巻10号2629頁）東京高等裁判所平成26年（行コ）第457号各贈与税決定処分取消等請求控訴事件（棄却）（上告・上告受理申立て）国側当事者・国（処分行政庁　芝税務署長）平成27年4月22日判決【税務訴訟資料　第265号 -71（順号12654)】

【みなし贈与／同族会社に著しく低い価額で出資持分の譲渡があった場合／出資の評価】

〔判示事項〕

　本件は、g（控訴人mの母、控訴人nの祖母）が自己が有していたC社出資の全部をr社及びt合名会社に譲渡したところ、芝税務署長が、本件各譲渡が時価より著しく低い価額の対価でされたもので、その結果いずれも同族会社であるr社の株式及びt合名会社の持分の価額が増加したことから、その株主等である控訴人らは相続税法第9条にいう「対価を支払わないで」「利益を受けた」者と認められ、同条により、上記の価額が増加した部分に相当する金額を控訴人らがgから贈与により取得したものとみなされるなどとして、贈与税の決定処分等を行ったことから、控訴人らがその取消しを求める事案である。

　控訴人らは、相続税法第9条の「利益」は資本等取引に起因する利益であることを要し、相続税法基本通達9-2⑷のような損益取引に

よる利益はこれに当たらないと主張する。しかし、相続税法第9条の「利益」が法文上その発生原因となる取引を限定していると解すべき理由はない。また、相続税法基本通達9-2(4)は、同族会社に対し時価より著しく低い価額の対価で財産の譲渡をした場合、その譲渡をした者と当該会社ひいてはその株主又は社員との間にそのような譲渡がされるのに対応した相応の特別の関係があることが一般であることを踏まえ、実質的にみて、当該会社の資産の価額が増加することを通じて、その譲渡をした者からその株主又は社員に対し、贈与があったのと同様の経済的利益を移転したものとみることができるから、株式又は出資の価額増額部分に相当する金額を贈与によって取得したものと取り扱う趣旨と解されることは、原判決が説示するとおりである。このような趣旨からすれば、控訴人らの主張するような取引による区別をする必要はないというべきである。

　r社の取引先である13社のC社出資取引に係る判断については、本件13社がいずれも有力酒造会社等であり、r社がその商品の重要な販路となる酒類等の大手卸売会社であるという特殊な個別的関係に基づき、将来にわたるrグループとの取引関係の維持又は強化という売買目的物の客観的交換価値とは別個の考慮要素が反映され、C社の支配継続を望む先代y及び控訴人mらの意向に沿って、購入や売却の取引に応じていたものであって、控訴人m及びその同族関係者の意向に反するような持分権者としての権利行使をする意図は終始なかったと推認することができる。したがって、このような特殊性を有するt合名会社と本件13社との間のC社出資の売買取引をもって、目的物の客観的な交換価値に即した売買実例として適切と認めることはできず、同取引における1口5,000円の価格をもって、C社出資の本件各譲渡時の時価でということはできない。

　控訴人らは、控訴人m及びt合名会社においてC社を実質的に支配するような関係にはなく、本件において評価通達の定める評価方式

182　Ⅱ　高難度論点編

以外の評価方式によるべき特段の事情はないなどとして、C社を控訴人m及びt合名会社の同族関係者に当たるとした原判決を論難する。しかし、C社の設立から本件13社がt合名会社に対しC社出資を売却するまでの経緯等の原判決が説示する事情に照らせば、C社は設立以来控訴人mと先代y、g及びt合名会社が実質的に支配してきたものと認められる。このような事実関係を踏まえると、C社出資の扱いにおいて評価通達188(1)等を形式的に適用することはかえって同通達188及び同通達188-2の趣旨にもとる結果となるから、同通達の定める評価方式以外の評価方式によるべき特段の事情があり、C社は控訴人m及びt合名会社の同族関係者に該当するというべきことは、原判決が説示するとおりである。

　評価通達185ただし書の適用について控訴人らは、C社は控訴人m及びその同族関係者によって実質的に支配されていたものではないとして、C社出資の評価に当たり評価通達185ただし書の定める評価方法を適用すべき旨を主張する。しかし、関係証拠によれば、C社は控訴人m及びその同族関係者によって実質的に支配されていたと認められることは、上記のとおりであるから、控訴人らの上記主張はその前提を欠く。

　以上によれば、控訴人らの請求をいずれも棄却した原判決は相当であって、本件控訴はいずれも理由がないから、これを棄却することとする。

QⅡ-37　グループ法人税制回避の留意点

グループ法人税制回避の留意点についてご教示ください。

II-2　事業承継スキーム編　**183**

Answer

　意図的に回避する方法とそれが否認された裁決例をよく理解しておいて
ください。

［解説］

　グループ法人税制回避を意図的に行うためには、現状では、4つの方法
があります。①1株でも第三者に保有させる、②従業員持株会に5％以上
持たせる、③財団法人・社団法人に株式を持たせる、④個人に売却（又は
寄附、含み損ある資産の損失実現又は低解約返戻金保険の戻りなどで有効な活
用策となります）という方法です。

　ここで、留意すべきなのが③の方法です。財団法人・社団法人に移動す
る株式は通常、無議決権株式が利用されることが多いです。しかし、完全
支配関係というのは、議決権数ではなくて発行済株式数により判定されま
す。したがって、無議決権株式であっても完全支配関係を取り壊すことは
可能です。しかし、グループ法人税制では、将来の時点で完全支配関係が
取り崩されたときに、繰り延べられていた損益が一気に実現することにな
ります。

　この点について問題になるのが、100％保有株式を従業員持株会に移転
させる場合です。例えば、以下のような事例を考えてみましょう。甲は相
続対策として100％所有するS社の株式を分散させようと、従業員持株会
を設立、70％超の株式を移転させようとしているという場合に、譲渡の実
効性の問題が生じます。少数株主の判定では議決権を基準として行うた
め、相続対策により持株会を設立する場合、持株会が議決権付株式を取得
する必要があります。そして、従業員持株会のメンバーに、個人又は法人
との間でその個人又は法人の意思と同一の内容の議決権を行使しているこ
とに同意している者がいる場合には、その者の所有する議決権はその個人
又は法人が有しているものとみなされてしまうので、この点に注意が必要
です。先述した、平成23年9月28日裁決と同様の論点です。そこで、前章
で解説した、財産評価基本通達上の「課税上弊害がない場合」を、常に念

頭に置いておく必要があります。また平成28年1月6日裁決はこれが明確に否認された事例であり深く詳細を理解しておく必要があります。

（同族会社の行為計算否認／グループ法人税制回避のために行われた第三者割当増資）

請求人の総務経理部長ただ1人に対し行われた第三者割当増資は、経済的、実質的見地において純粋経済人として不合理、不自然な行為であり、法人税法第132条第1項に規定する「不当」な行為であると判断された事例（①平成22年10月1日から平成25年9月30日までの各事業年度の法人税の各更正処分及び過少申告加算税の各賦課決定処分、②平成24年10月1日から平成25年9月30日までの課税事業年度の復興特別法人税の更正処分及び過少申告加算税の賦課決定処分・棄却・平28-01-06裁決）

〔裁決要旨〕

　同族会社である審査請求人は、関連会社であるA社との間に完全支配関係があったが、平成22年12月27日、従業員に対する第三者割当増資を行い、その結果、請求人との間に完全支配関係を有しないこととなったA社に対し、譲渡損益調整資産を譲渡し、当該譲渡に係る譲渡利益額と譲渡損失額の差額を、損金の額に算入して確定申告をした。本件は、原処分庁が、法人税法第132条第1項の規定を適用して、上記第三者割当増資を否認し、請求人とA社との間には完全支配関係があるとして、同法第61条の13第1項の規定に基づき、上記譲渡利益額と譲渡損失額の差額の損金の額への算入を否認する旨の更正処分等をしたことに対し、請求人が同法第132条第1項の適用要件を欠くとして、原処分の全部の取消しを求めた事案である。

　請求人は、平成22年度税制改正において制定されたグループ法人税制の繰延制度の施行により、A社との間に完全支配関係を有したままでは、同制度の施行前に認められていた請求人・A社間の不動産

取引による固定資産売却損の損金算入が認められなくなることから、かかる事態を回避し、同制度の施行後も当該売却損の損金算入を続けるため、請求人・A社間の完全支配関係を解消して同制度の適用を免れる目的で、本件割当増資を行ったものと認められる。そして、本件割当増資における株式の発行条件等は、繰延制度の適用を免れることができるかという観点から定められたものと認められ、他方、請求人が、割当増資に当たり、経済的合理性の観点から、その財産状況や経営状態等を具体的に検討ないし勘案した形跡はうかがわれない。また、請求人は、約1,000名の従業員を擁する中で、本件割当増資において割当ての対象者としたのは、総務経理部長として第三者割当増資による繰延制度の適用回避に向けた立案、検討に深く関与した乙ただ1人であり、同人以外の従業員に対しては、割当増資の後も含め、一切割当てを行っておらず、そもそも募集の周知すらしていない。

これらの諸点に鑑みれば、本件割当増資は、経済的、実質的見地において純粋経済人として不合理・不自然な行為であるといわざるを得ず、法人税法第132条第1項に規定する「不当」な行為であると認めるのが相当である。

請求人は、本件割当増資によって請求人・A社間の完全支配関係を解消し、本件繰延制度の適用要件を不充足とすることにより、同制度の適用を免れ、本来、同制度の適用により繰り延べられるべき固定資産売却損を、各事業年度の所得金額の計算上、損金の額に算入し、法人税額を減少させたものと認められるから、本件割当増資によって「法人税の負担を……減少させる結果となる」ものと認めることができる。

以上によれば、本件各更正処分は適法である。

186 Ⅱ　高難度論点編

Q Ⅱ-38　債務超過会社の株式売却に関する留意点

債務超過会社の株式売却に関する留意点についてご教示ください。

Answer

非常によく利用される手法です。

［解説］

相続税評価額（原則）はゼロという甲社があるとします。甲社株式10%
をオーナーが第三者Ａより旧券面額５万円で購入し、オーナーの持株割
合は51%、一方Ａはすべて手放したので０％になったというケースで、
課税関係は生じるかという点を考えてみます。

結論としては、課税関係は生じません。なぜかと言えば、第三者との取
引であるためです。オーナーの現金５万円は、評価０円の株式に化体した
ということになります。相続対策としてよく使われる方法です。

Q Ⅱ-39　持分会社を活用した相続税節税スキーム
　　　　：仙台国税局文書回答事例

持分会社を活用した相続税節税スキームに関する補足論点につい
てご教示ください。

Answer

仙台国税局文書回答事例は隅々まで把握しておくべきです。

［解説］

持分会社のうち、無限責任社員が存在する合名合資会社においては、無
限責任社員が死亡した場合において、債務超過であるとき、その無限責任

社員の負担すべき債務超過部分が相続税の計算上、債務控除の対象となります。社員は連帯して会社の債務を弁済する責任を負うとするとされ、退社した社員は、退社以前に生じた会社の債務に対して責任を負わなければならないと会社法上規定されているためです。

　以上を踏まえて、仙台国税局から文書回答事例が出されている論点が出てきます。債務超過状態にある合資会社の無限責任社員の父が子への事業承継に伴い、自らは有限責任社員となり子が有限責任社員から無限責任社員となった事例です。当該ケースでは、無限責任社員であった父は有限責任社員になっても、2年間は無限責任社員としての責任を負い、2年経過後も債務超過状態である場合には、父は、責任が消滅したことによる経済的利益を受けるとして、所得税の課税が生じることとなりえます。また、その経済的利益は社員相互間の合意を基礎としているため、無限責任社員である子から有限責任社員である父への利益移転と見なされ、みなし贈与の対象となりえます。

【仙台国税局　文書回答事例「債務超過の合資会社の無限責任社員が有限責任社員となった場合等の贈与税等の課税関係について」】

別紙1-1　照会の趣旨

　　合資会社である当社（以下「当社」といいます。）は、時価による純資産価額がマイナス（以下「債務超過」といいます。）の状態にあるところ、当社の無限責任社員甲が有限責任社員になり、同時に、有限責任社員乙が無限責任社員になる場合の課税関係は次のとおりとなると解して差し支えないか、ご照会いたします。

①　会社法第583条第3項の規定により、無限責任社員甲が有限責任社員になった場合には、原則として、甲に対し贈与税及び所得税の課税は生じない。

②　上記①の場合において、会社法第583条第4項の規定により、社員変更登記後2年を経過した時に甲の有する当社に係る無限責

188　Ⅱ　高難度論点編

任社員としての債務弁済責任が消滅するが、社員変更登記後2年
を経過した時に当社が債務超過の状態の場合には、相続税法第9
条の規定により、甲の有する当社に係る無限責任社員としての債
務弁済責任の消滅の利益について、甲に対し贈与税の課税が生じ
る。

別紙1-2　事前照会に係る取引等の事実関係

1　当社は、無限責任社員1名と有限責任社員1名で構成されてお
　り、無限責任社員は甲、有限責任社員は乙で、甲は乙の実父で
　す。

　　このたび、当社は、世代交代に伴い代表社員が交代いたしま
　す。社員2名の合資会社のまま代表権を移行するには、無限責任
　社員と有限責任社員が1名以上必要であるため、既存社員の責任
　を交代することで代表権を移行させたいと考えています。

2　当社は、責任交代時において、債務超過の状態にあり、甲に対
　する当社の債権者からの請求又は請求の予告はありません。

3　社員変更登記後2年を経過した時においても、当社は債務超過
　の状態が継続しており、社員変更登記後2年以内の間に、甲及び
　乙による当社の債務の弁済はなく、また、甲に対する当社の債権
　者からの請求又は請求の予告はないものといたします。

別紙1-3　事実関係に対して事前照会者の求める見解となることの
　　　　　理由

1　無限責任社員甲が有限責任社員となったときの課税関係

　　会社法第580条第1項に規定する無限責任社員の責任は、持分
　会社（合名会社、合資会社又は合同会社）が会社財産による債務の
　完済不能な場合に、当該持分会社の債務を他の無限責任社員と連
　携して、債権者に対して負う責任とされています。

この債務弁済責任は、同法第583条第3項及び第4項の規定に基づき、無限責任社員が有限責任社員となったとしても、なお、社員変更登記後2年間は従前と同じ無限責任社員としての責任を負うこととされています。

　したがって、無限責任社員甲が有限責任社員となったとしても、その時点で甲の従前の無限責任社員としての責任である当社に係る債務弁済責任が消滅したとはいえないことから、原則として甲に対し債務の引受け等による利益を受けたとしての贈与税及び所得税の課税関係は生じないものと考えます。

2　社員変更登記後2年を経過したときの甲の課税関係

　会社法第583条第4項の規定によれば、有限責任社員となった甲が負っている従前の無限責任社員としての責任は、社員変更登記後2年以内に請求又は請求の予告をしない当社の債権者に対しては、社員変更登記後2年を経過した時に消滅します。このことから、この時点で当社が債務超過の状態の場合には、甲は債務を弁済する責任を負わないとする経済的利益を受けることになることから、甲に対し所得税の課税が生じることとなると考えます。

　ただし、その経済的利益は、甲が他の無限責任社員である乙から与えられた利益である個人間の贈与であると認められるときには、相続税法第9条に規定するみなし贈与の課税が生じることとなるものと考えます。

　甲の有する当社に係る無限責任社員としての債務弁済責任は社員変更登記後2年を経過した時に会社法第583条第4項の規定に基づき法的に消滅するものですが、合資会社は、無限責任社員と有限責任社員とをもって組織され、無限責任社員は、合名会社の社員と同じく会社債務につき各社員相互間で連帯して無限の責任を負うもので、社員相互間の人的信頼関係を基礎とする会社であり、また、甲が無限責任社員から有限責任社員に変更するに当

190 Ⅱ 高難度論点編

たって、合資会社として存続するため、乙が有限責任社員から無
限責任社員に変更する必要が生じ、そのため社員間の合意に基づ
き社員変更登記をし、その結果、甲の有する当社に係る無限責任
社員としての債務弁済責任が消滅する一方、他の無限責任社員で
ある乙は当社に係る債務について無限責任社員としての債務弁済
責任を負うことになることからしますと、甲の債務弁済責任の消
滅は、乙から与えられた利益（債務の減少）と考えられますこと
から、甲に対し相続税法第9条に規定するみなし贈与の課税が生
じることとなると考えます。

Q Ⅱ-40　改正相続法と遺留分との関係性

改正相続法と遺留分との関係性についてご教示ください。

Answer

下記の考え方が通説です。

［解説］

改正相続法により、遺留分の算定方法の見直しが行われました。相続人
に対する贈与は、相続開始前の「10年間」にされたものに限って、遺留分
算定の基礎となる財産の価額に算入することになります。

今回の見直しにより、10年よりも前に贈与した自社株式については遺留
分侵害額請求の対象外となります。したがって、早期に自社株式を生前贈
与することにより、中小企業経営承継円滑化法の民法特例を適用しなくて
も遺留分のことを気にせず事業承継を行うことが可能になるかもしれませ
ん。これは今後、新事業承継税制の活発化による遺留分侵害額請求問題が
表面化してくる中で、事業承継スキームにも大きく影響する改正といえそ
うです。しかし、実務上の大きな留意点として、（改正前）民法第1030条

Ⅱ-2　事業承継スキーム編　**191**

後段の規律（害意がある場合の規律）があります。

（遺留分の算定）

（改正前）**民法第1030条**　贈与は、相続開始前の1年間にしたものに限り、前条の規定によりその価額を算入する。当事者双方が遺留分権利者に損害を加えることを知って贈与をしたときは、1年前の日より前にしたものについても、同様とする。

　遺留分の全体金額を圧縮するため株式異動前に株価低減策をとると、この条文後段が適用される恐れがあります。こういった案件が新事業承継税制の大幅な普及とともに表面化していくと思われます。十分ご留意ください。

（参考）

下記の2つの条文の違いについても把握しておいてください。

（遺留分の算定）

（改正前）**民法第1030条**　贈与は、相続開始前の1年間にしたものに限り、前条の規定によりその価額を算入する。当事者双方が遺留分権利者に損害を加えることを知って贈与をしたときは、1年前の日より前にしたものについても、同様とする。

⇒遺留分権利者の遺留分の保護と贈与の受益者との利益の調整規定です。

　相続開始前の1年間という限定は、贈与者と贈与の受益者とが共に悪意である場合には適用されません。

192 Ⅱ 高難度論点編

（不相当な対価による有償行為）

（改正前）**民法第1039条** 不相当な対価をもってした有償行為は、当事者双方が遺留分権利者に損害を加えることを知ってしたものに限り、これを贈与とみなす。この場合において、遺留分権利者がその減殺を請求するときは、その対価を償還しなければならない。

⇒遺留分侵害額請求の対象となる行為は贈与であるが、一定の行為をみなすことにより、遺留分侵害額請求の対象に含めることにしております。

両者の関係は？

どちらも遺留分侵害額請求に関する条項ですが、

（改正前）民法第1030条➡（無償の）贈与に関する規定

（改正前）民法第1039条➡不相当な対価での（有償）行為に関する規定

という違いです。

これは、（改正前）民法第1030条の規定の適用を回避するために有償行為を装った場合の規定が（改正前）民法第1039条である、という整理になるのではないかと思われます。

Q Ⅱ-41 事業承継税制特例と従来型自社株スキームの合算スキーム

　事業承継税制特例と従来型の自社株スキームを合算した場合の理想的なスキームをご教示ください。

II-2 事業承継スキーム編 **193**

Answer

　以下の流れが理想的ですが、本体会社（対象会社）の株価をできるだけ痛めつけて、それから事業承継税制特例を適用するのがシンプルイズベストで最も良い方法だと思われます。

［解説］

　以下の手順になると思われます。

（STEP 1 ）オーナーの非上場株式以外の相続税がかかる固有資産を対象会社に現物出資します。このとき現物出資規制には留意してください。また、通常の事業会社であれば問題ないですが、資産保有型会社、資産運用型会社に該当しないかのチェックも念のため必要です。

（STEP 1'）これは「実行するかしないか」はシミュレーション次第なので 1'としました。いわゆる減資スキームです。上記（STEP 1 ）で増資を行った結果、法人住民税が増加することはあるかと思われます（この時、増資で資本金は増加させないようにします。外形標準課税も考慮が必要になるからです）。以下の手順で減資スキームを組むか検討します。

　　1．資本金1,000、資本準備金500、その他資本剰余金2,000になったとします。資本金を無償減資で1,000→100に、900をその他資本剰余金に振り替えます。

　　2．会社法上、その他資本剰余金は配当可能ですので、合計金額2,900を配当します（みなし配当には留意が必要です）。

　お気づきの方も多いと思いますが、これをしてしまうと、（STEP 1 ）で現物出資したはずの財産が現金化してオーナーの財産に加算されてしまいます。したがって、 1 ）オーナーの相続財産減少額、 2 ）法人住民税（外形標準課税）の減少額とのシミュレーション次第で実行するか否かを決定します。なお、事業承継税制適用後は、資本金、準備金の欠損填補目的以外の取崩しは打切事由に該当してしまうため留意が必要です。

（STEP 2 ）株式交換・株式移転スキーム若しくは、会社分割スキームにより持株会社を組成します。新設法人を設立すると 3 年縛り（過去 3 年以

上、代表者であったものという事業承継税制の適用要件上の縛り、若しくは株価の計算上、新設法人については当初3年間は純資産価額方式しか使えない）があることから、「できれば」グループ関連会社で休眠状態になっている会社などを株式交換で持株会社に据えるのがよいでしょう。なお、株式交換で子会社の株主数が50人未満の場合、税務上の帳簿価額はその株式の税務上の取得価額となりますが、それが贈与、相続であった場合、旧券面額でよいことと課税実務上はなっています。

（STEP3）従来型の持株会社スキームにより株価対策をします。

（STEP4）従来型の持株会社スキームにより株価がかなり低減されたところで当該持株会社に事業承継税制を適用します。

　様式第21（特例承継計画）の記載マニュアルである「特例承継計画に関する指導及び助言を行う機関における事務について」【平成30年4月1日版】3頁にも「当該会社がいわゆる持株会社である場合には、その子会社等における取組を記載してください。」との記載があり、持株会社での適用も当然増加してくるであろうことも示唆したものといえます。

　上記のスキームを提案する必要はありません。しかし金融機関が当該スキームを持ち込んできたときのために概要は把握しておく必要があります。

　このスキームは主に本体会社が機動的な組織再編やM&Aを積極的に実行している場合に用いられることが多いようです。というのは、上記のような機動的な再編を本体会社自らが実行している会社においては打切り事由に抵触する可能性が高いからです。本体会社そのものではなく持株会社に納税猶予を適用していれば、打切り事由に関係なく機動的な資本政策が実現できるというスキーム趣旨があります。

　通常の納税猶予導入にあたってやっていただくこととは従来型の自社株引下げ策の実行です。納税猶予対象額そのものが減少すること、特例制度が当初の予定どおり、時限立法として終わり、「一般」のみになったときのための対処をしておくべきということです。

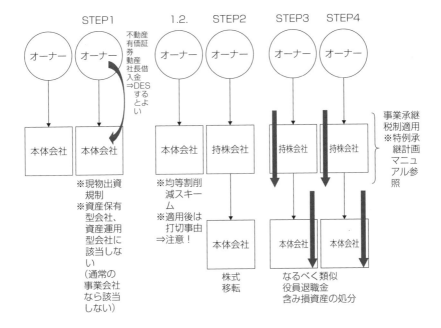

Q II-42 従来型の自社株対策スキーム

従来型の自社株対策スキームについて概略をご教示ください。

Answer

大きく下記に区分されます。

1) 事業承継税制特例
2) 持株会社スキーム
   ① 株式交換・株式移転スキーム
   ② 会社分割スキーム
   ③ 新設法人資金調達スキーム
3) 一般社団法人スキーム
4) 事業承継信託

① 自益信託

② 他益信託

このうち2）①株式交換・株式移転スキームが主流でした。持株会社ス
キームは事業承継スキームの根幹をなすものといえ、簡単にでも概略は
知っておくべきです。

［解説］

事業承継税制特例が発遣されるまでは事業承継スキームといえば、持株
会社スキームが主流でした。そのうち、上記2）①〜③のいずれの手法も
メリット・デメリットがあり、専らオーナーの希望により決定されること
が一般的でした。今では事業承継税制特例があり、それが優先順位１位と
なりましたが、事業承継税制特例の限界（デメリット）を解決できる手段
が持株会社にはあります。

Ⅱ-2　事業承継スキーム編　**197**

	株式交換・株式移転スキーム	会社分割スキーム	新設法人資金調達方式スキーム
手法	株式交換・株式移転により持株会社を設立	（適格）分社型分割により持株会社を設立	（STEP１）後継者が新設法人を設立 （STEP２）オーナーは新設法人へ本体会社株式を所得税基本通達59- 6で売却
メリット	・持株会社組成にキャッシュアウトが生じない。	・高収益部門を切り離すことでその後の株価上昇を抑えることが可能になる。 ・本体会社に事業承継税制の適用がある場合、将来のM&A時に打切事由に該当するが、M&A対象部門を予め分割しておきそれを売れるようにしておくことで打切事由から解放される。	・株式買取資金が貸方に計上される。本体会社が類似業種比準価額方式が取れるとすると、類似業種比準価額方式＜所得税基本通達59- 6＞となり、最も株価が低くなる可能性が高い。
デメリット	・株式移転の場合、効果発現まで３年程度の時間がかかる（新設法人は当初３年間は純資産価額方式強制適用の縛りがあるため） ・持株会社の株式等保有特定会社はずしのために関連会社の不動産、管理部門を移転（適格分割型分割が多い）させる必要がある。	・高収益部門を分離するのが通常だが、あまりに分離しすぎると持株会社が株式等保有特定会社になったままである。すなわち、持株会社が株特→小会社→中会社→大会社に該当すればするほど、本体会社は大会社→中会社→小会社→株特になり反比例の関係になるため設計の妙が試される。	・本体会社にキャッシュがある場合には、それも持株会社に貸し付ければよいが、ない場合外部借入となる。この場合、返済原資が①受取配当②不動産賃貸料③管理部門のバックオフィス外注支払料ぐらいしかないため、返済原資に乏しい。

198 Ⅱ 高難度論点編

【持株会社体制移行】

1) 株式移転方式

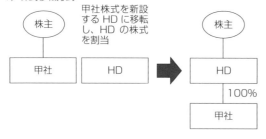

・HD は新設
・甲社自身に大きな変更なし
・甲社の不動産を移転しにくい
⇒不動産移転コスト（流通税）が別途生じる場合あり
※再編で解決できる場合あり
・税務上の資本金等の額が増加することにより、法人住民税の負担が増加したり、配当還元価額が高騰することあり
・単純な交換や移転キャッシュアウトは生じないが、効果発現まで 3 年経過が必要（新設の場合）

2) 会社分割方式

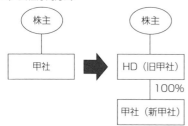

・HD は既存の会社ベース
・不動産移転コスト（流通税）はかからない
・これを用いるのは「高収益部門」の分離をすべきときのみ
・そのために
　1) 分割会社が株特に該当しないこと
　2) 分割会社の会社区分をできるだけ大きくすること
　　⇒典型例
　　　分割会社に不動産を集約保有させる
　　　その他の資産についても事業上の必要性など合理的な理由により分割会社に集約させる
　3) 分割会社の売上高・従業員数をできるだけ多くする
※上記とトレードオフの関係を設計段階でシミュレーション必要

事業承継税制特例とよく比較されるのは新設法人資金調達スキームです。なぜなら、

① 事業承継税制では代表権の返上が認定要件の1つです（隠居制度）。新設法人資金調達スキームにおける新設法人の株主を現オーナー51％対後継者49％にしておけば「（現オーナーの）俺の目の黒いうちは最低限の経営権をグリップしておきたいという願望が叶えられます。

② 事業承継税制は納税「猶予」制度です。一方で創業者利潤を欲する経営者も多く存在し、持株会社への売却により株式の現金化を図ることでキャピタルゲインを手中にすることが可能です。

という理由が挙げられます。

なお、事業承継税制（主に特例）を導入するにあたり、クライアントのアカウンタビリティとして上記の2つ以外にもう1つあります。それは「いったん事業承継税制を導入したら、永遠に導入し続けなければならない」ということです。特例はあくまで時限立法ですから、一般「のみ」になる可能性も将来的にあることを事前説明しなければなりません。

余談ですが、これはMEBOスキームでも同様のことが言えます。事業承継税制の特例により下記のケースが考えられると想定されます。

・贈与者：現オーナー

・受贈者：赤の他人である役員

このとき、贈与税の納税猶予＋リスクヘッジのための相続時精算課税の併用を行ったとします。このときオーナー死亡時の相続財産は以下の通りとなります。

オーナーの固有財産（A）＋相続時精算課税財産（B）

相続人が経営に参画しない娘1人だとすると、本来はオーナー固有財産（A）のみに係る相続税額のみを支払えばよいにもかかわらず、相続時精算課税財産（B）の部分まで相続税を支払うことになってしまいます。相続税の上昇効果です。ただし、これに関しては、役員と娘が生前によく

話し合いをしておき、代償金の支払いという形でケリをつけることも可能
かと思われます。

　しかし、もう１つ拭い切れない問題点があります。相続税の申告過程等
でオーナーの固有財産を赤の他人である役員が見ることができてしまうと
いうことです。これはもはや感情論です。この場合、感情のもつれを解消
するには生前によく話し合うしかありませんし、上手くいかなければ従来
型の MEBO スキームを展開するほかありません。

　下記では親族内の新設法人資金調達スキームを提示しましたが、この
「後継者が100％所有の持株会社」を設立するという部分の後継者が役員、
従業員に変化するだけです。また、MEBO スキームの場合、持株会社に
無理に収益付けする必要はないことから、早期に持株会社と本体会社の合
併を実行するのが通常です。

II-2 事業承継スキーム編　**201**

【持株会社に資金調達する典型パターン】〜説明の便宜上簡単設例で〜

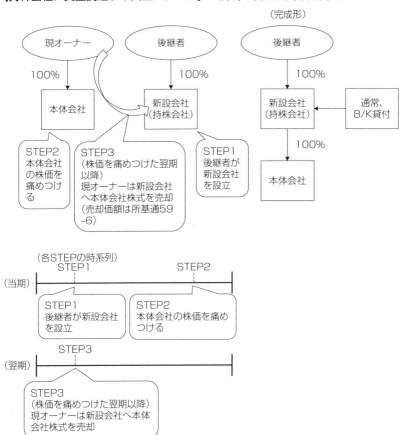

202　Ⅱ　高難度論点編

【持株会社スキームの株価推移】〜金融機関は持株会社スキームについて下記のような説明をします〜

【土地・建物・本体会社購入当初】

持株会社B/S

	相続税評価額	帳簿価額		相続税評価額	帳簿価額	
土地	790（※1）	1,000	借入金	1,000	1,000	（※1）1,000×（1−0.3×0.7）=790
建物	350（※2）	500	借入金	500	500	（※2）500×（1−0.3）=350
本体株式	100（※3）	1,000	借入金	1,000	1,000	（※3）取込価格は相続税評価額
計	1,240	<		2,500		=株価0

★1　取得後3年以内の不動産は時価評価（取得価額評価）、しかし貸付の用に供した場合には建物については貸家評価減、土地については貸家建付地評価が可能（国税局審理資料より）

★2　上記における本体株式の評価額は下記の通りであると仮定する。

評価方式は大会社（類似業種比準価額方式）	
類似業種比準価額方式	100
所基通59−6（※4）	1,000

（※4）オーナーから持株会社への売却価額

【購入時から3年経過後】

持株会社B/S

	相続税評価額	帳簿価額		相続税評価額	帳簿価額	
土地	553（※1）	1,000	借入金	1,000（※4）	1,000	（※1）700（3年経過後の想定相続税評価額）×（1−0.3×0.7）=553
建物	245（※2）	500	借入金	500（※4）	500	（※2）350（3年経過後の想定相続税評価額）×（1−0.3）=245
本体株式	300（※3）	1,000	借入金	1,000（※4）	1,000	（※3）取込価格は相続税評価額
計	1,098	<		2,500		=株価0

（※4）ここでは説明の便宜上、約弁付ではなく一括返済と仮定

★1　取得後3年経過後の不動産は相続税評価、更に貸付の用に供した場合には建物については貸家評価減、土地については貸家建付地評価が可能

★2　上記における本体株式の評価額は下記の通りであると仮定する。

評価方式は大会社（類似業種比準価額方式）	
類似業種比準価額方式	300

（※5）3年経過後の想定相続税評価額

仮に株主が現オーナーと後継者だとしたら、現オーナーから後継者への移転時まで株価継続モニタリングが必要

　なお、平成31年度改正においては、贈与税の納税猶予と相続時精算課税制度の併用について下記の措置が施されることになっています。

II-2 事業承継スキーム編　**203**

> ### （平成31年度改正後　措法70の7の13項9号）
>
> **九**　第1項の規定の適用を受ける経営承継受贈者が第15項、第16項又は第21項の規定により猶予中贈与税額の全部又は一部の免除を受けた場合において、第1項の規定の適用に係る対象受贈非上場株式等（相続税法第21条の9第3項（第70条の2の6第1項、第70条の2の7第1項（第70条の2の8において準用する場合を含む。）又は第70条の3第1項において準用する場合を含む。次号において同じ。）の規定の適用を受けるものに限る。）の贈与者の相続が開始したときは、当該対象非上場株式等のうち当該免除を受けた猶予中贈与税額に対応する部分については、同法第21条の14から第21条の16までの規定は、適用しない。

　ここから読みとれることは下記の事項です。

　後継者が贈与者より先に死亡した場合は、猶予中贈与税額の全部が免除となり、相続時精算課税のみなし相続規定は適用されないこととなりました。つまり、贈与税の納税猶予との併用で暦年課税を選択した場合と相続時精算課税を選択した場合で有利・不利を判断する必要はなくなったのです。

　株式の全部譲渡等に係る期限確定事由に該当した場合を考えてみましょう。（新旧）減免規定により猶予中贈与税額の一部について免除を受けた場合です。この場合、免除が受けられなかった部分に該当する箇所は、相続時精算課税のみなし相続規定が適用されることになったのです。

　このような制度改正を受けて、租税特別措置法70の7の7を適用した場合、減免された課税価格で、贈与者の死亡時にも適用があることになります。以前は、贈与税の納税猶予に相続時精算課税を併用するか暦年贈与のままにしておくか、1つの論点でしたが、本改正により相続時精算課税を併用した方がよいことが明らかになりました。

204 Ⅱ 高難度論点編

Q Ⅱ-43 兄弟間で仲が悪い会社の解消方法

兄弟間で仲が悪い会社の適切な解消方法をご教示ください。

Answer

下記のようなケースが考えられますが、議決権制限株式を利用するより早めの精算が定石です。

［解説］

2つの方法があります。1つは適格分割型分割を用いる方法です。こうすると本体兄会社と本体弟会社とで交差してくる部分が出てきますので、これについて譲渡制限株式を設定するのが定石だと一般的にはいわれています。しかし、本当にそうでしょうか。下記の理由で筆者は早めの精算が定石だと考えております。

① 株主権は配当期待権、残余財産分配請求権、議決権からなるといわれております。このうち前者2つが会社法上自益権といわれ、議決権（こちらを会社法上の共益権と言います）を制限したところで生き続ける権利となります。すなわち、議決権を制限したところでこの2つはいつでも主張可能だということです。

② 株式分散のリスクです。兄、弟が死亡すれば、経営に参画しない相続人が株式を手中にすることになります。

③ ②で最も恐いのは少数株主からの株主買取請求権の行使です。これがなされるリスクが中小企業では最も恐ろしいリスクとなります。

結果として、早めに精算してしまうことが定石です。一方の分社型分割方式のほうはそれで問題解決してみました。各自、図解をご参照ください。

【兄弟間の承継について補足】

1 現状

2 解消方法は2つ

1）分割型分割

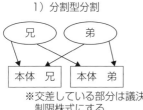

※交差している部分は議決権制限株式にする

2）分社型分割

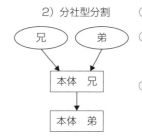

① 分社型分割を実施
② 弟は本体兄株式を兄又は本体兄会社に売却
③ その売却資金を得て本体弟会社を購入

QⅡ-44　第二次納税義務回避スキーム

第二次納税義務回避スキームについてご教示ください。

Answer

下記のものが代表的です。

[解説]

事業譲渡が行われた場合の2つの第二次納税義務について

1）売主・買主が特殊関係にある場合に生じる国税徴収法第38条「事業を譲り受けた特殊関係者の第二次納税義務」

（事業を譲り受けた特殊関係者の第二次納税義務）

第38条　納税者がその親族その他納税者と特殊な関係のある個人又は同族会社（これに類する法人を含む。）で政令で定めるもの（以下

206　Ⅱ　高難度論点編

「親族その他の特殊関係者」という。）に事業を譲渡し、かつ、その譲
受人が同一とみられる場所において同一又は類似の事業を営んでい
る場合において、その納税者が当該事業に係る国税を滞納し、その
国税につき滞納処分を執行してもなおその徴収すべき額に不足する
と認められるときは、その譲受人は、譲受財産（取得財産を含む。）
を限度として、その滞納に係る国税の第二次納税義務を負う。ただ
し、その譲渡が滞納に係る国税の法定納期限より一年以上前にされ
ている場合は、その限りでない。

○親族等の特殊関係者に事業譲渡し、かつ、同一の場所等で類似の事業
　を営んでいる場合
○通常の事業譲渡ではほとんど考慮することはない。

2）　国税徴収法第39条
　　「無償又は著しく低額の譲受人等の第二次納税義務」
（無償又は著しい低額の譲受人等の第二次納税義務）
第39条　滞納者の国税につき滞納処分を執行してもなおその徴収す
　べき額に不足すると認められる場合において、その不足すると認め
　られることが、当該国税の法定納期限の1年前の日以後に、滞納者
　がその財産につき行った政令で定める無償又は著しく低い額の対価
　による譲渡（担保の目的でする譲渡を除く。）、債務の免除その他第三
　者に利益を与える処分に基因すると認められるときは、これらの処
　分により権利を取得し、又は義務を免れた者は、これらの処分に
　より受けた利益が現に存する限度（これらの者がその処分の時にその
　滞納者の親族その他滞納者と特殊な関係のある個人又は同族会社（これ
　に類する法人を含む。）で政令で定めるもの（第58条第1項（第三者が占
　有する動産等の差押手続）及び142条第2項第2号（捜索の権限及び方
　法）において「親族その他の特殊関係者」という。）であるときは、これ

らの処分により受けた利益の限度）において、その滞納に係る国税の第二次納税義務を負う。

○事業譲渡対価が著しく低額かどうかを総合勘案して判断する。
○一定の資産については、以下の通達の適用有り。

国税徴収法基本通達第39条関係 7
（著しく低い額の対価の判定）

7　法第39条の「著しく低い額の対価」によるものであるかどうかは、当該財産の種類、数量の多寡、時価と対価の差額の大小等を総合的に勘案して、社会通念上、通常の取引に比べ著しく低い額の対価であるかどうかによって判定し（平成2.2.15広島地判、平成13.11.9福岡高判参照）、次のことに留意する。

(1)　一般に時価が明確な財産（上場株式、社債等）については、対価が時価より低廉な場合には、その差額が比較的僅少であっても、「著しく低い額」と判定すべき場合があること。

(2)　値幅のある財産（不動産等）については、対価が時価のおおむね2分の1に満たない場合は、特段の事情のない限り、「著しく低い額」と判定すること。ただし、おおむね2分の1とは、2分の1前後のある程度幅をもった概念をいい、2分の1をある程度上回っても、諸般の事情に照らし、「著しく低い額」と判定すべき場合があること。

そこで下記のような対策を取ることが一般的です[28]。

28　KPMG税理士法人編著『M&Aストラクチャー税務事例集』173頁　税務経理協会　2012年

208　Ⅱ　高難度論点編

【第2次納税義務回避の方法について】

　単独新設分社型分割を実施した場合においても、分割法人と同一の場所において同一の事業を分割承継法人が営む場合は第2次納税義務が課される。

⇒予め受皿会社（SPC）を用意することでそれを回避することが可能になる。

方法	A社で単独分社型分割を実施、分割後に株式譲渡	買収会社によるSPC設立後、分社型吸収分割
適用可否	適用有	適用なし
どうしてか？	分割を行った時点で、分割法人と新設の分割承継法人は特殊な関係にある同族会社に該当するため、新設の分割承継法人において第2次納税義務の適用を受けることになる。	分割承継法人は、分割時に納税者であるA社と資本関係がないことから、特殊関係にある同族会社に該当しない。従って、第2次納税義務の適用を受けない。

QⅡ-45　株式交換完全子法人が株式交換前に保有していた自己株式の解消法

> 　株式交換完全子法人が株式交換前に保有していた自己株式の解消方法についてご教示ください。

Answer

　下記の方法が一般的です。

［解説］

1）交換前：自己株式の消却、みなし配当にご留意ください。

2）交換後の対策：

　①　親会社に株式完全子法人が有する親法人株式を買い取ってもらう。

　②　親会社に対して、親法人株式を管理する事業を譲渡する。

　③　親子会社株式の現物分配を行う[29]。

Ⅱ-2 事業承継スキーム編 *209*

　なお、この場合の通格の現物分配は、金庫株と同様の特殊関係になります。したがって、上記①〜③においては①の方法が実務に最も簡単的といえます。

Q Ⅱ-46　グループ法人税制下における節税スキーム

　グループ法人税制下における基本的な節税スキームをご教示ください。

Answer

　寄附金を活用した節税スキームは多く見受けられます。

［解説］

29　KPMG 税理士法人編著『M&A ストラクチャー税務事例集』333頁〜338頁　税務経理協会 2012年

【グループ法人税制における寄附金節税スキーム】～基本的留意点～

グループ法人税制における法人間の寄附金損金不算入と受贈益益金不算入は法人を頂点とする100%グループ内に限定
⇒【一番初めにやること！】個人が直接保有する形態を回避すること！

譲渡損益は繰延されるが寄附金・受贈益は計上されることになる。

（参考、理由）相続税対策に利用されるから

⇒【一番初めにやること】上記の型式から下記へ以降しましょう！

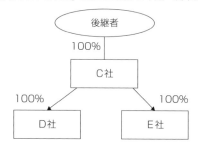

※相続財産に加算されるのは、あくまで個人が保有する単体法人を評価することになるので、単体法人を少しでもいじりやすくする。

【グループ法人税制における寄附金節税スキーム】～基本的留意点～

1　会社規模区分をいじる

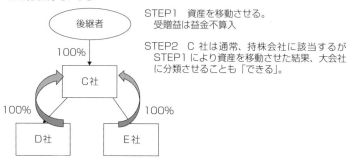

STEP1　資産を移動させる。
　　　　受贈益は益金不算入

STEP2　C社は通常、持株会社に該当するがSTEP1により資産を移動させた結果、大会社に分類させることも「できる」。

2　土地保有特定会社、株式保有特定会社はずし
　⇒やることは上記1と同じ
　⇒⇒財産評価基本通達189なお書に留意！
　「なお、評価会社が、……課税時期前において合理的な理由もなく評価会社の資産構成に変動があり、その変動が……（株式保有特定会社又は土地保有特定会社）……に該当する評価会社と判定されることを免れるためのものと認められるときは、その変動はなかったものとして当該判定を行うものとする。」

【グループ法人税制における寄附金節税スキーム】～基本的留意点～

純資産価額への影響は？※譲渡損益調整勘定は純資産価額算定上資産でも負債でもない（0評価）
STEP1　含み損のある土地はもともと法人税額等相当額の控除がとれない。
STEP2　含み益のある土地だけを残して、含み損のある土地だけグループ内で移動させる。
STEP3　含み益のある土地について法人税額相当額の控除がとれる。

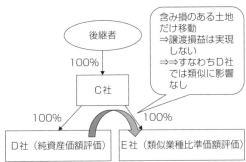

212　Ⅱ　高難度論点編

【グループ法人税制における寄附金節税スキーム】〜基本的留意点〜

1　類似業種比準価額への影響は？
　　1）1株当たりの利益金額の算定について譲渡法人において譲渡損益の繰延措置
　　　　あり（法法61の13）
　　　　　⇒正確な法人税の申告書を作成していれば通常、論点なし
　　2）1株当たりの純資産価額の算定について
　　　①寄附金と受贈益（法法37②、25の2）
　　　　寄附法人は損金不算入、受贈法人は益金不算入の処理
　　　　　⇒利益積立金は寄附法人から受贈法人へ付け替えが生じる
　　　　　⇒⇒寄附法人、受贈法人それぞれについて影響あり
　　　②適格現物分配（法法62の5）
　　　　分配法人から被分配法人へ利益積立金移動
　　　③自己株式譲渡（法法61の2）
　　　　自己株式の譲渡損益⇒資本金等の増減
　　　④完全子法人の清算（法法61の2）
　　　　完全子法人の親法人は、子会社法人の解散に伴う譲渡損益相当額を資本金等の
　　　　額で増減調整
　　　　　⇒完全子会社にしてから親会社の資本金等の額を調整すること
2　その他基本的事項〜主に類似業種比準価額をもとにして〜
　　1）譲渡損益調整資産として繰り延べられた利益、戻入益は「非経常的な利益金
　　　　額」に該当
　　2）寄附修正により利益積立金額が増減する場合、「1株当たりの純資産価額」
　　　　について調整不要
　　3）自己株式として譲渡したことによるみなし配当の金額は「1株当たりの配当
　　　　金額」に含めない
　　4）現物分配による財産移転は「1株当たりの配当金額」に含まれない
　　5）適格現物分配により資産の移転を受けた場合には「1株当たりの利益金額」
　　　　の計算上、「益金に算入されなかった剰余金の配当等」の金額に加算不要
　　　　　⇒要するに類似へのインパクトなし

【100%グループ内の資産の移転方法について】

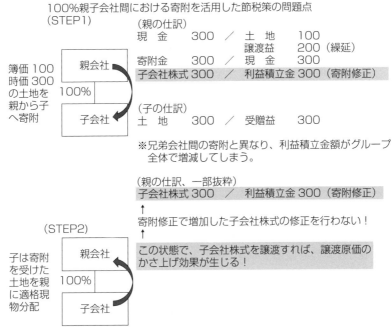

※上記スキームはきわめて問題点の多いスキームと言えます。実行には慎重な判断が求められます。

Q Ⅱ-47　持株会社（資産管理会社）組成上の留意点

持株会社（資産管理会社）組成上の留意点の基本を何点かご教示ください。

Answer

下記の新聞報道記事が参考になります。

［解説］

最近こういう記事がありました。

214　Ⅱ　高難度論点編

「「CoCo壱」創業者20億円申告漏れ

「「ストラディバリウス」など減価償却」

　https://www.zakzak.co.jp/eco/news/190606/ecn1906060007-n1.
html?fbclid=IwAR3lHF4-uEcUAOainFBGvB10xydk-cAKhFxfUTD
kuix8cBYlLyfAiWNtCVU

この案件で推察を含めた事案の前提は下記と考えております。

・個人所有のストラディバリウスを法人に譲渡

・譲渡対価を法人側では借入計上、この借入金は創業者からのもの、す
　なわち社長借入金

・本借入金は相続財産になることから、この対策として下記のスキーム
　を実施

・借入金を個人から債務免除

・債務免除益を減価償却費で充てる（見込み）

・ストラディバリウスは価値が減価しないことを根拠に減価償却費が否
　認された（法令13）

・１人の株主による債務免除益で株価が上がったため、他の株主にみな
　し贈与があったものとして課税

　仮に当該スキームが上記の前提だったとして、私見は下記のとおりで
す。

　✓個人所有のストラディバリウスを法人に譲渡

　　⇒ここがこのスキームでもっともおかしいところです。通常、オー
　　　ナーが「公益目的事業」を「本当に行い」かつ「相続財産」を切り
　　　離したいというのであれば、公益財団法人を別途設立、そちらへ売
　　　却、いわゆる「公益財産法人スキーム」「措置法40条スキーム」と
　　　いわれるものを実行します。

　✓譲渡対価を法人側では借入計上

　　⇒創業者が法人に貸し付けたということです。ここも大事なポイント
　　　ですが、資産管理会社に個人相続財産を持たせてはいけません。

Ⅱ-2　事業承継スキーム編　**215**

　本件の場合、借方のバイオリンは美術骨董品として、株価に反映されますし、オーナー貸付金は券面額で相続財産評価額です。

✓ストラディバリウスは価値が減価しないことを根拠に減価償却費が否認された（法人税施行令第13条）

　⇒美術骨董品の減価償却については下記ご参照のこと。

　　当該ケースは下記リンク先より減価償却できません。

　　https://www.nta.go.jp/law/joho-zeikaishaku/hojin/bijutsuhin_FAQ/index.htm

✓ 1 人の株主による債務免除益で株価が上がったため、他の株主にみなし贈与があったものとして課税

　⇒債務免除した場合は原則としてみなし贈与課税されます。

　　　課税標準の算定方法は、

　　　債務免除益後の株価 − その前の株価＝差額が 1 株当たりの課税標準

　　これに株数を乗じて各人の贈与税の課税標準額算定。

　　※債務免除益後の比準要素において、B、Cは考慮なしですが、Dは債務免除益をプラスします。

では、この場合、どうすればよかったのでしょう。

1）個人から法人に対する低額譲渡を行う（法人で30％程度の課税をあえて受け入れる）

　⇒個人的には反対です。理由は下記のとおりです。

　　・時価の問題

　　　　今回のような骨董品は時価の見解が国税と大きく分かれる可能性があります。鑑定評価書合戦になる可能性が100％ないと限りません。となると以下の論点が生じます。

　　・みなし譲渡発動可能性

　　　上記の評価書合戦で万が一、時価の 1 / 2 となると発動されるおそれがあると思います。

・たとえ低額でも譲渡金額の決済は必要

　　通常、当該ケースのように管理会社に相続財産を持たせることはないのですが、本ケースではその譲渡代金額を創業者が貸しています。後々の相続税を考えると絶対このような金銭取引はしません。

・さらに債務免除ではなく、DES を実行する必要性がある可能性あり

　　本ケースのように社長貸付を課税なく実行するには DES しかありません（外形や欠損填補目的の DES のため、均等割が増加することを除く）。

　　仮に本スキームでバイオリン等の時価＜オーナー貸付金だった場合、債務超過 DES という別の論点が生じます。債務超過 DES の場合、貸付金の税務上評価額は 0 ですから、債務免除益が計上され、結果としてみなし贈与発動の可能性があります（債務超過 DES の場合には債務免除と異なり、通常はみなし贈与は生じません）。

2）公益財団法人を設立して別途対応する

　　⇒多くの上場企業で実施されているスキームですが、今回のような場合はまさにこれがベストな方法だったといえます。

総括して、

・譲渡代金の金額の大きさ

・母体が上場会社でキャッシュの確保は容易

ということから、総合的に勘案すると公益財団法人スキームでしょう。

【資料１】

国税庁質疑応答事例で特に誤りやすい事項

国税庁質疑応答事例で特に誤りやすい事項

(1)　事業年度を変更している場合の「直前期末以前1年間における取引金額」の計算

〔照会要旨〕

　財産評価基本通達178（取引相場のない株式の評価上の区分）による会社規模区分の判定上、課税時期の直前期末以前1年間の期間中に評価会社が事業年度の変更を行っている場合には、「直前期末以前1年間における取引金額」は、どのように計算するのでしょうか。

〔回答要旨〕

　「直前期末以前1年間における取引金額」は、その期間における評価会社の目的とする事業に係る収入金額（金融業・証券業については収入利息及び収入手数料）をいうのであるから、事業年度の変更の有無にかかわらず、課税時期の直前期末以前1年間の実際の取引金額によることになります。

　したがって、下の例では、平成X＋1年4月1日から平成X＋2年3月31日まで（図の②＋③）の実際の取引金額によることとなりますが、平成X＋1年4月1日から同年5月31日まで（図の②）の間の取引金額を明確に区分することが困難な場合には、この期間に対応する取引金額について、平成X年6月1日から平成X＋1年5月31日まで（図の①）の間の取引金額を月数あん分して求めた金額によっても差し支えありません。

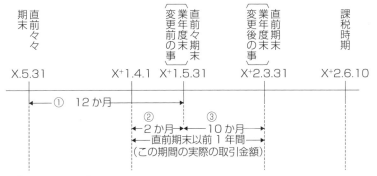

【関係法令通達】
　財産評価基本通達178(3)

(2) 直後期末の方が課税時期に近い場合
〔照会要旨〕
　類似業種比準方式によるときには、課税時期が直前期末よりも直後期末に近い場合であっても、直前期末の比準数値によって評価するのでしょうか。
〔回答要旨〕
　直前期末の比準数値によります。
(理由)
　類似業種比準価額を算定する場合の比準数値について、財産評価基本通達183（評価会社の1株当たりの配当金額等の計算）の通り定めているのは、財産の価額は課税時期における時価による（相法22）と規定されていることを前提として、標本会社と評価会社の比準要素をできる限り同一の基準で算定することが、より適正な比準価額の算定を可能にすると考えられることのほか、課税時期後における影響要因を排除することをも考慮したものといえますから、仮に直後期末の方が課税時期に近い場合であっても、直前期末の比準数値によることになります。

220　資料1　国税庁質疑応答事例で特に誤りやすい事項

【関係法令通達】

　　財産評価基本通達183

(3)　1株当たりの利益金額ⓒ－外国子会社等から剰余金の配当等がある場合

〔照会要旨〕

　類似業種比準方式により株式を評価するに当たり、評価会社の「1株当たりの利益金額ⓒ」の計算上、外国子会社等から受ける剰余金の配当等の額があるときは、どのように計算するのでしょうか。

〔回答要旨〕

　法人税法第23条の2第1項の規定の適用を受ける外国子会社から剰余金の配当等の額がある場合には、その評価会社の「1株当たりの利益金額ⓒ」の計算上、受取配当等の益金不算入額を加算して計算します。

　この場合、「取引相場のない株式（出資）の評価明細書」の記載に当たっては、「第4表　類似業種比準価額等の計算明細書」の（2.比準要素等の金額の計算）の「⑬受取配当等の益金不算入額」欄に当該受取配当等の益金不算入額を加算し、加算した受取配当等に係る外国源泉税等の額の支払いがある場合には、当該金額を「⑭左の所得税額」に加算して計算します。

　ただし、租税特別措置法第66条の8第1項又は同条第2項に規定する外国法人から受ける剰余金の配当等の額のうち、その外国法人に係る特定課税対象金額に達するまでの金額については、すでに評価会社の法人税法上の課税所得金額とされているので、この部分については、類似業種比準株価計算上の「1株当たりの利益金額ⓒ」に加算しません（同法第66条の9の4第1項及び同条第2項の規定により益金の額に算入しない剰余金の配当等の額についても同様です。）。

【関係法令通達】

財産評価基本通達183(2)

法人税法第23条の2

租税特別措置法第66条の8、第66条の9の4

(4) 匿名組合契約に係る権利の評価

〔照会要旨〕

匿名組合契約により営業者に金銭を出資した法人（匿名組合員）の株式を、純資産価額方式で評価する場合、その権利（出資金）については、どのように評価するのでしょうか。

〔回答要旨〕

匿名組合員の有する財産は、利益配当請求権と匿名組合契約終了時における出資金返還請求権が一体となった債権的権利であり、その価額は営業者が匿名組合契約に基づき管理している全ての財産・債務を対象として、課税時期においてその匿名組合契約が終了したものとした場合に、匿名組合員が分配を受けることができる清算金の額に相当する金額により評価します。

清算金の額を算出するに当たっては、財産評価通達185の定めを準用して評価します。

この場合、匿名組合には、法人税が課税されないことから、法人税等相当額を控除することはできません。

（理由）

匿名組合員が出資した金銭等は営業者の財産に帰属することから、匿名組合員が匿名組合財産を損益の分担割合に応じて共有しているものとして評価することは相当ではありません。

また、営業者に損失が生じた場合は、損失分担金が出資の金額から減じられた後の金額が組合員に返還されることになり、元本保証はないことから出資額で評価することは相当ではありません。

222 資料1 国税庁質疑応答事例で特に誤りやすい事項

【関係法令通達】

　財産評価基本通達5、185

　商法第535条、第536条、第538条

(5)　評価会社が支払った弔慰金の取扱い

〔照会要旨〕

　1株当たりの純資産価額（相続税評価額によって計算した金額）の計算に当たって、被相続人の死亡に伴い評価会社が相続人に対して支払った弔慰金は負債として取り扱われますか。

〔回答要旨〕

　退職手当金等に該当し、相続税の課税価格に算入されることとなる金額に限り、負債に該当するものとして取り扱われます。

（理由）

　被相続人の死亡に伴い評価会社が相続人に対して支払った弔慰金については、相続税法第3条（相続又は遺贈により取得したものとみなす場合）第1項第2号により退職手当金等に該当するものとして相続税の課税価格に算入されることとなる金額に限り、株式の評価上、負債に該当するものとして純資産価額の計算上控除します。

　したがって、同号の規定により退職手当金等とみなされない弔慰金については、純資産価額の計算上、負債に該当しません。

【関係法令通達】

　相続税法第3条第1項第2号

　財産評価基本通達186(3)

　相続税法基本通達3-18〜20

(6)　不動産販売会社がたな卸資産として所有する土地等の取扱い

〔照会要旨〕

　土地保有特定会社の株式に該当するかどうかの判定において、評価会社の有する各資産の価額の合計額のうちに占める土地等の価額

の合計額の割合を求める際、不動産販売会社がたな卸資産として所有する土地等については、判定の基礎（土地等）に含まれるのでしょうか。

〔回答要旨〕

判定の基礎に含まれます。

（理由）

判定の基礎となる土地等（土地及び土地の上に存する権利）は、所有目的や所有期間のいかんにかかわらず、評価会社が有している全てのものを含むこととしていますので、たな卸資産に該当する土地等も含まれることになります。

なお、この場合の土地等の価額は、財産評価基本通達4-2（不動産のうちたな卸資産に該当するものの評価）の定めにより同132（評価単位）及び同133（たな卸商品等の評価）により評価します。

【関係法令通達】

財産評価基本通達4-2、132、133、189(3)

(7) 判定の基礎となる「株式等」の範囲（課税時期が平成30年1月1日以降の場合）

〔照会要旨〕

次のものは、株式等保有特定会社の株式に該当するかどうかの判定の基礎となる「株式等」に含まれますか。

① 証券会社が保有する商品としての株式

② 外国株式

③ 株式制のゴルフ会員権

④ 匿名組合の出資

⑤ 証券投資信託の受益証券

〔回答要旨〕

株式等には、①から③が含まれ、④及び⑤は含まれません。

224　資料1　国税庁質疑応答事例で特に誤りやすい事項

（理由）

1　株式等保有特定会社の株式に該当するかどうかの判定の基礎となる「株式等」とは、所有目的又は所有期間のいかんにかかわらず評価会社が有する株式、出資及び新株予約権付社債（会社法第2条（（定義））第22号に規定する新株予約権付社債をいいます。）の全てをいいます。

　（注）「株式等」には、法人税法第12条（信託財産に属する資産及び負債並びに信託財産に帰せられる収益及び費用の帰属）の規定により、評価会社が信託財産に属する株式等を有するとみなされる場合も含まれます。ただし、信託財産のうちに株式等が含まれている場合であっても、評価会社が明らかに当該信託財産の収益の受益権のみを有している場合は除かれます。

2　照会の事例については、具体的には次のとおりとなります。

　①　証券会社が保有する商品としての株式

　　商品であっても、株式であることに変わりがなく、判定の基礎となる「株式等」に該当します。

　（注）　株式等保有特定会社に該当するかどうかを判定する場合において、評価会社が金融商品取引業を営む会社であるときには、評価会社の有する「株式等」の価額には「保管有価証券勘定」に属する「株式等」の価額を含めないことに留意してください。

　②　外国株式

　　外国株式であっても、株式であることに変わりがなく、判定の基礎となる「株式等」に該当します。

　③　株式制のゴルフ会員権

　　ゴルフ場経営法人等の株主であることを前提としているものであり、判定の基礎となる「株式等」に該当します。

　④　匿名組合の出資

　　「匿名組合」とは、商法における匿名組合契約に基づくもので「共同出資による企業形態」の一種であり、出資者（匿名組

合員）が営業者の営業に対して出資を行い、営業者はその営業から生ずる利益を匿名組合員に分配することを要素とするものです。匿名組合契約により出資したときは、その出資は、営業者の財産に帰属するものとされており（商法536①）、匿名組合員の有する権利は、利益分配請求権と契約終了時における出資金返還請求権が一体となった匿名組合契約に基づく債権的権利ということにならざるを得ません。したがって、判定の基礎となる「株式等」に該当するものとはいえません。

⑤　証券投資信託の受益証券

「証券投資信託」とは、不特定多数の投資家から集めた小口資金を大口資金にまとめ、運用の専門家が投資家に代わって株式や公社債など有価証券に分散投資し、これから生じる運用収益を出資口数に応じて分配する制度であり、出資者は、運用収益の受益者の立場に止まることから、証券投資信託の受益証券は、判定の基礎となる「株式等」に該当するものとはいえません。

なお、例えば、「特定金銭信託」は、運用方法や運用先、金額、期間、利率などを委託者が特定できる金銭信託であることから、評価会社が実質的に信託財産を構成している「株式等」を所有していると認められます。

【関係法令通達】
財産評価基本通達189(2)

(8)　医療法人の出資を類似業種比準方式により評価する場合の業種目の判定等

〔照会要旨〕

医療法人の出資を類似業種比準方式により評価する場合には、どの業種目に該当するのでしょうか。

226　資料1　国税庁質疑応答事例で特に誤りやすい事項

〔回答要旨〕

　　医療法人は、医療法上剰余金の配当が禁止されているなど、会社法上の会社とは異なる特色を有しています。

　　このような医療法人の出資を類似業種比準方式により評価するとした場合、類似する業種目が見当たらないことから、業種目を「その他の産業」として評価することになります。

　　なお、取引相場のない株式（出資）を評価する場合の会社規模区分（大、中、小会社の区分）については、医療法人そのものはあくまで「サービス業」の一種と考えられることから、「小売・サービス業」に該当することになります。

【関係法令通達】

財産評価基本通達194-2

(9)　持分会社の退社時の出資の評価

〔照会要旨〕

　　合名会社、合資会社又は合同会社（以下「持分会社」と総称します。）の社員は、死亡によって退社（会社法第607条第1項第3号）することとされていますが、その持分について払戻しを受ける場合には、どのように評価するのでしょうか。

　　また、出資持分の相続について定款に別段の定めがあり、その持分を承継する場合には、どのように評価するのでしょうか。

〔回答要旨〕

　1　持分の払戻しを受ける場合

　　持分の払戻請求権として評価し、その価額は、評価すべき持分会社の課税時期における各資産を財産評価基本通達の定めにより評価した価額の合計額から課税時期における各負債の合計額を控除した金額に、持分を乗じて計算した金額となります。

　　(理由)

持分の払戻しについては、「退社した社員と持分会社との間の計算は、退社の時における持分会社の財産の状況に従ってしなければならない。」（会社法第611条第2項）とされていることから、持分の払戻請求権として評価します。

2　持分を承継する場合

　　取引相場のない株式の評価方法に準じて出資の価額を評価します。

（理由）

　　出資持分を承継する場合には、出資として、取引相場のない株式の評価方法に準じて評価します。

【関係法令通達】

　　財産評価基本通達178～193、194

　　会社法第607条、第611条

(10)　外国の証券取引所に上場されている株式の評価

〔照会要旨〕

　　外国の証券取引所に上場されている株式はどのように評価するのでしょうか。

〔回答要旨〕

　　財産評価基本通達に定める「上場株式」の評価方法に準じて評価します。

（理由）

　　外国の証券取引所に上場されている株式は、国内における上場株式と同様に課税時期における客観的な交換価値が明らかとなっていますから、財産評価基本通達に定める「上場株式」の評価方法に準じて評価します。

（注）　原則として、課税時期における最終価格によります。ただし、その最終価格が課税時期の属する月以前3か月の最終価格の月平均額

のうち最も低い価額を超える場合には、その最も低い価額によることができます。

　なお、邦貨換算については、原則として、納税義務者の取引金融機関が公表する課税時期における最終の為替相場（邦貨換算を行う場合の外国為替の売買相場のうち、いわゆる対顧客直物電信買相場又はこれに準ずる相場）によります。

【関係法令通達】

　財産評価基本通達 4 - 3 、 5 - 2 、169

(11)　国外財産の評価－取引相場のない株式の場合(1)

〔照会要旨〕

　取引相場のない外国法人の株式を評価する場合、類似業種比準方式に準じて評価することはできるのでしょうか。

〔回答要旨〕

　類似業種株価等の計算の基となる標本会社が、我が国の金融商品取引所に株式を上場している内国法人を対象としており、外国法人とは一般的に類似性を有しているとは認められないことから、原則として、類似業種比準方式に準じて評価することはできません。

(注)　外国法人とは、内国法人（国内に本店又は主たる事務所を有する法人をいう。）以外の法人、すなわち国内に本店又は主たる事務所を有しない法人をいいます。

(参考)

　純資産価額方式に準じて評価することは可能ですが、その場合に控除すべき「評価差額に対する法人税額等に相当する金額」は、その国において、我が国の法人税、事業税、道府県民税及び市町村民税に相当する税が課されている場合には、評価差額に、それらの税率の合計に相当する割合を乗じて計算することができます。

【関係法令通達】

　財産評価基本通達 5 - 2 、180、185

　法人税法第 2 条第 4 号

⑿　国外財産の評価－取引相場のない株式の場合⑵

〔照会要旨〕

　取引相場のない外国法人の株式を、純資産価額方式に準じて評価する場合、どのように邦貨換算するのでしょうか。

〔回答要旨〕

　原則として「１株当たりの純資産価額」を計算した後、「対顧客直物電信買相場」により邦貨換算します。

　ただし、資産・負債が２カ国以上に所在しているなどの場合には、資産・負債ごとに、資産については「対顧客直物電信買相場」により、負債については、「対顧客直物電信売相場」によりそれぞれ邦貨換算した上で「１株当たり純資産価額」を計算することもできます。

【関係法令通達】

　財産評価基本通達４－３、５－２、186－２

⒀　企業組合の定款に特別の定めがある場合の出資の評価

〔照会要旨〕

　企業組合が、その定款を「組合員が脱退したときは組合員の本組合に対する出資額を限度として持分を払い戻すものとする。」と変更した場合には、その出資又は出資払戻請求権はどのように評価するのでしょうか。

〔回答要旨〕

１　法令の規定により払込出資金額しか返還されないことが担保されている場合

　法令の規定により、現実に払込出資金額しか返還されないことが担保されている場合には、払込出資金額によって評価します。

(参考)

【消費生活協同組合法】

230　資料1　国税庁質疑応答事例で特に誤りやすい事項

第21条　脱退した組合員は、定款の定めるところにより、その払込済出資額の全部又は一部の払戻しを請求することができる。

2　法令の規定により払込出資金額しか返還されないことが担保されていない場合

　法令の規定により、払込出資金額しか返還されないことが担保されていない場合であって、出資持分の相続について定款に別段の定めがある等により、その持分を承継する場合には、財産評価基本通達196（（企業組合等の出資の評価））の定めによって評価します。

　ただし、法令の規定により、払込出資金額しか返還されないことが担保されていない場合であっても、出資持分を承継することなく、相続人等が現実に出資払戻請求権を行使して出資の払戻しを受けたときには、その払戻しを受けた出資の金額によって評価します。

　なお、相続人等が現実に出資の払戻しを受けた場合において、当該出資に係る剰余金相当額が残存する他の出資者に帰属するときには、他の出資者が脱退した組合員から出資の価額の増加額に相当する利益の贈与を受けたものとして、相続税法第9条に規定するみなし贈与の課税が生じる場合があります。

（参考）

【中小企業等協同組合法】

第20条　組合員は、第18条又は前条第1項第1号から第4号までの規定により脱退したときは、定款の定めるところにより、その持分の全部又は一部の払戻を請求することができる。

2　前項の持分は、脱退した事業年度の終における組合財産によって定める。

（第3項　省略）

　　【関係法令通達】

　　　財産評価基本通達196

　　　消費生活協同組合法第21条

　　　中小企業等協同組合法第20条

　　　相続税法第9条

⑭　不動産所有権付リゾート会員権の評価

〔照会要旨〕

不動産売買契約（土地及び建物並びに附属施設の共用部分）と施設相互利用契約とが一体として取引される不動産付施設利用権（リゾート会員権）（仲介業者等による取引相場があるもの）はどのように評価するのでしょうか。

（参考）

・本件リゾート会員権は、不動産売買契約（土地及び建物並びに附属施設の共有部分）と施設相互利用契約をその内容としています。
・不動産所有権と施設利用権を分離して譲渡することはできません。
・課税時期において契約解除する場合には清算金（不動産代金の2分の1＋償却後の償却保証金）の返還があります。

〔回答要旨〕

取引相場がある本件リゾート会員権については、「取引相場のあるゴルフ会員権の評価方法」に準じて、課税時期における通常の取引価格の70パーセント相当額により評価します。

（理由）

リゾート会員権の取引は、ゴルフ会員権の取引と同様、上場株式のように公開された市場で行われるわけではなく、

①　会員権取引業者が仲介して行われる場合や所有者と取得者が直接取引する場合もあり、取引の態様は一様ではないこと

②　取引業者の仲介の場合の価格形成も業者ごとによりバラツキが生じるのが通常であること

から、その取引価額を基礎として評価するにしても、評価上の安全性を考慮して評価する必要があります。

ゴルフ会員権の場合、通常の取引価格の70パーセント相当額により評価することとしているのは、上記①及び②の事情を踏まえて評価上の安全性を考慮したものであり、本件リゾート会員権の取引も同様の事情にあると認められるため、課税時期における通常の取引価格の70パーセント相当額により評価します。

232　資料1　国税庁質疑応答事例で特に誤りやすい事項

　なお、取引相場がある場合においても、契約者の死亡により直ち
に契約を解除することは可能であることから、「契約解除する場合
の清算金」に基づき評価する方法も考えられますが、会員権に取引
価格がある場合には、清算金の価額も結果的に、取引価格に反映さ
れるものと考えられることから、特段の事由がない限り「取引相場
のあるゴルフ会員権の評価方法」に準じて通常の取引価格の70パー
セント相当額により評価します。

【関係法令通達】

　財産評価基本通達211

⒂　信用金庫等の出資の評価

〔照会要旨〕

　次に掲げる法人に対する出資者に相続が開始し、定款等の定めに
基づき、その相続人が当該出資者の地位を承継することとなったと
きには、財産評価基本通達のいずれの定めによって評価するので
しょうか。

　①　金庫の出資

　②　信用組合の出資

　③　農事組合法人の出資

　④　協業組合の出資

〔回答要旨〕

　①及び②については、財産評価基本通達195の定めにより、原則
として払込済出資金額によって評価します。

　③については、財産評価基本通達196の定めにより、純資産価額
（相続税評価額によって計算した金額）を基として、出資の持分に応
ずる価額によって評価します。

　④については、財産評価基本通達194の定めに準じて評価しま
す。この場合において、財産評価基本通達185のただし書及び同188

から188-5までの定めは適用しません。

（理由）

　財産評価基本通達195の定めは、農業協同組合のように、その組合の行う事業によって、その組合員及び会員のために最大の奉仕をすることを目的とし営利を目的として事業を行わない組合等に対する出資を評価するときに適用します。一方、同196の定めは、企業組合、漁業生産組合等のように、それ自体が1個の企業体として営利を目的として事業を行うことができる組合等に対する出資を評価するときに適用することとしています。なお、協業組合については、組合ではあるが、相互扶助等の組合原則を徹底しているというよりは、会社制度の要素を多く取り込んでおり、その実態は持分会社に近似すると認められることから、同195、196の定めは適用しません。

　これらのことから、①及び②については財産評価基本通達195の定めにより、③については同196の定めにより、④については、その実態を考慮し、同194の定めに準じて評価します。

（注）　協業組合の出資を財産評価基本通達194の定めに準じて評価する場合には、各組合員の議決権は原則として平等であり、出資と議決権が結びついていないことから、同185のただし書及び同188から188-5までの定めは適用がないことに留意してください。

【関係法令通達】

　財産評価基本通達185、188から188-5、194、195、196

【資料２】

資産課税関係　誤りやすい事例（株式評価・その他の財産の評価関係）

（出所：TAINZ）

236 資料2 資産課税関係 誤りやすい事例（株式評価・その他の財産の評価関係）

資産課税関係　誤りやすい事例

（株式評価・その他の財産の評価関係　　平成 25 年分用）

大 阪 国 税 局
資 産 評 価 官

○　凡例

　引用する法令等の略称は次のとおりである。

　評基通・・・・・・財産評価基本通達（昭和 39 年 4 月 25 日付直資 56、直審（資）17）

　評価明細書通達・・相続税及び贈与税における取引相場のない株式等の評価明細書の様
　　　　　　　　　　式及び記載方法等について
　　　　　　　　　　（平成 2 年 12 月 27 日付直評 23、直資 2 -293）

238 資料2 資産課税関係 誤りやすい事例（株式評価・その他の財産の評価関係）

誤りやすい事例（株式評価・その他の財産の評価関係）

区　分		項　　　　　目	ページ
1 上場株式の評価	1	金融商品取引所の選択・・・その1	1
	2	金融商品取引所の選択・・・その2	1
	3	個人間の対価を伴う取引で取得した上場株式の評価	1
2 取引相場のない 株式の評価 （類似業種比準方式）	1	会社の規模の判定	2
	2	直後期末の方が課税時期に近い場合	2
	3	比準要素数の判定の際の端数処理	2
	4	比準要素数の判定における1株当たりの年利益金額	3
	5	第4表の「①直前期末の資本金等の額」が負の値の場合	3
3 取引相場のない 株式の評価 （純資産価額方式）	1	評価会社が有する株式等の純資産価額の計算	4
	2	評価会社が無償返還届出書を提出している場合	4
	3	帳簿価額のない営業権	4
	4	評価会社が課税時期前3年以内に取得した不動産	4
	5	帳簿価額に記載のない借地権	5
	6	新株発行費及び繰延税金資産	5
	7	評価会社が受け取った生命保険金の取扱い	5
	8	欠損法人に係る保険差益に課される法人税相当額の計算	6
	9	前払費用の取扱い	6
	10	評価会社が支払った弔慰金の取扱い	6
	11	贈与株式に係る相当の地代を支払っている場合等の借地権の取扱い	7
	12	現物出資により著しく低い価額で資産を受け入れた場合	7
4 取引相場のない 株式の評価 （配当還元方式）	1	無配株式	8
	2	配当還元価額が原則的評価方式により計算した金額を上回る場合	8
	3	資本金等の額が負の値となった場合	8
	4	株式が未分割である場合の議決権割合の判定	9
	5	同族株主の判定	9
	6	中心的な同族株主のいる会社の判定	10
	7	投資育成会社が株主である場合の同族株主等	10
	8	同族株主が取得した無議決権株式の評価	11
5 取引相場のない 株式の評価 （土地保有特定会社）	1	土地保有特定会社の判定とたな卸土地	12
6 取引相場のない 株式の評価 （医療法人の出資の評価）	1	医療法人の業種目	13
	2	医療法人の類似業種比準額の計算	13
7 その他の財産の評価	1	相続により取得した立木の評価	14
	2	たな卸商品である土地の評価	14

資産課税関係　誤りやすい事例（評価関係）

上場株式の評価

〔平成 25 年分用〕

誤 っ た 取 扱 い	正 し い 取 扱 い
1-1（金融商品取引所の選択・・・その１） ○　２以上の金融商品取引所に上場されている株式の評価ついて、発行会社の本店の最寄りの金融商品取引所の課税時期の最終価格をもって評価した。	○　本店の最寄りの金融商品取引所ではなく、納税者の選択した金融商品取引所の公表する最終価格によって評価する。 【関係法令通達】 　　評基通 169(1)
1-2（金融商品取引所の選択・・・その２） ○　上場されている金融商品取引所の最終価格が下表のとおりであり、B 金融商品取引所を選択して評基通 171（上場株式についての最終価格の特例－課税時期に最終価格がない場合）の定めにより、145 円で評価した。	○　課税時期の最終価格のある金融商品取引所があるにもかかわらず、それ以外の金融商品取引所を選択して評基通 171 により、評価することができない。 【関係法令通達】 　　評基通 169(1)、171

	A金融商品 取引所の終値	B金融商品 取引所の終値
課税時期の前々日	１４９円	１４９円
課税時期の前日	１５０円	１４５円
課税時期	１５０円	終値なし
課税時期の翌日	１５０円	終値なし

誤 っ た 取 扱 い	正 し い 取 扱 い
1-3（個人間の対価を伴う取引で取得した上場株式の評価） ○　個人間の対価を伴う取引（低額譲受）により取得した上場株式の価額を、課税時期の金融商品取引所の最終価格と課税時期の属する月以前３か月間の「最終価格の月平均額」のうち最も低い価額である課税時期の属する月の「最終価格の月平均額」で評価した。	○　負担付贈与又は個人間の対価を伴う取引により取得した上場株式の価額は、その株式が上場されている金融商品取引所の公表する課税時期の最終価格によって評価する。 　　したがって、最終価格の月平均額で評価することはできない。 【関係法令通達】 　　評基通 169(2)

240 資料2 資産課税関係 誤りやすい事例（株式評価・その他の財産の評価関係）

取引相場のない株式…類似業種比準方式

誤 っ た 取 扱 い	正 し い 取 扱 い
2-1 （会社の規模の判定） ○ 会社規模の判定における「直前期末の総資産価額（帳簿価額によって計算した金額）」について、評価会社の各資産の帳簿価額の合計額から売掛金、受取手形、貸付金等に対する貸倒引当金を控除した金額とした。	○ 売掛金、受取手形、貸付金等に対する貸倒引当金は控除しない。 【関係法令通達】 　評基通178(1)、評価明細書通達第1表の2, 1(1)注2
2-2 （直後期末の方が課税時期に近い場合） ○ 類似業種比準方式による場合、評価会社の直後期末の方が直前期末よりも課税時期に近かったため、直後期末における比準数値によって評価した。	○ 直前期末の比準数値によることになる。 　類似業種比準価額を算定する場合の比準数値について、財産評価基本通達183のとおり定めているのは、財産の価額は課税時期における時価によると規定されていることを前提として、標本会社と評価会社の比準要素をできる限り同一の基準で算定することが、より適正な比準価額の算定を可能にすると考えられることのほか、課税時期後における影響要因を排除することをも考慮したものといえるから、仮に直後期末の方が課税時期に近い場合であっても、直前期末の比準数値によることになる。 【関係法令通達】 　評基通180、183、国税庁HP質疑応答事例「直後期末の方が課税時期に近い場合」
2-3 （比準要素数の判定の際の端数処理） ○ 「比準要素数1の会社」の判定を行う場合、「1株当たりの配当金額」、「1株当たりの利益金額」及び「1株当たりの純資産価額（帳簿価額によって計算した金額）」が少額のため、評価明細書の記載上0円となる場合であっても、金額等は算出されていることから、配当金額、利益金額及び純資産価額の要素は0と判定しないで評価した。	○ 「1株当たりの配当金額」等が少額のため、端数処理を行って0円となる場合には、その要素は0とする。 　なお、端数処理は、「取引相場のない様式（出資）の評価明細書」の「第4表 類似業種比準価額等の計算明細書」の各欄の表示単位未満の端数を切り捨てて記載する。 【関係法令通達】 　評基通189(1)、評価明細書通達第4表、国税庁HP質疑応答事例「『比準要素数1の会社』の判定の際の端数処理」

誤　っ　た　取　扱　い	正　し　い　取　扱　い
2-4（比準要素数の判定における1株当たりの年利益金額）	
○　「比準要素数0の会社」を判定する場合の「利益金額Ⓒ」について、直前期の利益金額は0円であったため、直前期及び直前々期の2年間の平均利益金額は30円であったが、0と判定した。	○　評価明細書の第4表の「利益金額Ⓒ」の算定上、直前期の利益金額と直前期及び直前々期の2年間の平均利益金額のいずれによるかについては選択が認められているため、どちらか有利な金額により判定して差し支えない。 　　したがって、「比準要素数0の会社」の判定における「利益金額Ⓒ」と類似業種比準価額の計算上の1株（50円）当たりの「年利益金額Ⓒ」が一致しない場合も有り得る。 【関係法令通達】 　　評基通183(2)、評価明細書通達第4表
2-5（第4表の「①直前期末の資本金等の額」が負の値の場合） ○　評価明細書通達の第4表「類似業種比準価額等の計算明細書」によると「1株当たりの純資産価額⑩」の金額が負の値のときは0とするとあることから、下表の場合⑩を0円と記載した。	○　「①直前期末の資本金等の額」が負の値となったとしても、その結果算出された株価（1株当たりの資本金等の額を50円とした場合の株価）に、同じ資本金等の額を基とした負の値（1株当たりの資本金等の額の50円に対する倍数）を乗ずることにより約分されるため、結果として適正な評価額が算出されることになる。 　　したがって、この場合、第4表の作成に当たっては、「④1株当たりの資本金等の額」、「2．比準要素等の金額の計算」及び「比準割合の計算」の欄は、負数のまま計算する。 【関係法令通達】 　　評基通180

242 資料2 資産課税関係 誤りやすい事例（株式評価・その他の財産の評価関係）

取引相場のない株式…純資産価額方式

誤った取扱い	正しい取扱い
3-1（評価会社が有する株式等の純資産価額の計算） ○ 評価会社が有する取引相場のない株式につき評基通179（取引相場のない株式の評価の原則）の「1株当たりの純資産価額（相続税評価額によって計算した金額）」を計算する場合、評基通185（純資産価額）により評価差額に対する法人税額等に相当する金額を控除して計算した。	○ 評価差額に対する法人税額等に相当する金額は控除しない。 　評価会社が有する取引相場のない株式の評基通179の「1株あたりの純資産価額（相続税評価額によって計算した金額）」を計算する場合には、評基通186-3（評価会社が有する株式等の純資産価額の計算）の定めが適用されるため、評価差額に対する法人税額等に相当する金額を控除しないで計算する。 【関係法令通達】 　評基通185、186-3
3-2（評価会社が無償返還届出書を提出している場合） ○ 被相続人が、同族関係者となっている同族会社に対して、土地を賃貸している場合（無償返還届出書の提出有り）における当該同族会社の株式の純資産価額の評価上、資産の部に借地権を算入せずに評価した。	○ その同族関係者となっている同族会社に対して土地を賃貸しており、無償返還届出書の提出がある場合（又は相当の地代を収受している場合）、その同族会社の株式の評価上、当該土地の自用地としての価額の20%に相当する金額を借地権の価額として算入する。 【関係法令通達】 　昭43直資3-22「相当の地代を収受している貸宅地の評価について」、 　昭60直資2-58「相当の地代を支払つている場合等の借地権等についての相続税及び贈与税の取扱いについて」8
3-3（帳簿価額のない営業権） ○ 取引相場のない株式の評価に係る純資産価額の計算において、評基通165による営業権の評価したところ、評価額が算出されたが、営業権は有償取得したものではなく、帳簿価額がなかったことから記載しなかった。	○ 評基通165により評価額が算出される場合には、営業権を記載する必要がある。 【関係法令通達】 　評基通165、評価明細書通達第5表2⑴ハ
3-4（評価会社が課税時期前3年以内に取得した不動産） ○ 取引相場のない株式の評価に係る純資産価額の計算において、評価会社が課税時期前3年以内に取得した土地及び家屋について、土地については路線価に基づき、家屋については固定資産税評価額に基づき評価した。	○ 取引相場のない株式の評価に係る純資産価額の計算において、課税時期前3年以内に取得した土地及び家屋を算入する場合には、課税時期における通常の取引価額に相当する金額によって評価する。 　ただし、当該土地又は当該家屋に係る帳簿価額が課税時期における通常の取引価額に相当すると認められる場合には、当該帳簿価額に相当する金額によって評価することができる。 【関係法令通達】 　評基通185、評価明細書通達第5表2⑴イ

誤 っ た 取 扱 い	正 し い 取 扱 い
3-5（帳簿価額に記載のない借地権） ○ 取引相場のない株式の評価に係る純資産価額の資産の部に、家屋の記載があるにもかかわらず、借地権の記載をしなかった（借地権割合が 60％の地域であり、無償返還届出書の提出はない。）。	○ 評価の対象となる資産について、帳簿価額がないもの（例えば、借地権、営業権等）であっても、相続税評価額が算出される場合には、その評価額を記載し、「帳簿価額」欄には「0」と記載する。 【関係法令通達】 　評基通 185、評価明細書通達第 5 表 2 ⑴ハ
3-6（新株発行費及び繰延税金資産） ○ 取引相場のない株式の評価に係る純資産価額の資産の部に新株発行費等の繰延資産及び繰延税金資産を記載した。	○ 1 株当たりの純資産価額（相続税評価額）の計算に当たって、資産の部には、評価の対象とならないもの（例えば、財産性のない創立費、新株発行費等の繰延資産、繰延税金資産）については記載しない。 【関係法令通達】 　評基通 185、評価明細書通達第 5 表 2 ⑴ホ
3-7（評価会社が受け取った生命保険金の取扱い） ○ 純資産価額の計算に当たって、直前期末の資産及び負債に基づき記載したため、被相続人の死亡を保険事故として評価会社が受け取った生命保険金を資産の部に記載しなかった。	○ 1 株当たりの純資産価額（相続税評価額）の計算に当たって、直前期末の資産及び負債に基づき記載する場合、被相続人の死亡により評価会社が生命保険金を取得する場合には、その生命保険金請求権（未収保険金）を「資産の部」の「相続税評価額」欄及び「帳簿価額」欄のいずれにも記載する。 　この場合、その生命保険金を原資として被相続人に係る死亡退職金を支払った場合には、その支払退職金の額を負債に計上するとともに、支払退職金を控除した後の保険差益について課されることとなる法人税額等についても負債に計上する。 【関係法令通達】 　評基通 185、186、186-2、 　評価明細書通達第 5 表 2 ⑷ 　国税庁ＨＰ質疑応答事例「評価会社が受け取った生命保険金の取扱い」

244 資料2 資産課税関係 誤りやすい事例（株式評価・その他の財産の評価関係）

誤 っ た 取 扱 い	正 し い 取 扱 い
3-8（欠損法人に係る保険差益に課される法人税相当額の計算） ○ 純資産価額の計算上、欠損法人である評価会社が受け取った生命保険金に係る保険差益に課される法人税額等を負債に計上する際、欠損金の額を考慮せずに法人税額等を計算した。	○ 欠損法人の場合は、当該保険差益の額から欠損金の額を控除して法人税額等を計算し、負債に計上する。 【関係法令通達】 　評基通 186、国税庁ＨＰ質疑事例「欠損法人の負債に計上する保険差益に対応する法人税額等」
3-9（前払費用の取扱い） ○ 純資産価額の計算において、評価会社が帳簿上資産に計上している前払保険料、前払賃借料等の前払費用を資産の部に記載した。	○ 財産的価値があるかどうかによって判断する。 　保険料、賃借料等の前払費用を資産に計上すべきか否かは、課税時期においてこれらの費用に財産的価値があるかどうかによって判断することとなる。この場合、例えば、その前払費用を支出する起因となった契約を課税時期において解約したとした場合に返還される金額があるときには、その前払費用に財産的価値があると考えられることとなる。 　なお、評価明細書第5表の記載に当たって、評価の対象とならない（資産性のない）前払費用については、「帳簿価額」欄にも記載しないことに留意する。 【関係法令通達】 　評基通 185
3-10（評価会社が支払った弔慰金の取扱い） ○ 純資産価額の計算において、被相続人の死亡に伴い評価会社が相続人に対して支払った弔慰金の全額を負債の部に計上した。	○ 被相続人の死亡に伴い評価会社が相続人に対して支払った弔慰金については、相続税法第3条第1項第2号により退職手当金等に該当するものとして相続税の課税価格に算入されることとなる場合に限り、株式の評価上、負債に該当するものとして純資産価額の計算上控除する。 　したがって、同号の規定により退職手当金等とみなされない弔慰金部分については、純資産価額の計算上、負債に該当しない。 【関係法令通達】 　相法3①二、評基通 186(3)、相基通3-18〜20 　国税庁ＨＰ質疑応答事例「評価会社が支払った弔慰金の取扱い」

誤 っ た 取 扱 い	正 し い 取 扱 い
3-11（贈与株式に係る相当の地代を支払っている場合等の借地権の取扱い）	
○ 贈与を受けた株式の評価において、①無償返還届出書を提出して通常地代を支払っている場合、②無償返還届出書は提出していないが相当地代を支払っている場合のいずれも、純資産価額の計算上、資産の部に自用地としての価額の 20％相当額を記載する必要はないとした。	○ 贈与の場合であっても、①無償返還届出書を提出して通常地代を支払っている場合、②無償返還届出書は提出していないが相当地代を支払っている場合のいずれも、自用地としての価額の 20％相当額（借地権の価額）を資産の部に記載しなければならない。 【関係法令通達】 　昭 43 直資 3-22「相当の地代を収受している貸宅地の評価について」
3-12（現物出資により著しく低い価額で資産を受け入れた場合）	
○ 純資産価額の計算において、評価会社の帳簿に現物出資により著しく低い価額で受け入れた資産があったが、評価差額の金額に対する法人税額等に相当する金額を控除して計算をした。	○ 評価会社が有する資産のなかに、現物出資、合併、株式交換又は株式移転等により著しく低い価額で受け入れた資産があるときには、その「現物出資等受入れ資産」の現物出資等の時の価額（相続税評価額）とその現物出資等による受入れ価額との差額（現物出資等受入れ差額）に対する法人税額等に相当する金額は、純資産価額の計算上控除しない。 　具体的には、課税時期における評価会社の有する各資産の帳簿価額に、「現物出資等受入れ差額」を加算することにより、「現物出資等受入れ差額」が計算上生じないものとし、当該「現物出資等受入れ差額」に対する法人税額等に相当する金額もなかったものとする。 　なお、この「現物出資等受入れ差額」の加算は、課税時期における相続税評価額による総資産価額に占める「現物出資等受入れ資産」の価額（相続税評価額）の合計額の割合が 20％以下である場合には適用しない。 【関係法令通達】 　評基通 186-2(2)、評価明細書通達第 5 表 2(1)チ

246　資料2　資産課税関係　誤りやすい事例（株式評価・その他の財産の評価関係）

取引相場のない株式・・・配当還元方式

誤 っ た 取 扱 い	正 し い 取 扱 い
4-1（無配株式） ○　評価会社が無配であったため、配当還元価額を0とした。	○　年配当金額が2円50銭未満のもの及び無配のものについては、年配当金額を2円50銭として計算する。 【関係法令通達】 　　評基通188-2
4-2（配当還元価額が原則的評価方式により計算した金額を上回る場合） ○　配当還元価額が原則的評価方式により計算した金額を超えていたが、配当還元価額により評価した。	○　配当還元価額が原則的評価方式により計算した金額を超える場合には、原則的評価方式により計算した金額によって評価する。 【関係法令通達】 　　評基通188-2
4-3（資本金等の額が負の値となった場合） ○　評価明細書第3表⑨「直前期末の資本金等の額」が負の値になっている場合は、同表⑱「1株（50円）当たりの年配当金額」が負の値となる。同表には、この金額が2円50銭未満の場合は2円50銭とするとあることから、同表⑱を2円50銭としたところ、同表⑳「配当還元価額」が負の値となった。 　　そこで、同表⑳の「配当還元価額」を0円とした。	○　評価明細書第3表⑨「直前期末の資本金等の額」が負の値になったとしても、同表⑱「1株（50円）当たりの年配当金額」に同表⑬「1株当たりの資本金等の額」を乗ずることで適正な株価が算出される。 　　すわなち、同表⑨「直前期末の資本金等の額」が負の値になった場合、同表⑱「1株（50円）当たりの年配当金額」も負の値となるが、この場合は負の値のまま計算することにより適正な株価が算出されるので、当該年配当金額（同表⑱）が負の値となったとしても、2円50銭とはせずに計算する。

誤った取扱い	正しい取扱い
4-4（株式が未分割である場合の議決権割合の判定） ○ 未分割の取引相場のない株式を評価する場合、各相続人に適用されるべき評価方式を判定するに当たって、基礎となる「株式取得後の議決権の数」について、当該未分割の株式を法定相続分により取得したものとして計算した議決権の数とした。 【具体的な事例】 未分割株式　10,000株 法定相続人　被相続人の子4名 法定相続分　4分の1 各相続人は、未分割株式10,000株のうち2,500株（10,000株×1/4）を取得したものとして判定した。	○ 各相続人ごとに、その所有する株式数にその未分割の株式数の全部を加算した数に応じた議決権数とする。 【関係法令通達】 評基通188、評価明細書通達第1表の1、3(5) 国税庁ＨＰ質疑応答事例「遺産が未分割である場合の議決権割合の判定」 【具体的な事例】 未分割株式　10,000株 法定相続人　被相続人の子4名 法定相続分　4分の1 各相続人は、未分割株式の全部（10,000株）を取得したものとして、それぞれ判定する。
4-5（同族株主の判定） ○ 甲は、相続により、非上場会社であるＡ社の発行済株式の10％を相続により取得し、その結果、Ａ社の発行済株式の所有割合は、甲が15％、甲の従姉妹である乙が15％、乙の配偶者である丙が50％、となった。 　そして、甲が取得したＡ社の株式の評価上の区分をする場合の同族株主に該当するかどうかの判定において、甲を中心としてみた場合、同族関係者である乙（丙は3親等内の姻族ではないことから除く。）の有する議決権の数との合計は30％となるものの、所有株式数が一番多い丙を中心としてみた場合、そのグループが有する議決権の合計数は65％であることから、乙及び丙のみが同族株主となり、甲は同族株主には該当しないとした。 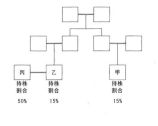	○ 「同族株主」に該当するかどうかの判定は、株主の1人及びその同族関係者の有する議決権の合計数の割合で行うこととされており、この「株主の1人」は、納税義務者に限るとはされていない。 　したがって、すべての株主について、同族株主に該当するか否かを判断する必要がある。 　よって、乙を中心にすれば、甲及び丙は、乙の同族関係者となり、その有する議決権の合計数は80％となることから、甲も同族株主となる。 （注）　この同族関係者とは、法人税法施行令第4条に規定する特殊の関係のある個人又は法人をいい、この個人には民法第725条に規定する、配偶者・6親等内の血族・3親等内の姻族が含まれる。 【関係法令通達】 評基通188(1)、法人税法施行令第4条 法人税基本通達1-3-5、民法第725条

248　資料2　資産課税関係　誤りやすい事例（株式評価・その他の財産の評価関係）

誤 っ た 取 扱 い	正 し い 取 扱 い
4-6（中心的な同族株主のいる会社の判定） ○　評価会社が中心的な同族株主のいる会社かどうかの判定において、同族株主の1人の兄弟の配偶者の有する議決権数を合計数に含めることにより、中心的な同族株主のいる会社とした。	○　本件の場合、兄弟の配偶者の議決権数は含めずに判定する。 　「中心的な同族株主」とは、課税時期において同族株主の1人並びにその株主の配偶者、直系血族、兄弟姉妹及び1親等の姻族（これらの者の同族関係者である会社のうち、これらの者が有する議決権の合計数がその会社の議決権総数の25％以上である会社を含む。）の有する議決権の合計数がその会社の議決権総数の25％以上である場合におけるその株主をいう。 　したがって、2親等の姻族である兄弟の配偶者は含まれない。 【関係法令通達】 　　評基通188(2)
4-7（投資育成会社が株主である場合の同族株主等） ○　評価会社の株主に投資育成会社（中小企業投資育成株式会社法に基づいて設立された中小企業投資育成株式会社をいう。）が含まれる場合、同族株主の判定において、投資育成会社の議決権を何ら考慮することなく、同族株主の判定を行った。	○　投資育成会社は、保有する株式について議決権を有するものの、投資先企業を支配することを目的とした株式投資は行わない。 　したがって、評価会社の株主のうちに投資育成会社が含まれる場合の同族株主の判定では、当該投資育成会社が同族株主に該当し、かつ、当該投資育成会社以外に同族株主に該当する株主がいない場合には、当該投資育成会社は同族株主に該当しないものとしなければならない。 　また、その場合において、評価会社の議決権総数からその投資育成会社の有する評価会社の議決権の数を控除した数をその評価会社の議決権総数とした場合に同族株主に該当することとなる者があるときは、その同族株主に該当することとなる者以外の株主が取得した株式については、上記にかかわらず、評基通188の「同族株主以外の株主等が取得した株式」に該当するものとされる。 【関係法令通達】 　　評基通188-6

誤 っ た 取 扱 い	正 し い 取 扱 い
4-8（同族株主が取得した無議決権株式の評価）	
○ 同族株主である子が、同族株主である父の所有する株式の一部につき無議決権株式（配当優先株）に変更した後のその株式の贈与を受けた。 　この場合、議決権がないことから配当還元価額により評価して、贈与税の申告をした。	○ 同族株主が贈与により取得した無議決権株式については、原則として議決権の有無を考慮せずに評価する。 　贈与時に種類株式であっても種類株式以外の株式への変更はいつでもできることから、議決権の有無で判断することとはされていない。 【関係法令通達】 　平成19年2月26日付回答「相続等により取得した種類株式の評価について（中小企業庁からの照会に対する回答）」2⑵、 　平成19年3月9日付資産評価企画官情報第1号「種類株式の評価について」

250　資料 2　資産課税関係　誤りやすい事例（株式評価・その他の財産の評価関係）

取引相場のない株式…土地保有特定会社

誤 っ た 取 扱 い	正 し い 取 扱 い
5-1（土地保有特定会社の判定とたな卸土地） ○　評価会社（不動産販売会社）が土地保有特定会社に該当するかどうかの判定について、評価会社の有する各資産の価額の合計額のうちに占める土地等の価額の合計額の割合を求める際、たな卸資産として所有する土地等を判定の基礎に含めていなかった。	○　判定の基礎となる土地等は、所有目的や所有期間のいかんにかかわらず、評価会社が有する全てのものが含まれるため、たな卸資産に該当する土地等も含まれる。 　なお、この場合の土地等の価額は、評基通 4 - 2（不動産のうちたな卸資産に該当するものの評価）の定めにより同 132（評価単位）及び同 133（たな卸商品等の評価）により評価する。 　【関係法令通達】 　　評基通 4 - 2、132、133、189⑶ 　　国税庁ＨＰ質疑応答事例「不動産販売会社がたな卸資産として所有する土地等の取扱い」

取引相場のない株式・・・医療法人の出資の評価

誤 っ た 取 扱 い	正 し い 取 扱 い
6-1 （医療法人の業種目） ○ 医療法人の類似業種比準価額を計算する場合の業種目を業種目番号117「医療・福祉」とした。	○ 医療法人の類似業種比準価額を計算する場合の業種目は業種目番号121「その他の産業」とする。 【関係法令通達】 　　評基通194-2
6-2 （医療法人の類似業種比準価額の計算） ○ 類似業種比準価額の計算において、評価明細書第4表のとおり下記の計算式により計算した。 【算式】	○ 医療法人は配当が禁止されていることから、類似業種比準価額の計算は、下記の計算式により計算する。 【算式】

誤った取扱い【算式】：

$$A \times \left[\cfrac{\cfrac{\text{Ⓑ}}{B} + \cfrac{\text{Ⓒ}}{C} \times 3 + \cfrac{\text{Ⓓ}}{D}}{5} \right] \times 0.7$$

$$\begin{pmatrix} \text{中会社} & 0.6 \\ \text{小会社} & 0.5 \end{pmatrix}$$

正しい取扱い【算式】：

$$A \times \left[\cfrac{\cfrac{\text{Ⓒ}}{C} \times 3 + \cfrac{\text{Ⓓ}}{D}}{4} \right] \times 0.7$$

$$\begin{pmatrix} \text{中会社に相当する医療法人} & 0.6 \\ \text{小会社に相当する医療法人} & 0.5 \end{pmatrix}$$

【関係法令通達】
　　評基通194-2

252 資料2 資産課税関係 誤りやすい事例（株式評価・その他の財産の評価関係）

その他の財産の評価	
誤 っ た 取 扱 い	正 し い 取 扱 い
7-1（相続により取得した立木の評価） ○ 相続により取得した立木について財産評価基本通達の定めに基づき計算した金額により評価した。	○ 相続人及び包括受遺者が取得した立木の価額は、財産評価基本通達の定めに基づき計算した金額に85%の割合を乗じて算出した金額により評価する（相法26）。 　なお、贈与又は相続人以外の者が遺贈（包括遺贈は除く。）により取得した立木の価額については、相続税法第26条の規定の適用はない。 【関係法令通達】 　　相法26、相基通26-1
7-2（たな卸商品等である土地の評価） ○ たな卸商品等である土地を路線価に基づいて評価した。	○ たな卸商品等である土地の評価は、その土地の販売業者が課税時期において販売する場合の価額から、その価額のうちに含まれる販売業者に帰属すべき適正利潤の額、課税時期後販売の時までにその販売業者が負担すると認められる経費の額を控除した金額によって評価する。 【関係法令通達】 　　評基通4-2、132、133

※　ここに掲載している事例は、ポイントが分かりやすいよう要旨のみを記載しています。このため、個々の納税者が行う具体的な取引の課税関係は、その事実関係等に応じて、この事例（正しい取扱い）の内容と異なることがあるため注意が必要です。

【資料３】

取引相場のない株式（出資）の評価明細書

254　資料3　取引相場のない株式（出資）の評価明細書

第1表の1　評価上の株主の判定及び会社規模の判定の明細書

整理番号 ［　　　　　］

（平成三十年一月一日以降用）

（取引相場のない株式（出資）の評価明細書）

会　社　名	（電話　　　　　　）	本店の所在地			
代表者氏名			取扱品目及び製造、卸売、小売等の区分	業種目番号	取引金額の構成比
課税時期	年　　月　　日	事業内容			％
直前期	自　　年　　月　　日 至　　年　　月　　日				

1. 株主及び評価方式の判定

判定要素（課税時期現在の株式等の所有状況）	氏名又は名称	続柄	会社における役職名	④株式数（株式の種類） 株	⑩議決権数 個	⑩議決権割合（⑩/④） ％
		納税義務者				
	自己株式					
	納税義務者の属する同族関係者グループの議決権の合計数			②	⑤	⑫（②/④）
	筆頭株主グループの議決権の合計数			③	⑥	⑬（③/④）
	評価会社の発行済株式又は議決権の総数			①	④ 100	

判定基準

納税義務者の属する同族関係者グループの議決権割合（⑤の割合）を基として、区分します。

区分の基準	筆頭株主グループの議決権割合（⑥の割合）			株主の区分
	50％超の場合	30％以上50％以下の場合	30％未満の場合	
⑤の割合	50％超	30％以上	15％以上	同族株主等
	50％未満	30％未満	15％未満	同族株主等以外の株主

判定

同族株主等 （原則的評価方式等）	同族株主等以外の株主 （配当還元方式）

「同族株主等」に該当する納税義務者のうち、議決権割合⑩の割合が5％未満の者の評価方式は、「2. 少数株式所有者の評価方式の判定」欄により判定します。

2. 少数株式所有者の評価方式の判定

判定要素	項　目	判　定　内　容		
	氏　名			
	㋑役　員	である（原則的評価方式等）・でない（次の㋺へ）		
	㋺納税義務者が中心的な同族株主	である（原則的評価方式等）・でない（次の㋩へ）		
	㋩納税義務者以外に中心的な同族株主（又は株主）	がいる（配当還元方式）・がいない（原則的評価方式等） （氏名　　　　　　　）		
判　定	原則的評価方式等　・　配当還元方式			

255

第1表の2　評価上の株主の判定及び会社規模の判定の明細書（続）　　会社名

（取引相場のない株式（出資）の評価明細書）

（平成三十年一月一日以降用）

3．会社の規模（Lの割合）の判定

項　目	金　額	項　目	人　　　数
直前期末の総資産価額 （帳簿価額）	千円	直前期末以前1年間における従業員数	人 〔従業員数の内訳〕 （継続勤務 従業員数）（継続勤務従業員以外の従業員の労働時間の合計時間数） （　　　時間） （　　人）＋ ──────── 　　　　　　1,800時間
直前期末以前1年間 の取引金額	千円		

判定要素

- ㋑　直前期末以前1年間における従業員数に応ずる区分　｜70人以上の会社は、大会社（㋺及び㋩は不要）
  　　　　　　　　　　　　　　　　　　　　　　　　　　　｜70人未満の会社は、㋺及び㋩により判定

判定基準

㋺　直前期末の総資産価額（帳簿価額）及び直前期末以前1年間における従業員数に応ずる区分				㋩　直前期末以前1年間の取引金額に応ずる区分			会社規模とLの割合（中会社）の区分	
総資産価額（帳簿価額）			従業員数	取　引　金　額				
卸売業	小売・サービス業	卸売業、小売・サービス業以外		卸売業	小売・サービス業	卸売業、小売・サービス業以外		
20億円以上	15億円以上	15億円以上	35人超	30億円以上	20億円以上	15億円以上	大会社	
4億円以上 20億円未満	5億円以上 15億円未満	5億円以上 15億円未満	35人超	7億円以上 30億円未満	5億円以上 20億円未満	4億円以上 15億円未満	0.90	中
2億円以上 4億円未満	2億5,000万円以上 5億円未満	2億5,000万円以上 5億円未満	20人超 35人以下	3億5,000万円以上 7億円未満	2億5,000万円以上 5億円未満	2億円以上 4億円未満	0.75	会
7,000万円以上 2億円未満	4,000万円以上 2億5,000万円未満	5,000万円以上 2億5,000万円未満	5人超 20人以下	2億円以上 3億5,000万円未満	6,000万円以上 2億5,000万円未満	8,000万円以上 2億円未満	0.60	社
7,000万円未満	4,000万円未満	5,000万円未満	5人以下	2億円未満	6,000万円未満	8,000万円未満	小会社	

- 「会社規模とLの割合（中会社）の区分」欄は、㋺の区分（「総資産価額（帳簿価額）」と「従業員数」とのいずれか下位の区分）と㋩欄（取引金額）の区分とのいずれか上位の区分により判定します。

判定	大　会　社	中　　会　　社			小　会　社	
		Ｌ　の　割　合				
		0.90	0.75	0.60		

4．増（減）資の状況その他評価上の参考事項

256 資料3 取引相場のない株式（出資）の評価明細書

第2表 特定の評価会社の判定の明細書　　会社名＿＿＿＿＿＿＿＿

（取引相場のない株式（出資）の評価明細書）

（平成三十年一月一日以降用）

1. 比準要素数1の会社

判　定　要　素						判定基準	(1)欄のいずれか2の判定要素が0であり、かつ、(2)欄のいずれか2以上の判定要素が0
(1)直前期末を基とした判定要素			(2)直前々期末を基とした判定要素				である（該当）・でない（非該当）
第4表の⑤の金額	第4表の⑥の金額	第4表の⑨の金額	第4表の⑧の金額	第4表の⑥の金額	第4表の⑨の金額	判定	該　当　　　　非該当
円銭 0	円	円	円銭 0	円	円		

2. 株式等保有特定会社

判　定　要　素			判定基準	③の割合が50%以上である	③の割合が50%未満である
総資産価額（第5表の①の金額）	株式等の価額の合計額（第5表の⑦の金額）	株式等保有割合（②／①）			
① 千円	② 千円	③ ％	判定	該　当	非該当

3. 土地保有特定会社

判　定　要　素			会社の規模の判定（該当する文字を○で囲んで表示します。）			
総資産価額（第5表の①の金額）	土地等の価額の合計額（第5表の⑤の金額）	土地保有割合（⑤／④）	大会社・中会社・小会社			
④ 千円	⑤ 千円	⑥ ％				

			小　会　社（総資産価額（帳簿価額）が次の基準に該当する会社）			
判定基準 会社の規模	大　会　社	中　会　社	・卸売業 20億円以上 ・小売・サービス業 15億円以上 ・上記以外の業種 15億円以上		・卸売業 7,000万円以上20億円未満 ・小売・サービス業 4,000万円以上15億円未満 ・上記以外の業種 5,000万円以上15億円未満	
⑥の割合	70%以上	70%未満	90%以上	90%未満	70%以上	70%未満	90%以上	90%未満
判定	該当	非該当	該当	非該当	該当	非該当	該当	非該当

4 開業後3年未満の会社等

(1) 開業後3年未満の会社

判　定　要　素	判定基準	課税時期において開業後3年未満である	課税時期において開業後3年未満でない
開業年月日　　年　月　日	判定	該　当	非　該　当

(2) 比準要素数0の会社

判定要素	直前期末を基とした判定要素			判定基準	直前期末を基とした判定要素がいずれも0
	第4表の⑤の金額	第4表の⑥の金額	第4表の⑨の金額		である（該当）・でない（非該当）
	円銭 0	円	円	判定	該　当　　　　非該当

5. 開業前又は休業中の会社

開業前の会社の判定		休業中の会社の判定		6. 清算中の会社	判　　定	
該当	非該当	該当	非該当		該　当	非該当

7. 特定の評価会社の判定結果

1. 比準要素数1の会社	2. 株式等保有特定会社
3. 土地保有特定会社	4. 開業後3年未満の会社等
5. 開業前又は休業中の会社	6. 清算中の会社

該当する番号を○で囲んでください。なお、上記の「1. 比準要素数1の会社」欄から「6. 清算中の会社」欄の判定において2以上に該当する場合には、後の番号の判定によります。

第3表　一般の評価会社の株式及び株式に関する権利の価額の計算明細書　会社名＿＿＿＿＿＿

1株当たりの価額の計算の基となる金額	類似業種比準価額（第4表の㉖、㉕又は㉘の金額）	1株当たりの純資産価額（第5表の⑪の金額）	1株当たりの純資産価額の80%相当額（第5表の⑫の記載がある場合のその金額）
	① 円	② 円	③ 円

1　原則的評価方式による価額

1株当たりの価額の計算	区　分	1株当たりの価額の算定方法	1株当たりの価額
	大会社の株式の価額	①の金額と②の金額とのいずれか低い方の金額（②の記載がないときは①の金額）	④ 円
	中会社の株式の価額	①と②とのいずれか低い方の金額　Lの割合　　②の金額（③の金額があるときは③の金額）　Lの割合　(円×0.) + (円×(1－0.))	⑤ 円
	小会社の株式の価額	②の金額（③の金額があるときは③の金額）と次の算式によって計算した金額とのいずれか低い方の金額　　①の金額　　　②の金額（③の金額があるときは③の金額）　(円×0.50)+(円×0.50)= 円	⑥ 円

株式の価額の修正		株式の価額（④、⑤又は⑥）	1株当たりの配当金額	修正後の株式の価額
課税時期において配当期待権の発生している場合			円 － 円 銭	⑦ 円
課税時期において株式の割当てを受ける権利、株主となる権利又は株式無償交付期待権の発生している場合	株式の価額（④、⑤又は⑥（⑦があるときは⑦））	割当株式1株当たりの払込金額	1株当たりの割当株式数	1株当たりの割当株式数又は交付株式数	修正後の株式の価額
	円 + 円 × 株) ÷ (1株+ 株)				⑧ 円

2　配当還元方式による価額

1株当たりの資本金等の額、発行済株式数等	直前期末の資本金等の額	直前期末の発行済株式数	直前期末の自己株式数	1株当たりの資本金等の額を50円とした場合の発行済株式数（⑨÷50円）	1株当たりの資本金等の額（⑨÷(⑩－⑪))
	⑨ 千円	⑩ 株	⑪ 株	⑫ 株	⑬ 円

直前期末以前2年間の配当金額	事業年度	⑭ 年配当金額	⑮ 左のうち非経常的な配当金額	⑯ 差引経常的な年配当金額（⑭－⑮）	年平均配当金額
	直　前　期	千円	千円	⑰ 千円	⑰ (⑦+⑦)÷2 千円
	直前々期	千円	千円		

1株(50円)当たりの年配当金額	年平均配当金額(⑰)	⑫の株式数	⑱	この金額が2円50銭未満の場合は2円50銭とします。
	千円 ÷	株 =	円 銭	

配当還元価額	⑱の金額	⑬の金額	⑲	⑲の金額が、原則的評価方式により計算した価額を超える場合には、原則的評価方式により計算した価額とします。
	円 銭 × 円 ＝ 円 10% 50円		円	

3　株式に関する権利の価額（1.及び2.に共通）

配当期待権	1株当たりの予想配当金額	源泉徴収されるべき所得税相当額	㉑
	(円 銭)－(円 銭)		円 銭

株式の割当てを受ける権利（割当株式1株当たりの価額）	⑧（配当還元方式の場合は⑳）の金額	割当株式1株当たりの払込金額	㉒ 円
	円－ 円		

株主となる権利（割当株式1株当たりの価額）	⑧（配当還元方式の場合は⑳）の金額（課税時期後にその株主となる権利につき払い込むべき金額があるときは、その金額を控除した金額）	㉓ 円

株式無償交付期待権（交付される株式1株当たりの価額）	⑧（配当還元方式の場合は⑳）の金額	㉔ 円

4.株式及び株式に関する権利の価額（1.及び2.に共通）	
株式の評価額	円
株式に関する権利の評価額	円 銭（ 円 銭）

258 資料3 取引相場のない株式（出資）の評価明細書

第4表 類似業種比準価額等の計算明細書

会社名

（取引相場のない株式（出資）の評価明細書）

（平成三十年一月一日以降用）

1. 1株当たりの資本金等の額等の計算	直前期末の資本金等の額 ① 千円	直前期末の発行済株式数 ② 株	直前期末の自己株式数 ③ 株	1株当たりの資本金等の額（①÷（②－③）） ④ 円	1株当たりの資本金等の額を50円とした場合の発行済株式数（①÷50円） ⑤ 株

2 比準要素等の金額の計算

1株(50円)当たりの年配当金額

直前期末以前2（3）年間の年平均配当金額						比準要素数1の会社・比準要素数0の会社の判定要素の金額
事業年度	⑥ 年配当金額	⑦ 左のうち非経常的な配当金額	⑧ 差引経常的な年配当金額（⑥－⑦）	年平均配当金額		⑨/⑤ 円 銭
直前期	千円	千円	千円	⑨（イ＋ロ）÷2	千円	⑩/⑤ 円 銭
直前々期	千円	千円	千円	⑩（ハ＋ニ）÷2	千円	1株(50円)当たりの年配当金額
直前々期の前期	千円	千円	千円			Ⓑ 円 銭

1株(50円)当たりの年利益金額

直前期末以前2（3）年間の利益金額						比準要素数1の会社・比準要素数0の会社の判定要素の金額
事業年度	⑪法人税の課税所得金額	⑫非経常的な利益金額	⑬受取配当等の益金不算入額	⑭左の所得税額	⑮損金算入した繰越欠損金の控除額	⑯差引利益金額（⑪－⑫＋⑬－⑭＋⑮） Ⓒ 又は（ニ＋ホ）÷2 円
直前期	千円	千円	千円	千円	千円	⑯ 千円
直前々期	千円	千円	千円	千円	千円	Ⓒ 又は（⑯＋⑰）÷2 円
直前々期の前期	千円	千円	千円	千円	千円	1株(50円)当たりの年利益金額 （ニ 又は（ニ＋ホ）÷2 の金額）

1株(50円)当たりの純資産価額

直前期末（直前々期末）の純資産価額			比準要素数1の会社・比準要素数0の会社の判定要素の金額
事業年度	⑰資本金等の額	⑱利益積立金額	⑲純資産価額（⑰＋⑱） Ⓓ 円
直前期	千円	千円	⑲ 千円 Ⓓ 円
直前々期	千円	千円	⑳ 千円 1株(50円)当たりの純資産価額 （⑲ の金額） Ⓓ 円

3 類似業種比準価額の計算

1株(50円)当たりの類似業種比準価額の計算

類似業種と業種目番号 (No.)	比準割合の計算	区分	1株(50円)当たりの年配当金額	1株(50円)当たりの年利益金額	1株(50円)当たりの純資産価額	1株(50円)当たりの比準価額
類似業種 課税時期の属する月 ㋑ 月 円		評価会社	Ⓑ 円 銭	Ⓒ 円	Ⓓ 円	㉒×㉑×※0.7
課税時期の属する月の前月 ㋺ 月 円		類似業種 B 円 銭	C 円	D 円	※中会社は0.6 小会社は0.5 とします。
課税時期の属する月の前々月 ㋩ 月 円		要素別比準割合 Ⓑ/B ・	Ⓒ/C ・	Ⓓ/D ・	
前年平均株価 ㋥ 円					
課税時期の属する月以前2年間の平均株価 ㉑ 円					
A（㋑、㋺、㋩、㋥のうち最も低いもの） 円		比準割合	ⓑ/B ＋ ⓒ/C ＋ ⓓ/D ／ 3 ＝ ㉒ ・		㉒ 円 銭

類似業種と業種目番号 (No.)	比準割合の計算	区分	1株(50円)当たりの年配当金額	1株(50円)当たりの年利益金額	1株(50円)当たりの純資産価額	1株(50円)当たりの比準価額
類似業種 課税時期の属する月 ㋬ 月 円		評価会社	Ⓑ 円 銭	Ⓒ 円	Ⓓ 円	㉓×㉔×※0.7
課税時期の属する月の前月 ㋭ 月 円		類似業種 B 円 銭	C 円	D 円	※中会社は0.6 小会社は0.5 とします。
課税時期の属する月の前々月 ㋠ 月 円		要素別比準割合 Ⓑ/B ・	Ⓒ/C ・	Ⓓ/D ・	
前年平均株価 ㋷ 円					
課税時期の属する月以前2年間の平均株価 ㉔ 円					
A（㋬、㋭、㋠、㋷のうち最も低いもの） 円		比準割合	ⓑ/B ＋ ⓒ/C ＋ ⓓ/D ／ 3 ＝ ㉓ ・		㉓ 円 銭

比準価額の修正

1株当たりの比準価額	比準価額（㉒と㉓とのいずれか低い方） 円	0銭 × ④の金額 円 ／ 50円	㉕ 円

直前期末の翌日から課税時期までの間に配当金交付の効力が発生した場合	比準価額（㉕） 円 － 1株当たりの配当金額 円 銭	修正比準価額 ㉗ 円

直前期末の翌日から課税時期までの間に株式の割当て等の効力が発生した場合	比準価額（㉕） （㉗があるときは㉗） （ 円＋ 割当株式1株たりの払込金額 円 銭× 1株当たりの割当株式数 株）÷（1株＋ 1株当たりの割当株式数又は交付株式数 株）	修正比準価額 ㉘ 円

第5表 1株当たりの純資産価額(相続税評価額)の計算明細書 会社名 _____

（取引相場のない株式（出資）の評価明細書）

（平成三十年一月一日以降用）

1. 資産及び負債の金額（課税時期現在）

	資 産 の 部				負 債 の 部			
科　目	相続税評価額	帳簿価額	備考	科　目	相続税評価額	帳簿価額	備考
	千円	千円			千円	千円	
合　計	①	②		合　計	③	④	
株式等の価額の合計額	㋑	㋺					
土地等の価額の合計額	㋩						
現物出資等受入れ資産の価額の合計額	㋥	㋭					

2. 評価差額に対する法人税額等相当額の計算

相続税評価額による純資産価額　（①－③）	⑤	千円
帳簿価額による純資産価額　（（②＋㋭－㋥）－④）、マイナスの場合は0）	⑥	千円
評価差額に相当する金額　（⑤－⑥、マイナスの場合は0）	⑦	千円
評価差額に対する法人税額等相当額　（⑦×37%）	⑧	千円

3. 1株当たりの純資産価額の計算

課税時期現在の純資産価額（相続税評価額）　（⑤－⑧）	⑨	千円
課税時期現在の発行済株式数　（（第1表の1の①）－自己株式数）	⑩	株
課税時期現在の1株当たりの純資産価額（相続税評価額）　（⑨÷⑩）	⑪	円
同族株主等の議決権割合（第1表の1の⑤の割合）が50% 以下の場合　（⑪×80%）	⑫	円

260　資料3　取引相場のない株式（出資）の評価明細書

第6表　特定の評価会社の株式及び株式に関する権利の価額の計算明細書　会社名

（取引相場のない株式（出資）の評価明細書）

平成三十年一月一日以降用

1　純資産価額方式等による価額

1株当たりの価額の計算の基となる金額	類似業種比準価額（第4表の㉖、㉗又は㉘の金額）①　円	1株当たりの純資産価額（第5表の⑪の金額）②　円	1株当たりの純資産価額の80%相当額（第5表の⑫の記載がある場合のその金額）③　円

1株当たりの価額の計算

株式の区分	1株当たりの価額の算定方法等	1株当たりの価額
比準要素数1の会社の株式	②の金額（③の金額があるときは③の金額）と次の算式によって計算した金額とのいずれか低い方の金額 （①の金額　　②の金額（③の金額があるときは③の金額） （　　円×0.25）＋（　　円×0.75）＝　　円	④　円
株式等保有特定会社の株式	（第8表の㉖の金額）	⑤　円
土地保有特定会社の株式	（②の金額（③の金額があるときはその金額））	⑥　円
開業後3年未満の会社等の株式	（②の金額（③の金額があるときはその金額））	⑦　円
開業前又は休業中の会社の株式	（②の金額）	⑧　円

株式の価額の修正

課税時期において配当期待権の発生している場合	株式の価額（④、⑤、⑥⑦又は⑧）　円－	1株当たりの配当金額　円　銭	修正後の株式の価額⑨　円
課税時期において株式の割当てを受ける権利、株主となる権利又は株式無償交付期待権の発生している場合	株式の価額（④、⑤、⑥、⑦又は⑧（⑨があるときは⑨）　円＋	割当株式1株当たりの払込金額　円×	1株当たりの割当株式数（株）÷（1株＋	1株当たりの割当株式数又は交付株式数　株）	修正後の株式の価額⑩　円

2　配当還元方式による価額

1株当たりの資本金等の額、発行済株式数等	直前期末の資本金等の額⑪　千円	直前期末の発行済株式数⑫　株	直前期末の自己株式数⑬　株	1株当たりの資本金等の額を50円とした場合の発行済株式数（⑪÷50円）⑭　株	1株当たりの資本金等の額（⑪÷（⑫－⑬））⑮　円

直前期末以前2年間の配当金額

事業年度	⑯年配当金額	⑰左のうち非経常的な配当金額	⑱差引経常的な年配当金額（⑯－⑰）	年平均配当金額
直前期	千円	千円	㋑　千円	⑲（㋑＋㋺）÷2　千円
直前々期	千円	千円	㋺　千円	

1株(50円)当たりの年配当金額	年平均配当金額（⑲）　千円 ÷ ⑭の株式数　株 ＝ ⑳　円　銭	この金額が2円50銭未満の場合は2円50銭とします。

配当還元価額	⑳の金額 ㉑ ⑮の金額 円　銭 ÷ 円 ＝ 円 10% 50円	㉒　円	㉒の金額が、純資産価額方式等により計算した価額を超える場合には、純資産価額方式等により計算した価額とします。

3　株式及び株式に関する権利の価額（1.及び2.に共通）

配当期待権	1株当たりの予想配当金額　源泉徴収されるべき所得税相当額 （　円　銭）－（　円　銭）	㉓　円　銭	**4.株式及び株式に関する権利の価額（1.及び2.に共通）**
株式の割当てを受ける権利（割当株式1株当たりの価額）	⑩（配当還元方式の場合は㉒）の金額　割当株式1株当たりの払込金額 円－　円	㉔　円	株式の評価額 ㉕　円
株主となる権利（割当株式1株当たりの価額）	⑩（配当還元方式の場合は㉒）の金額（課税時期後にその株主となる権利につき払い込むべき金額があるときは、その金額を控除した金額）　円	㉖　円	株式に関する権利の評価額（　円　銭）
株式無償交付期待権（交付される株式1株当たりの価額）	⑩（配当還元方式の場合は㉒）の金額　円	㉗　円	

261

第7表　株式等保有特定会社の株式の価額の計算明細書

会社名

〔取引相場のない株式（出資）の評価明細書〕

（平成三十年一月一日以降用）

1. S₁の金額

	事業年度	① 直前期	② 直前々期	合計（①＋②）	受取配当金等収受割合（⓪＋（⑦＋④））※小数点以下3位未満切り捨て
受取配当金等収受割合の計算	受取配当金等の額	千円	千円 ⑦	千円	
	営業利益の金額	千円	千円 ⑦	千円	

①−⑥の金額	1株（50円）当たりの年配当金額（第4表の⑩）	受取配当金等収受割合（⓪）	⑥ の 金 額（③×⓪）	⑧ − ⑥ の 金 額（③−④）
	③ 円 銭 0		④ 円 銭 0	⑤ 円 銭 0

ⓒ−ⓓの金額	1株（50円）当たりの年利益金額（第4表の⑥）		ⓒ の 金 額（⑥×⓪）	ⓒ − ⓓ の 金 額（⑥−⑦）
	⑥		⑦ 円	⑧ 円

①−④の金額	（イ）の金額	1株（50円）当たりの純資産価額（第4表の⑪）	直前期末の株式等の帳簿価額の合計額（帳簿価額）	直前期末の総資産価額（帳簿価額）	（イ）の金額（⑨×（⑩÷⑪））
		⑨ 円	⑩ 千円	⑪ 千円	円
	（ロ）の金額	利益積立金額（第4表の④の「直前期」欄の金額）	1株当たりの資本金等の額を50円とした場合の発行済株式数（第4表の⑤の株式数）	受取配当金等収受割合（⓪）	（ロ）の金額（（⑬÷⑭）×⓪）
		⑬ 千円	⑭ 株		⑮ 円
	④の金額（⑫＋⑮）		①−④の金額（⑨−⑯）		
	⑯ 円		⑰ 円		

（注）1　⓪の割合は、1を上限とします。
2　⑯の金額は、⑨の金額（⑨の金額）を上限とします。

2. S₁の金額（類似業種比準価額の計算）

1株（50円）当たりの比準価額の計算

類似業種と業種目番号		（No.　）	区　分	1株（50円）当たりの年配当金額	1株（50円）当たりの年利益金額	1株（50円）当たりの純資産価額	1株（50円）当たりの比準価額
類似業種の株価	課税時期の属する月	㋺ 月 円	評価会社	⑤ 円 銭 0	⑧ 円	⑰ 円	⑲ × ⑳ ※0.7
	課税時期の属する月の前月	㋩ 月 円	類似業種 B	C 円 銭 0	C 円	D 円	※中会社は0.6 小会社は0.5 とします。
	課税時期の属する月の前々月	㋥ 月 円	要素別比準割合	⑤/B	⑧/C	⑰/D	
	前年平均株価	㋭ 円	比準割合	⑤/B ＋ ⑧/C ＋ ⑰/D / 3 ＝			⑳ 円 銭 0
	課税時期の属する月以前2年間の平均株価	㋬ 円					
	A ㋺、㋩、㋥、㋭、㋬のうち最も低いもの	⑱ 円					

類似業種と業種目番号		（No.　）	区　分	1株（50円）当たりの年配当金額	1株（50円）当たりの年利益金額	1株（50円）当たりの純資産価額	1株（50円）当たりの比準価額
類似業種の株価	課税時期の属する月	㋺ 月 円	評価会社	⑤ 円 銭 0	⑧ 円	⑰ 円	㉑ × ㉒ ※0.7
	課税時期の属する月の前月	㋩ 月 円	類似業種 B	C 円 銭 0	C 円	D 円	※中会社は0.6 小会社は0.5 とします。
	課税時期の属する月の前々月	㋥ 月 円	要素別比準割合	⑤/B	⑧/C	⑰/D	
	前年平均株価	㋭ 円	比準割合	⑤/B ＋ ⑧/C ＋ ⑰/D / 3 ＝			㉒ 円 銭 0
	課税時期の属する月以前2年間の平均株価	㋬ 円					
	A ㋺、㋩、㋥、㋭、㋬のうち最も低いもの	円					

1株当たりの比準価額	比準価額（⑳と㉑とのいずれか低い方）		第4表の④の金額 × 50円	㉔ 円
	円 0銭			

比準価額の修正

直前期末の翌日から課税時期までの間に配当金交付の効力が発生した場合	比準価額（㉔）	1株当たりの配当金額	修正比準価額
	円 − 銭		㉕ 円

直前期末の翌日から課税時期までの間に株式の割当て等の効力が発生した場合	比準価額（㉔）（㉕があるときは㉕）	割当株式1株たりの払込金額	1株当たりの割当株式数	1株当たりの割当株式数又は交付株式数	修正比準価額
	（ 円＋ 円 銭× 株）÷（1株＋ 株）				㉖ 円

262　資料3　取引相場のない株式（出資）の評価明細書

第8表　株式等保有特定会社の株式の価額の計算明細書（続）

会社名

（取引相場のない株式（出資）の評価明細書）

平成三十年一月一日以降用

		相続税評価額による純資産価額 （第5表の⑤の金額）	課税時期現在の株式等の価額の合計額　（第5表の⑦の金額）	差　　　引 （①－②）
1．S₁の金額（続）	純資産価額（相続税評価額）の修正計算	①　　　　　　千円	②　　　　　　千円	③　　　　　　千円
		帳簿価額による純資産価額 （第5表の⑥の金額）	株式等の帳簿価額の合計額 （第5表の⑦+（⑤－⑤）の金額）(注)	差　　　引 （④－⑤）
		④　　　　　　千円	⑤　　　　　　千円	⑥　　　　　　千円
		評価差額に相当する金額 （③－⑥）	評価差額に対する法人税額等相当額 （⑦×37%）	課税時期現在の修正純資産価額 （相続税評価額）（③－⑧）
		⑦　　　　　　千円	⑧　　　　　　千円	⑨　　　　　　千円
		課税時期現在の発行済株式数 （第5表の⑩の株式数）	課税時期現在の修正後の1株当たりの純資産価額（相続税評価額）（⑨÷⑩）	(注)　第5表の⑤及び⑦の金額に株式等以外の資産に係る金額が含まれている場合には、その金額を除いて計算します。
		⑩　　　　　　株	⑪　　　　　　円	

1株当たりのS₁の金額の計算の基となる金額	修正後の類似業種比準価額 （第7表の㉖、㉗又は㉘の金額）	修正後の1株当たりの純資産価額 （相続税評価額）（⑪の金額）	
	⑫　　　　　　円	⑬　　　　　　円	

	区　分	1株当たりのS₁の金額の算定方法	1株当たりのS₁の金額
1株当たりのS₁の金額の計算	比準要素数1である会社のS₁の金額	⑬の金額と次の算式によって計算した金額とのいずれか低い方の金額 ⑫の金額　　　　　⑬の金額 （　　　円×0.25）+（　　　円×0.75）=　　　円	⑭　　　　　円
	上記以外の会社　大会社のS₁の金額	⑫の金額と⑬の金額とのいずれか低い方の金額 （⑬の記載がないときは⑫の金額）	⑮　　　　　円
	上記以外の会社　中会社のS₁の金額	⑫と⑬とのいずれか低い方の金額　Lの割合　　⑬の金額　　Lの割合 [　　　円×0.　　　]+[　　　円×（1-0.　　　）]	⑯　　　　　円
	上記以外の会社　小会社のS₁の金額	⑬の金額と次の算式によって計算した金額とのいずれか低い方の金額 ⑫の金額　　　　　⑬の金額 （　　　円×0.50）+（　　　円×0.50）=　　　円	⑰　　　　　円

	課税時期現在の株式等の価額の合計額 （第5表の⑦の金額）	株式等の帳簿価額の合計額 （第5表の⑦+（⑤－⑤）の金額）(注)	株式等に係る評価差額に相当する金額 （⑱－⑲）	⑳の評価差額に対する法人税額等相当額 （⑳×37%）
2．S₂の金額	⑱　　　　　千円	⑲　　　　　千円	⑳　　　　　千円	㉑　　　　　千円
	S₂の純資産価額相当額 （⑱－㉑）	課税時期現在の発行済株式数 （第5表の⑩の株式数）	S₂の金額 （㉒÷㉓）	(注)第5表の⑤及び⑦の金額に株式等以外の資産に係る金額が含まれている場合には、その金額を除いて計算します。
	㉒　　　　　千円	㉓　　　　　株	㉔　　　　　円	

3．株式等保有特定会社の株式の価額	1株当たりの純資産価額（第5表の⑪の金額（第5表の⑫の金額があるときはその金額））	S₁の金額とS₂の金額との合計額 （（⑭、⑮、⑯又は⑰）+㉔）	株式等保有特定会社の株式の価額 （㉕と㉖とのいずれか低い方の金額）
	㉕　　　　　円	㉖　　　　　円	㉗　　　　　円

263

【平成 30 年 1 月 1 日以降用】

取引相場のない株式（出資）の評価明細書の記載方法等

　取引相場のない株式（出資）の評価明細書は、相続、遺贈又は贈与により取得した取引相場のない株式及び持分会社の出資等並びにこれらに関する権利の価額を評価するために使用します。

　なお、この明細書は、第 1 表の 1 及び第 1 表の 2 で納税義務者である株主の態様の判定及び評価会社の規模（L の割合）の判定を行い、また、第 2 表で特定の評価会社に該当するかどうかの判定を行い、それぞれについての評価方式に応じて、第 3 表以下を記載し作成します。

(注) 1　評価会社が一般の評価会社(特定の評価会社に該当しない会社をいいます。)である場合には、第 6 表以下を記載する必要はありません。

　　 2　評価会社が「清算中の会社」に該当する場合には、適宜の様式により計算根拠等を示してください。

第 1 表の 1　評価上の株主の判定及び会社規模の判定の明細書

1　この表は、評価上の株主の区分及び評価方式の判定に使用します。評価会社が「開業前又は休業中の会社」に該当する場合には、「1．株主及び評価方式の判定」欄及び「2．少数株式所有者の評価方式の判定」欄を記載する必要はありません。

　　なお、この表のそれぞれの「判定基準」欄及び「判定」欄は、該当する文字を○で囲んで表示します。

2　「事業内容」欄の「取扱品目及び製造、卸売、小売等の区分」欄には、評価会社の事業内容を具体的に記載します。「業種目番号」欄には、別に定める類似業種比準価額計算上の業種目の番号を記載します（類似業種比準価額を計算しない場合は省略しても差し支えありません。）。「取引金額の構成比」欄には、評価会社の取引金額全体に占める事業別の構成比を記載します。

　(注)　「取引金額」は直前期末以前 1 年間における評価会社の目的とする事業に係る収入金額（金融業・証券業については収入利息及び収入手数料）をいいます。

3　「1．株主及び評価方式の判定」の「判定要素（課税時期現在の株式等の所有状況）」の各欄は、次により記載します。

　⑴　「氏名又は名称」欄には、納税義務者が同族株主等の原則的評価方式等（配当還元方式以外の評価方式をいいます。）を適用する株主に該当するかどうかを判定するために必要な納税義務者の属する同族関係者グループ（株主の 1 人とその同族関係者のグループをいいます。）の株主の氏名又は名称を記載します。

　　　この場合における同族関係者とは、株主の 1 人とその配偶者、6 親等内の血族及び 3 親等内の姻族等をいいます（付表「同族関係者の範囲等」参照）。

　⑵　「続柄」欄には、納税義務者との続柄を記載します。

　⑶　「会社における役職名」欄には、課税時期又は法定申告期限における役職名を、社長、代表取締役、副社長、専務、常務、会計参与、監査役等と具体的に記載します。

　⑷　「㋑　株式数（株式の種類）」の各欄には、相続、遺贈又は贈与による取得後の株式数を記載します(評価会社が会社法第 108 条第 1 項に掲げる事項について内容の異なる 2 以上の種類の株式(以下「種類株式」といいます。)を発行している場合には、次の⑸のニにより記載します。

　　　なお、評価会社が種類株式を発行していない場合には、株式の種類の記載を省略しても差し支え

264 資料3 取引相場のない株式（出資）の評価明細書

【平成30年1月1日以降用】

ありません。）。

「㋭ **議決権数**」の各欄には、各株式数に応じた議決権数（個）を記載します（議決権数は㋑株式数÷1単元の株式数により計算し、1単元の株式数に満たない株式に係る議決権数は切り捨てて記載します。なお、会社法第188条に規定する単元株制度を採用していない会社は、1株式＝1議決権となります。）。

「㋬ **議決権割合**（㋭／④）」の各欄には、評価会社の議決権の総数（④欄の議決権の総数）に占める議決権（それぞれの株主の ㋭欄の議決権数）の割合を1％未満の端数を切り捨てて記載します（「納税義務者の属する同族関係者グループの議決権の合計数（⑤（②／④））」欄及び「筆頭株主グループの議決権の合計数（⑥（③／④））」欄は、各欄において、1％未満の端数を切り捨てて記載します。なお、これらの割合が50％超から51％未満までの範囲内にある場合には、1％未満の端数を切り上げて「51％」と記載します。）。

⑸　次に掲げる場合には、それぞれ次によります。

イ　相続税の申告書を提出する際に、株式が共同相続人及び包括受遺者の間において分割されていない場合

「㋑　株式数（株式の種類）」欄には、納税義務者が有する株式（未分割の株式を除きます。）の株式数の上部に、未分割の株式の株式数を ㋳と表示の上、外書で記載し、納税義務者が有する株式の株式数に未分割の株式の株式数を加算した数に応じた議決権数を「㋭　議決権数」に記載します。また、「納税義務者の属する同族関係者グループの議決権の合計数（⑤（②／④））」欄には、納税義務者の属する同族関係者グループが有する実際の議決権数（未分割の株式に応じた議決権数を含みます。）を記載します。

ロ　評価会社の株主のうちに会社法第308条第1項の規定によりその株式につき議決権を有しないこととされる会社がある場合

「氏名又は名称」欄には、その会社の名称を記載します。

「㋑　株式数（株式の種類）」欄には、議決権を有しないこととされる会社が有する株式数を ㋳と表示の上、記載し、「㋭　議決権数」欄及び「㋬　議決権割合（㋭／④）」欄は、「－」で表示します。

ハ　評価会社が自己株式を有する場合

「㋑　株式数（株式の種類）」欄に会社法第113条第4項に規定する自己株式の数を記載します。

ニ　評価会社が種類株式を発行している場合

評価会社が種類株式を発行している場合には、次のとおり記載します。

「㋑　株式数（株式の種類）」欄の各欄には、納税義務者が有する株式の種類ごとに記載するものとし、上段に株式数を、下段に株式の種類を記載します（記載例参照）。

「㋭　議決権数」の各欄には、株式の種類に応じた議決権数を記載します（議決権数は ㋑株式数÷その株式の種類に応じた1単元の株式数により算定し、1単元に満たない株式に係る議決権数は切り捨てて記載します。）。

「㋬　議決権割合（㋭／④）」の各欄には、評価会社の議決権の総数（④欄の議決権の総数）に占める議決権数（それぞれの株主の ㋭欄の議決権数で、2種類以上の株式を所有している場合には、記載例のように、各株式に係る議決権数を合計した数）の割合を1％未満の端数を切り捨てて記載します（「納税義務者の属する同族関係者グループの議決権の合計数（⑤（②／④））」欄及び「筆頭株主グループの議決権の合計数（⑥（③／④））」欄は、各欄において、1％未満の

【平成30年1月1日以降用】

端数を切り捨てて記載します。なお、これらの割合が50％超から51％未満までの範囲内にある場合には、1％未満の端数を切り上げて「51％」と記載します。）。

（記載例）

氏名又は名称	続 柄	会社における役職名	㋑ 株 式 数 （株式の種類）	㋺ 議 決 権 数	㋩ 議決権割合 （㋺／④）
財務　一郎	納 税 義務者	社長	株 10,000,000 （普通株式）	個 10,000	％ 14
〃	〃	〃	2,000,000 （種類株式A）	4,000	

4　「1．株主及び評価方式の判定」の「判定基準」欄及び「判定」欄の各欄は、該当する文字を○で囲んで表示します。

　なお、「判定」欄において、「同族株主等」に該当した納税義務者のうち、議決権割合（㋩の割合）が5％未満である者については、「2．**少数株式所有者の評価方式の判定**」欄により評価方式の判定を行います。

　また、評価会社の株主のうちに中小企業投資育成会社がある場合は、財産評価基本通達188-6（（投資育成会社が株主である場合の同族株主等））の定めがありますので、留意してください。

5　「2．**少数株式所有者の評価方式の判定**」欄は、「判定要素」欄に掲げる項目の「㊁　役員」、「㊋　納税義務者が中心的な同族株主」及び「㊌　納税義務者以外に中心的な同族株主（又は株主）」の順に次により判定を行い、それぞれの該当する文字を○で囲んで表示します（「判定内容」欄の括弧内は、それぞれの項目の判定結果を表します。）。

　なお、「役員」、「中心的な同族株主」及び「中心的な株主」については、付表「同族関係者の範囲等」を参照してください。

⑴　「㊁　**役員**」欄は、納税義務者が課税時期において評価会社の役員である場合及び課税時期の翌日から法定申告期限までに役員となった場合に「である」とし、その他の者については「でない」として判定します。

⑵　「㊋　**納税義務者が中心的な同族株主**」欄は、納税義務者が中心的な同族株主に該当するかどうかの判定に使用しますので、納税義務者が同族株主のいない会社（⑥の割合が30％未満の場合）の株主である場合には、この欄の判定は必要ありません。

⑶　「㊌　**納税義務者以外に中心的な同族株主（又は株主）**」欄は、納税義務者以外の株主の中に中心的な同族株主（納税義務者が同族株主のいない会社の株主である場合には、中心的な株主）がいるかどうかを判定し、中心的な同族株主又は中心的な株主がいる場合には、下段の氏名欄にその中心的な同族株主又は中心的な株主のうち1人の氏名を記載します。

第1表の2　評価上の株主の判定及び会社規模の判定の明細書　（続）

1　「3．会社の規模（Lの割合）の判定」の「判定要素」の各欄は、次により記載します。なお、評価会社が「開業前又は休業中の会社」に該当する場合及び「開業後3年未満の会社等」に該当する場合には、「3．会社の規模（Lの割合）の判定」欄を記載する必要はありません。

⑴　「直前期末の総資産価額（帳簿価額）」欄には、直前期末における各資産の確定決算上の帳簿価額の合計額を記載します。

266　資料3　取引相場のない株式（出資）の評価明細書

【平成 30 年 1 月 1 日以降用】

(注)1　固定資産の減価償却累計額を間接法によって表示している場合には、各資産の帳簿価額の
合計額から減価償却累計額を控除します。

2　売掛金、受取手形、貸付金等に対する貸倒引当金は控除しないことに留意してください。

3　前払費用、繰延資産、税効果会計の適用による繰延税金資産など、確定決算上の資産とし
て計上されている資産は、帳簿価額の合計額に含めて記載します。

4　収用や特定の資産の買換え等の場合において、圧縮記帳引当金勘定に繰り入れた金額及び
圧縮記帳積立金として積み立てた金額並びに翌事業年度以降に代替資産等を取得する予定で
あることから特別勘定に繰り入れた金額は、帳簿価額の合計額から控除しないことに留意し
てください。

(2)　「**直前期末以前 1 年間における従業員数**」欄には、直前期末以前 1 年間においてその期間継続し
て評価会社に勤務していた従業員（就業規則等で定められた 1 週間当たりの労働時間が 30 時間未
満である従業員を除きます。以下「継続勤務従業員」といいます。）の数に、直前期末以前 1 年間
において評価会社に勤務していた従業員（継続勤務従業員を除きます。）のその 1 年間における労
働時間の合計時間数を従業員 1 人当たり年間平均労働時間数(1,800時間)で除して求めた数を加算
した数を記載します。

(注)1　上記により計算した評価会社の従業員数が、例えば5.1人となる場合は従業員数「5 人超」
に、4.9人となる場合は従業員数「5 人以下」に該当します。

2　従業員には、社長、理事長並びに法人税法施行令第71条((使用人兼務役員とされない役
員))第 1 項第 1 号、第 2 号及び第 4 号に掲げる役員は含まないことに留意してください。

(3)　「**直前期末以前 1 年間の取引金額**」欄には、直前期の事業上の収入金額（売上高）を記載します。
この場合の事業上の収入金額とは、その会社の目的とする事業に係る収入金額（金融業・証券業に
ついては収入利息及び収入手数料）をいいます。

(注)　直前期の事業年度が 1 年未満であるときには、課税時期の直前期末以前 1 年間の実際の収入
金額によることとなりますが、実際の収入金額を明確に区分することが困難な期間がある場合
は、その期間の収入金額を月数あん分して求めた金額によっても差し支えありません。

(4)　評価会社が「**卸売業**」、「**小売・サービス業**」又は「**卸売業、小売・サービス業以外**」のいずれの
業種に該当するかは、直前期末以前 1 年間の取引金額に基づいて判定し、その取引金額のうちに 2
以上の業種に係る取引金額が含まれている場合には、それらの取引金額のうち最も多い取引金額に
係る業種によって判定します。

(5)　「**会社規模とLの割合（中会社）の区分**」欄は、㋑欄の区分（「総資産価額（帳簿価額）」と「従
業員数」とのいずれか下位の区分）と ㋺欄（取引金額）の区分とのいずれか上位の区分により判
定します。

(注)　大会社及びLの割合が 0.90 の中会社の従業員数はいずれも「35 人超」のため、この場合の ㋑
欄の区分は、「総資産価額（帳簿価額）」欄の区分によります。

2　「**4．増（減）資の状況その他評価上の参考事項**」欄には、次のような事項を記載します。

(1)　課税時期の直前期末以後における増（減）資に関する事項

例えば、増資については、次のように記載します。

　　　　　増資年月日　　　　平成○年○月○日

　　　　　増資金額　　　　　○○○　　　千円

　　　　　増資内容　　　　　1 ： 0.5（1 株当たりの払込金額 50 円、株主割当）

【平成 30 年 1 月 1 日以降用】

　　　増資後の資本金額　　　○○○　　　千円

⑵　課税時期以前 3 年間における社名変更、増（減）資、事業年度の変更、合併及び転換社債型新株予約権付社債（財産評価基本通達 197⑷に規定する転換社債型新株予約権付社債、以下「転換社債」といいます。）の発行状況に関する事項

⑶　種類株式に関する事項

　　　例えば、種類株式の内容、発行年月日、発行株式数等を、次のように記載します。

種類株式の内容	議決権制限株式
発行年月日	平成○年○月○日
発行株式数	○○○○○株
発行価額	1 株につき○○円（うち資本金に組み入れる金額○○円）
1 単元の株式の数	○○○株
議決権	○○の事項を除き、株主総会において議決権を有しない。
転換条項	平成○年○月○日から平成○年○月○日までの間は株主からの請求により普通株式への転換可能（当初の転換価額は○○円）
償還条項	なし
残余財産の分配	普通株主に先立ち、1 株につき○○円を支払う。

⑷　剰余金の配当の支払いに係る基準日及び効力発生日

⑸　剰余金の配当のうち、資本金等の額の減少に伴うものの金額

⑹　その他評価上参考となる事項

第 2 表　特定の評価会社の判定の明細書

1　この表は、評価会社が特定の評価会社に該当するかどうかの判定に使用します。

　　評価会社が特定の評価会社に明らかに該当しないものと認められる場合には、記載する必要はありません。また、配当還元方式を適用する株主について、原則的評価方式等の計算を省略する場合（原則的評価方式等により計算した価額が配当還元価額よりも高いと認められる場合）には、記載する必要はありません。

　　なお、この表のそれぞれの「判定基準」欄及び「判定」欄は、該当する文字を○で囲んで表示します。

2　「1.　比準要素数 1 の会社」欄は、次により記載します。

　　なお、評価会社が「3.　土地保有特定会社」から「6.　清算中の会社」のいずれかに該当する場合には、記載する必要はありません。

⑴　「判定要素」の「⑴　直前期末を基とした判定要素」及び「⑵　直前々期末を基とした判定要素」の各欄は、当該各欄が示している第 4 表の「2.　比準要素等の金額の計算」の各欄の金額を記載します。

⑵　「判定基準」欄は、「⑴　直前期末を基とした判定要素」欄の判定要素のいずれか 2 が 0 で、かつ、「⑵　直前々期末を基とした判定要素」欄の判定要素のいずれか 2 以上が 0 の場合に、「である（該当）」を○で囲んで表示します。

（注）「⑴　直前期末を基とした判定要素」欄の判定要素がいずれも 0 である場合は、「4.　開業後 3 年未満の会社等」欄の「⑵　比準要素数 0 の会社」に該当することに留意してください。

268 資料３ 取引相場のない株式（出資）の評価明細書

【平成30年１月１日以降用】

3　「**2.　株式等保有特定会社**」及び「**3.　土地保有特定会社**」の「**総資産価額**」欄等には、課税時期における評価会社の各資産を財産評価基本通達の定めにより評価した金額（第５表の①の金額等）を記載します。ただし、１株当たりの純資産価額（相続税評価額）の計算に当たって、第５表の記載方法等の２の⑷により直前期末における各資産及び各負債に基づいて計算を行っている場合には、当該直前期末において計算した第５表の当該各欄の金額により記載することになります（これらの場合、株式等保有特定会社及び土地保有特定会社の判定時期と純資産価額及び株式等保有特定会社のＳ₂の計算時期を同一とすることに留意してください。）。

　なお、「**2.　株式等保有特定会社**」欄は、評価会社が「**3.　土地保有特定会社**」から「**6.　清算中の会社**」のいずれかに該当する場合には記載する必要はなく、「**3.　土地保有特定会社**」欄は、評価会社が「**4.　開業後３年未満の会社等**」から「**6.　清算中の会社**」のいずれかに該当する場合には、記載する必要はありません。

(注)　「**2.　株式等保有特定会社**」の「**株式等保有割合**」欄の③の割合及び「**3.　土地保有特定会社**」の「**土地保有割合**」欄の⑥の割合は、１％未満の端数を切り捨てて記載します。

4　「**4.　開業後３年未満の会社等**」の「⑵　**比準要素数０の会社**」の「**判定要素**」の「**直前期末を基とした判定要素**」の各欄は、当該各欄が示している第４表の「**2.　比準要素等の金額の計算**」の各欄の金額（第２表の「**1.　比準要素数１の会社**」の「**判定要素**」の「⑴　**直前期末を基とした判定要素**」の各欄の金額と同一となります。）を記載します。

　なお、評価会社が「⑴　**開業後３年未満の会社**」に該当する場合には、「⑵　**比準要素数０の会社**」の各欄は記載する必要はありません。

　また、評価会社が「5.　**開業前又は休業中の会社**」又は「6.　**清算中の会社**」に該当する場合には、「**4.　開業後３年未満の会社等**」の各欄は、記載する必要はありません。

5　「**5.　開業前又は休業中の会社**」の各欄は、評価会社が「6.　**清算中の会社**」に該当する場合には、記載する必要はありません。

第３表　一般の評価会社の株式及び株式に関する権利の価額の計算明細書

1　この表は、一般の評価会社の株式及び株式に関する権利の評価に使用します（特定の評価会社の株式及び株式に関する権利の評価については、「**第６表　特定の評価会社の株式及び株式に関する権利の価額の計算明細書**」を使用します。）。

　なお、この表の各欄の金額は、各欄の表示単位未満の端数を切り捨てて記載します（ただし、下記の２及び４の⑵に留意してください。）。

2　「**1.　原則的評価方式による価額**」の「**株式の価額の修正**」欄の「１株当たりの割当株式数」及び「１株当たりの割当株式数又は交付株式数」は、１株未満の株式数を切り捨てずに実際の株式数を記載します。

3　「**2.　配当還元方式による価額**」欄は、第１表の１の「**1.　株主及び評価方式の判定**」欄又は「**2.　少数株式所有者の評価方式の判定**」欄の判定により納税義務者が配当還元方式を適用する株主に該当する場合に、次により記載します。

⑴　「**１株当たりの資本金等の額、発行済株式数等**」の「**直前期末の資本金等の額**」欄の⑨の金額は、法人税申告書別表五（一）（（利益積立金額及び資本金等の額の計算に関する明細書））（以下「別表五（一）」といいます。）の「差引翌期首現在資本金等の額」の「差引合計額」欄の金額を記載しま

269

【平成 30 年 1 月 1 日以降用】

す。

(2) 「**直前期末以前 2 年間の配当金額**」欄は、評価会社の年配当金額の総額を基に、第 4 表の記載方法等の 2 の(1)に準じて記載します。

(3) 「**配当還元価額**」欄の⑳の金額の記載に当たって、原則的評価方式により計算した価額が配当還元価額よりも高いと認められるときには、「1. 原則的評価方式による価額」欄の計算を省略しても差し支えありません。

4 「**4. 株式及び株式に関する権利の価額**」欄は、次により記載します。

(1) 「**株式の評価額**」欄には、「①」欄から「⑳」欄までにより計算したその株式の価額を記載します。

(2) 「**株式に関する権利の評価額**」欄には、「㉑」欄から「㉔」欄までにより計算した株式に関する権利の価額を記載します。

なお、株式に関する権利が複数発生している場合には、それぞれの金額ごとに別に記載します(配当期待権の価額は、円単位で円未満 2 位（銭単位）により記載します。)。

第 4 表　類似業種比準価額等の計算明細書

1 この表は、評価会社の「類似業種比準価額」の計算を行うために使用します。

なお、この表の各欄の金額は、各欄の表示単位未満の端数を切り捨てて記載します(「比準割合の計算」欄の要素別比準割合及び比準割合は、それぞれ小数点以下 2 位未満を切り捨てて記載します。また、下記 3 の(5)に留意してください。)。

2 「**2. 比準要素等の金額の計算**」の各欄は、次により記載します。

(1) 「**1 株（50 円）当たりの年配当金額**」の「**直前期末以前 2 （3）年間の年平均配当金額**」欄は、評価会社の剰余金の配当金額を基に次により記載します。

　イ 「⑥ 年配当金額」欄には、各事業年度中に配当金交付の効力が発生した剰余金の配当（資本金等の額の減少によるものを除きます。）の金額を記載します。

　ロ 「⑦ 左のうち非経常的な配当金額」欄には、剰余金の配当金額の算定の基となった配当金額のうち、特別配当、記念配当等の名称による配当金額で、将来、毎期継続することが予想できない金額を記載します。

　ハ 「直前期」欄の記載に当たって、1 年未満の事業年度がある場合には、直前期末以前 1 年間に対応する期間に配当金交付の効力が発生した剰余金の配当金額の総額を記載します。

　　なお、「直前々期」及び「直前々期の前期」の各欄についても、これに準じて記載します。

(2) 「**1 株（50 円）当たりの年配当金額**」の「**⑧**」欄は、「**比準要素数 1 の会社・比準要素数 0 の会社の判定要素の金額**」の「**⑧**」欄の金額を記載します。

(3) 「**1 株（50 円）当たりの年利益金額**」の「**直前期末以前 2 （3）年間の利益金額**」欄は、次により記載します。

　イ 「⑫ 非経常的な利益金額」欄には、固定資産売却益、保険差益等の非経常的な利益の金額を記載します。この場合、非経常的な利益の金額は、非経常的な損失の金額を控除した金額（負数の場合は 0 ）とします。

　ロ 「直前期」欄の記載に当たって、1 年未満の事業年度がある場合には、直前期末以前 1 年間に対応する期間の利益の金額を記載します。この場合、実際の事業年度に係る利益の金額をあん分

270 資料3 取引相場のない株式（出資）の評価明細書

【平成30年1月1日以降用】

する必要があるときは、月数により行います。

なお、「直前々期」及び「直前々期の前期」の各欄についても、これに準じて記載します。

⑷ 「1株（50円）当たりの年利益金額」の「比準要素数1の会社・比準要素数0の会社の判定要素の金額」の『ⓒ₁』欄及び『ⓒ₂』欄は、それぞれ次により記載します。

　イ 『ⓒ₁』欄は、㊀の金額（ただし、納税義務者の選択により、㊀の金額と㋑の金額との平均額によることができます。）を⑤の株式数で除した金額を記載します。

　ロ 『ⓒ₂』欄は、㋑の金額（ただし、納税義務者の選択により、㋑の金額と㋺の金額との平均額によることができます。）を⑤の株式数で除した金額を記載します。

　（注）1　ⓒ₁又はⓒ₂の金額が負数のときは、0とします。

　　　　2　「直前々期の前期」の各欄は、上記のロの計算において、㋑の金額と㋺の金額との平均額によらない場合には記載する必要はありません。

⑸ 「1株（50円）当たりの年利益金額」の「ⓒ」欄には、㊀の金額を⑤の株式数で除した金額を記載します。ただし、納税義務者の選択により、直前期末以前2年間における利益金額を基として計算した金額（（㊀＋㋑）÷2）を⑤の株式数で除した金額をⓒの金額とすることができます。

　（注）　ⓒの金額が負数のときは、0とします。

⑹ 「1株（50円）当たりの純資産価額」の「直前期末（直前々期末）の純資産価額」の「⑰　資本金等の額」欄は、第3表の記載方法等の3の⑴に基づき記載します。また、「⑱　利益積立金額」欄には、別表五（一）の「差引翌期首現在利益積立金額」の「差引合計額」欄の金額を記載します。

⑺ 「1株（50円）当たりの純資産価額」の「比準要素数1の会社・比準要素数0の会社の判定要素の金額」の「ⓓ₁」欄及び「ⓓ₂」欄は、それぞれ⑯及び㋐の金額を⑤の株式数で除した金額を記載します。

　（注）　ⓓ₁及びⓓ₂の金額が負数のときは、0とします。

⑻ 「1株（50円）当たりの純資産価額」の「ⓓ」欄には、上記⑺で計算したⓓの金額を記載します。

　（注）　ⓓの金額が負数のときは、0とします。

3 「3. 類似業種比準価額の計算」の各欄は、次により記載します。

⑴ 「類似業種と業種目番号」欄には、第1表の1の「事業内容」欄に記載された評価会社の事業内容に応じて、別に定める類似業種比準価額計算上の業種目及びその番号を記載します。

　この場合において、評価会社の事業が該当する業種目は直前期末以前1年間の取引金額に基づいて判定した業種目とします。

　なお、直前期末以前1年間の取引金額に2以上の業種目に係る取引金額が含まれている場合の業種目は、業種目別の割合が50％を超える業種目とし、その割合が50％を超える業種目がない場合は、次に掲げる場合に応じたそれぞれの業種目とします。

　イ 評価会社の事業が一つの中分類の業種目中の2以上の類似する小分類の業種目に属し、それらの業種目別の割合の合計が50％を超える場合

　　その中分類の中にある類似する小分類の「その他の○○業」

　ロ 評価会社の事業が一つの中分類の業種目中の2以上の類似しない小分類の業種目に属し、それ

271

【平成30年1月1日以降用】

　　　らの業種目別の割合の合計が50％を超える場合（イに該当する場合は除きます。）

　　　　その中分類の業種目

　ハ　評価会社の事業が一つの大分類の業種目中の2以上の類似する中分類の業種目に属し、それら
　　　の業種目別の割合の合計が50％を超える場合

　　　　その大分類の中にある類似する中分類の「その他の○○業」

　ニ　評価会社の事業が一つの大分類の業種目中の2以上の類似しない中分類の業種目に属し、それ
　　　らの業種目別の割合の合計が50％を超える場合（ハに該当する場合を除きます。）

　　　　その大分類の業種目

　ホ　イからニのいずれにも該当しない場合

　　　　大分類の業種目の中の「その他の産業」

　　（注）

$$業種目別の割合　=　\frac{業種目別の取引金額}{評価会社全体の取引金額}$$

　　また、類似業種は、業種目の区分の状況に応じて、次によります。

業種目の区分の状況	類　似　業　種
上記により判定した業種目が小分類に区分されている業種目の場合	小分類の業種目とその業種目の属する中分類の業種目とをそれぞれ記載します。
上記により判定した業種目が中分類に区分されている業種目の場合	中分類の業種目とその業種目の属する大分類の業種目とをそれぞれ記載します。
上記により判定した業種目が大分類に区分されている業種目の場合	大分類の業種目を記載します。

⑵　「類似業種の株価」及び「比準割合の計算」の各欄には、別に定める類似業種の株価A、1株（50
　円）当たりの年配当金額B、1株（50円）当たりの年利益金額C及び1株（50円）当たりの純資
　産価額Dの金額を記載します。

⑶　「比準割合の計算」の「比準割合」欄の比準割合　㉑及び㉔　は、「1株（50円）当たりの年配
　当金額」、「1株（50円）当たりの年利益金額」及び「1株（50円）当たりの純資産価額」の各欄
　の要素別比準割合を基に、次の算式により計算した割合を記載します。

$$比準割合　=　\frac{\frac{ⓑ}{B} + \frac{ⓒ}{C} + \frac{ⓓ}{D}}{3}$$

⑷　「1株（50円）当たりの比準価額」欄は、評価会社が第1表の2の「3. 会社の規模（Lの割
　合）の判定」欄により、中会社に判定される会社にあっては算式中の「0. 7」を「0. 6」、小
　会社に判定される会社にあっては算式中の「0. 7」を「0. 5」として計算した金額を記載しま
　す。

⑸　「比準価額の修正」欄の「1株当たりの割当株式数」及び「1株当たりの割当株式数又は交付株
　式数」は、1株未満の株式数を切り捨てずに実際の株式数を記載します。

　（注）　⑴の類似業種比準価額計算上の業種目及びその番号、並びに、⑵の類似業種の株価A、1株
　　　　（50円）当たりの年配当金額B、1株（50円）当たりの年利益金額C及び1株（50円）当た
　　　　りの純資産価額Dの金額については、該当年分の「平成〇年分の類似業種比準価額計算上の業
　　　　種目及び業種目別株価等について（法令解釈通達）」で御確認の上記入してください。

　　　　なお、当該通達については、国税庁ホームページ【www.nta.go.jp】上で御覧いただけます。

272 資料3 取引相場のない株式（出資）の評価明細書

【平成30年1月1日以降用】

第5表　1株当たりの純資産価額（相続税評価額）の計算明細書

1　この表は、「1株当たりの純資産価額（相続税評価額）」の計算のほか、株式等保有特定会社及び土地保有特定会社の判定に必要な「総資産価額」、「株式等の価額の合計額」及び「土地等の価額の合計額」の計算にも使用します。

　　なお、この表の各欄の金額は、各欄の表示単位未満の端数を切り捨てて記載します。

2　「1.資産及び負債の金額（課税時期現在）」の各欄は、課税時期における評価会社の各資産及び各負債について、次により記載します。

　⑴　「**資産の部**」の「**相続税評価額**」欄には、課税時期における評価会社の各資産について、財産評価基本通達の定めにより評価した価額（以下「相続税評価額」といいます。）を次により記載します。

　　イ　課税時期前3年以内に取得又は新築した土地及び土地の上に存する権利（以下「土地等」といいます。）並びに家屋及びその附属設備又は構築物（以下「家屋等」といいます。）がある場合には、当該土地等又は家屋等の相続税評価額は、課税時期における通常の取引価額に相当する金額（ただし、その土地等又は家屋等の帳簿価額が課税時期における通常の取引価額に相当すると認められる場合には、その帳簿価額に相当する金額）によって評価した価額を記載します。この場合、その土地等又は家屋等は、他の土地等又は家屋等と「科目」欄を別にして、「課税時期前3年以内に取得した土地等」などと記載します。

　　ロ　取引相場のない株式、出資又は転換社債（財産評価基本通達197-5（(転換社債型新株予約権付社債の評価)）の⑶のロに定めるものをいいます。）の価額を純資産価額（相続税評価額）で評価する場合には、評価差額に対する法人税額等相当額の控除を行わないで計算した金額を「相続税評価額」として記載します（なお、その株式などが株式等保有特定会社の株式などである場合において、納税義務者の選択により、「S_1+S_2」方式によって評価する場合のS_2の金額の計算においても、評価差額に対する法人税額等相当額の控除は行わないで計算することになります。）。この場合、その株式などは、他の株式などと「科目」欄を別にして、「法人税額等相当額の控除不適用の株式」などと記載します。

　　ハ　評価の対象となる資産について、帳簿価額がないもの（例えば、借地権、営業権等）であっても相続税評価額が算出される場合には、その評価額を「相続税評価額」欄に記載し、「帳簿価額」欄には「0」と記載します。

　　ニ　評価の対象となる資産で帳簿価額のあるもの（例えば、借家権、営業権等）であっても、その課税価格に算入すべき相続税評価額が算出されない場合には、「相続税評価額」欄に「0」と記載し、その帳簿価額を「帳簿価額」欄に記載します。

　　ホ　評価の対象とならないもの（例えば、財産性のない創立費、新株発行費等の繰延資産、繰延税金資産）については、記載しません。

　　ヘ　「株式等の価額の合計額」欄の⑳の金額は、評価会社が有している（又は有しているとみなされる）株式、出資及び新株予約権付社債（会社法第2条第22号に規定する新株予約権付社債をいいます。）(以下「株式等」といいます。）の相続税評価額の合計額を記載します。この場合、次のことに留意してください。

　　　（イ）　所有目的又は所有期間のいかんにかかわらず、全ての株式等の相続税評価額を合計します。

　　　（ロ）　法人税法第12条（(信託財産に属する資産及び負債並びに信託財産に帰せられる収益及び費

273

【平成30年1月1日以降用】

　　　用の帰属））の規定により評価会社が信託財産を有するものとみなされる場合（ただし、評価
　　　会社が明らかに当該信託財産の収益の受益権のみを有している場合を除きます。）において、
　　　その信託財産に株式等が含まれているときには、評価会社が当該株式等を所有しているもの
　　　とみなします。

　　(ハ)　「出資」とは、「法人」に対する出資をいい、民法上の組合等に対する出資は含まれませ
　　　ん。

　ト　「土地等の価額の合計額」欄の ⑪ の金額は、上記のへに準じて評価会社が所有している（又
　　　は所有しているとみなされる）土地等の相続税評価額の合計額を記載します。

　チ　「**現物出資等受入れ資産の価額の合計額**」の ⑫ の金額は、各資産の中に、現物出資、合併、
　　　株式交換又は株式移転により著しく低い価額で受け入れた資産（以下「現物出資等受入れ資産」
　　　といいます。）がある場合に、現物出資、合併、株式交換又は株式移転の時におけるその現物出
　　　資等受入れ資産の相続税評価額の合計額を記載します。ただし、その相続税評価額が、課税時
　　　期におけるその現物出資等受入れ資産の相続税評価額を上回る場合には、課税時期におけるそ
　　　の現物出資等受入れ資産の相続税評価額を記載します。

　　　　また、現物出資等受入れ資産が合併により著しく低い価額で受け入れた資産（以下「合併受
　　　入れ資産」といいます。）である場合に、合併の時又は課税時期におけるその合併受入れ資産の
　　　相続税評価額が、合併受入れ資産に係る被合併会社の帳簿価額を上回るときは、その帳簿価額
　　　を記載します。

　　(注)　「相続税評価額」の「合計」欄の①の金額に占める課税時期における現物出資等受入れ資
　　　　　産の相続税評価額の合計の割合が20％以下の場合には、「現物出資等受入れ資産の価額の合
　　　　　計額」欄は、記載しません。

⑵　「資産の部」の「**帳簿価額**」欄には、「資産の部」の「相続税評価額」欄に評価額が記載された
　　各資産についての課税時期における税務計算上の帳簿価額を記載します。

（注)１　固定資産に係る減価償却累計額、特別償却準備金及び圧縮記帳に係る引当金又は積立金の
　　　　金額がある場合には、それらの金額をそれぞれの引当金等に対応する資産の帳簿価額から控
　　　　除した金額をその固定資産の帳簿価額とします。

　　　２　営業権に含めて評価の対象となる特許権、漁業権等の資産の帳簿価額は、営業権の帳簿価
　　　　額に含めて記載します。

⑶　「負債の部」の「**相続税評価額**」欄には、評価会社の課税時期における各負債の金額を、「**帳簿
　　価額**」欄には、「負債の部」の「相続税評価額」欄に評価額が記載された各負債の税務計算上の帳
　　簿価額をそれぞれ記載します。この場合、貸倒引当金、退職給与引当金、納税引当金及びその他
　　の引当金、準備金並びに繰延税金負債に相当する金額は、負債に該当しないものとします。ただ
　　し、退職給与引当金のうち、平成14年改正法人税法附則第８条（（退職給与引当金に関する経過措
　　置））第２項及び第３項適用後の退職給与引当金（以下「経過措置適用後の退職給与引当金」とい
　　います。）勘定の金額に相当する金額は負債とします。

　　なお、次の金額は、帳簿に負債としての記載がない場合であっても、課税時期において未払い
　　となっているものは負債として「相続税評価額」欄及び「帳簿価額」欄のいずれにも記載します。

　イ　未納公租公課、未払利息等の金額

　ロ　課税時期以前に賦課期日のあった固定資産税及び都市計画税の税額

　ハ　被相続人の死亡により、相続人その他の者に支給することが確定した退職手当金、功労金そ

274 資料3　取引相場のない株式（出資）の評価明細書

【平成30年1月1日以降用】

　　　　　の他これらに準ずる給与の金額（ただし、経過措置適用後の退職給与引当金の取崩しにより支給されるものは除きます。）

　　　ニ　課税時期の属する事業年度に係る法人税額（地方法人税額を含みます。）、消費税額（地方消費税額を含みます。）、事業税額（地方法人特別税額を含みます。）、道府県民税額及び市町村民税額のうち、その事業年度開始の日から課税時期までの期間に対応する金額

　(4)　1株当たりの純資産価額（相続税評価額）の計算は、上記(1)から(3)の説明のとおり課税時期における各資産及び各負債の金額によることとしていますが、評価会社が課税時期において仮決算を行っていないため、課税時期における資産及び負債の金額が明確でない場合において、直前期末から課税時期までの間に資産及び負債について著しく増減がないため評価額の計算に影響が少ないと認められるときは、課税時期における各資産及び各負債の金額は、次により計算しても差し支えありません。このように計算した場合には、第2表の「2.　株式等保有特定会社」欄及び「3.　土地保有特定会社」欄の判定における総資産価額等についても、同様に取り扱われることになりますので、これらの特定の評価会社の判定時期と純資産価額及び株式等保有特定会社のS₂の計算時期は同一となります。

　　　イ　「相続税評価額」欄については、直前期末の資産及び負債の課税時期の相続税評価額

　　　ロ　「帳簿価額」欄については、直前期末の資産及び負債の帳簿価額

　　(注)1　イ及びロの場合において、帳簿に負債としての記載がない場合であっても、次の金額は、負債として取り扱うことに留意してください。

　　　　　(1)　未納公租公課、未払利息等の金額

　　　　　(2)　直前期末日以前に賦課期日のあった固定資産税及び都市計画税の税額のうち、未払いとなっている金額

　　　　　(3)　直前期末日後から課税時期までに確定した剰余金の配当等の金額

　　　　　(4)　被相続人の死亡により、相続人その他の者に支給することが確定した退職手当金、功労金その他これらに準ずる給与の金額（ただし、経過措置適用後の退職給与引当金の取崩しにより支給されるものは除きます。）

　　　　2　被相続人の死亡により評価会社が生命保険金を取得する場合には、その生命保険金請求権（未収保険金）の金額を「資産の部」の「相続税評価額」欄及び「帳簿価額」欄のいずれにも記載します。

3　「2.　評価差額に対する法人税額等相当額の計算」欄の「帳簿価額による純資産価額」及び「評価差額に相当する金額」がマイナスとなる場合は、「0」と記載します。

4　「3.　1株当たりの純資産価額の計算」の各欄は、次により記載します。

　(1)　「課税時期現在の発行済株式数」欄は、課税時期における発行済株式の総数を記載しますが、評価会社が自己株式を有している場合には、その自己株式の数を控除した株式数を記載します。

　(2)　「同族株主等の議決権割合（第1表の1の⑤の割合）が50％以下の場合」欄は、納税義務者が議決権割合（第1表の1の⑤の割合）50％以下の株主グループに属するときにのみ記載します。

　　(注)　納税義務者が議決権割合50％以下の株主グループに属するかどうかの判定には、第1表の1の記載方法等の3の(5)に留意してください。

【平成30年1月1日以降用】

第6表　特定の評価会社の株式及び株式に関する権利の価額の計算明細書

1　この表は、特定の評価会社の株式及び株式に関する権利の評価に使用します（一般の評価会社の株式及び株式に関する権利の評価については、「第3表　一般の評価会社の株式及び株式に関する権利の価額の計算明細書」を使用します。）。

　　なお、この表の各欄の金額は、各欄の表示単位未満の端数を切り捨てて記載します。

2　「2.　配当還元方式による価額」欄は、第1表の1の「1.　株主及び評価方式の判定」欄又は「2.少数株式所有者の評価方式の判定」欄の判定により納税義務者が配当還元方式を適用する株主に該当する場合に、次により記載します。

　⑴　「直前期末以前2年間の配当金額」欄は、第4表の記載方法等の2の⑴に準じて記載します。

　⑵　「配当還元価額」欄の㉒の金額の記載に当たっては、純資産価額方式等により計算した価額が、配当還元価額よりも高いと認められる場合には、「1.　純資産価額方式等による価額」欄の計算を省略して差し支えありません。

3　「3.　株式に関する権利の価額」欄及び「4.　株式及び株式に関する権利の価額」欄は、第3表の記載方法等の4に準じて記載します。

第7表　株式等保有特定会社の株式の価額の計算明細書

1　この表は、評価会社が株式等保有特定会社である場合において、その株式の価額を「S_1+S_2」方式によって評価するときにおいて、「S_1」における類似業種比準価額の修正計算を行うために使用します。

　　なお、この表の各欄の金額は、各欄の表示単位未満の端数を切り捨てて記載します（ただし、下記2の⑴のニ及び2の⑶に留意してください。）。

2　「S_1の金額（類似業種比準価額の修正計算）」の各欄は、次により記載します。

　⑴　「受取配当金等収受割合の計算」の各欄は、次により記載します。

　　イ　「受取配当金等の額」欄は、直前期及び直前々期の各事業年度における評価会社の受取配当金等の額（法人から受ける剰余金の配当（株式又は出資に係るものに限るものとし、資本金等の額の減少によるものを除きます。）、利益の配当、剰余金の分配（出資に係るものに限ります。）及び新株予約権付社債に係る利息の額をいいます。）の総額を、それぞれの各欄に記載し、その合計額を「合計」欄に記載します。

　　ロ　「営業利益の金額」欄は、イと同様に、各事業年度における評価会社の営業利益の金額（営業利益の金額に受取配当金等の額が含まれている場合には、受取配当金等の額を控除した金額）について記載します。

　　ハ　「①　直前期」及び「②　直前々期」の各欄の記載に当たって、1年未満の事業年度がある場合には、第4表の記載方法等の2の⑴のハに準じて記載します。

　　ニ　「受取配当金等収受割合」欄は、小数点以下3位未満の端数を切り捨てて記載します。

　⑵　「直前期末の株式等の帳簿価額の合計額」欄の⑩の金額は、直前期末における株式等の税務計算上の帳簿価額の合計額を記載します（第5表を直前期末における各資産に基づいて作成しているときは、第5表の㋺の金額を記載します。）。

　⑶　「1株（50円）当たりの比準価額」欄、「1株当たりの比準価額」欄及び「比準価額の修正」欄

276 資料 3　取引相場のない株式（出資）の評価明細書

【平成 30 年 1 月 1 日以降用】

は、第 4 表の記載方法等の 1 及び 3 に準じて記載します。

第 8 表　株式等保有特定会社の株式の価額の計算明細書（続）

1　この表は、評価会社が株式等保有特定会社である場合において、その株式の価額を「$S_1 + S_2$」方式によって評価するときの S_1 における純資産価額の修正計算及び 1 株当たりの S_1 の金額の計算並びに S_2 の金額の計算を行うために使用します。

　　なお、この表の各欄の金額は、各欄の表示単位未満の端数を切り捨てて記載します。

2　「**2.　S_2 の金額**」の各欄は、次により記載します。

⑴　「**課税時期現在の株式等の価額の合計額**」欄の⑱の金額は、課税時期における株式等の相続税評価額を記載しますが、第 5 表の記載方法等の 2 の⑴のロに留意するほか、同表の記載方法等の 2 の⑷により株式等保有特定会社の判定時期と純資産価額の計算時期が直前期末における決算に基づいて行われている場合には、S_2 の計算時期も同一とすることに留意してください。

⑵　「**株式等に係る評価差額に相当する金額**」欄の⑳の金額は、株式等の相続税評価額と帳簿価額の差額に相当する金額を記載しますが、その金額が負数のときは、0 と記載することに留意してください。

277

【平成30年1月1日以降用】

[付　表]　同族関係者の範囲等

項　　目		内　　　　容
同族株主等の判定	同族関係者	1　個人たる同族関係者（法人税法施行令第4条第1項） 　(1)　株主等の親族（親族とは、配偶者、6親等内の血族及び3親等内の姻族をいう。） 　(2)　株主等と婚姻の届出をしていないが事実上婚姻関係と同様の事情にある者 　(3)　個人である株主等の使用人 　(4)　上記に掲げる者以外の者で個人である株主等から受ける金銭その他の資産によって生計を維持しているもの 　(5)　上記(2)、(3)及び(4)に掲げる者と生計を一にするこれらの者の親族 2　法人たる同族関係者（法人税法施行令第4条第2項～第4項、第6項） 　(1)　株主等の1人が他の会社(同族会社かどうかを判定しようとする会社以外の会社。以下同じ。)を支配している場合における当該他の会社 　　　ただし、同族関係会社であるかどうかの判定の基準となる株主等が個人の場合は、その者及び上記1の同族関係者が他の会社を支配している場合における当該他の会社（以下、(2)及び(3)において同じ。）。 　(2)　株主等の1人及びこれと特殊の関係のある(1)の会社が他の会社を支配している場合における当該他の会社 　(3)　株主等の1人並びにこれと特殊の関係のある(1)及び(2)の会社が他の会社を支配している場合における当該他の会社 　(注)　1　上記(1)から(3)に規定する「他の会社を支配している場合」とは、次に掲げる場合のいずれかに該当する場合をいう。 　　　　　イ　他の会社の発行済株式又は出資（自己の株式又は出資を除く。）の総数又は総額の50%超の数又は金額の株式又は出資を有する場合 　　　　　ロ　他の会社の次に掲げる議決権のいずれかにつき、その総数（当該議決権を行使することができない株主等が有する当該議決権の数を除く。）の50%超の数を有する場合 　　　　　　①　事業の全部若しくは重要な部分の譲渡、解散、継続、合併、分割、株式交換、株式移転又は現物出資に関する決議に係る議決権 　　　　　　②　役員の選任及び解任に関する決議に係る議決権 　　　　　　③　役員の報酬、賞与その他の職務執行の対価として会社が供与する財産上の利益に関する事項についての決議に係る議決権 　　　　　　④　剰余金の配当又は利益の配当に関する決議に係る議決権 　　　　　ハ　他の会社の株主等（合名会社、合資会社又は合同会社の社員（当該他の会社が業務を執行する社員を定めた場合にあっては、業務を執行する社員）に限る。）の総数の半数を超える数を占める場合 　　　　2　個人又は法人との間で当該個人又は法人の意思と同一の内容の議決権を行使することに同意している者がある場合には、当該者が有する議決権は当該個人又は法人が有するものとみなし、かつ、当該個人又は法人（当該議決権に係る会社の株主等であるものを除く。）は当該議決権に係る会社の株主等であるものとみなして、他の会社を支配しているかどうかを判定する。 　(4)　上記(1)から(3)の場合に、同一の個人又は法人の同族関係者である2以上の会社が判定しようとする会社の株主等（社員を含む。）である場合には、その同族関係者である2以上の会社は、相互に同族関係者であるものとみなされる。

278　資料3　取引相場のない株式（出資）の評価明細書

【平成 30 年 1 月 1 日以降用】

項　　目		内　　　　容
少数株式所有者の評価方法の判定	役　員	社長、理事長のほか、次に掲げる者（法人税法施行令第71条第 1 項第 1 号、第 2 号、第 4 号) (1)　代表取締役、代表執行役、代表理事 (2)　副社長、専務、常務その他これらに準ずる職制上の地位を有する役員 (3)　取締役（指名委員会等設置会社の取締役及び監査等委員である取締役に限る。）、会計参与及び監査役並びに監事
	中心的な同族株主	同族株主のいる会社の株主で、課税時期において同族株主の 1 人並びにその株主の配偶者、直系血族、兄弟姉妹及び 1 親等の姻族（これらの者の同族関係者である会社のうち、これらの者が有する議決権の合計数がその会社の議決権総数の 25%以上である会社を含む。）の有する議決権の合計数がその会社の議決権総数の 25%以上である場合におけるその株主
	中心的な株　主	同族株主のいない会社の株主で、課税時期において株主の 1 人及びその同族関係者の有する議決権の合計数がその会社の議決権総数の 15%以上である株主グループのうち、いずれかのグループに単独でその会社の議決権総数の 10%以上の議決権を有している株主がいる場合におけるその株主

伊藤 俊一（いとう しゅんいち）

1978年（昭和53年）愛知県生まれ。

愛知県立旭丘高校卒業後、慶應義塾大学文学部入学。その後、身内の相続問題に直面し、一念奮起し税理士を志す。税理士試験5科目試験合格。一橋大学院国際企業戦略研究科経営法務専攻修士課程修了。現在、同博士課程（専攻：租税法、研究分野：エンプティ・ボーディング）在学中。慶應義塾大学「租税に関する訴訟の補佐人制度大学院特設講座」修了。

都内コンサルティング会社にて某メガバンク本店案件に係る、事業再生、事業承継、資本対策、相続税等のあらゆる税分野を担当。特に、事業承継・少数株主からの株式集約（中小企業の資本政策）・相続税・地主様の土地有効活用コンサルティングは勤務時代から通算すると数百件のスキーム立案実行を経験しており、同業士業からの御相談件数は10,000件（平成31年5月1日現在、税理士・公認会計士・弁護士・司法書士等からの御相談業務）を超えており、豊富な経験と実績を有する。

　　・厚生労働省ファイナンシャル・プランニング技能検定（国家資格）試験委員
　　・認定経営革新等支援機関

【所属学会】
　　・税務会計研究学会所属
　　・信託法学会所属

【執筆実績】
『みなし贈与のすべて』ロギカ書房　2018年
税務弘報平成30年4月号「事業承継税制　平成30年度改正の使い勝手のホントのトコロ」
税経通信平成28年10月号「「種類株式」と「民事信託の活用」自社株承継スキームへの当てはめに係る留意点」
日本経済新聞朝刊平成25年12月25日21面「マネー＆インベストメント」にインタビュー記事が掲載　他多数
東京税理士会等セミナー件数は年間約130本を超える。

伊藤俊一税理士事務所・合同会社伊藤俊一租税法研究所
　弊事務所は資産家・中小企業オーナー様の資産承継、事業承継・資産政策・M&A等のコンサルティングサービスを提供することそのものを目的とした、新業態の会計事務所です。
　弊所のホームページ
　http://www.tokyo-zeirishi-ito.com/
　セミナー案内はこちら
　http://www.tokyo-zeirishi-ito.com/seminar.html
　メーリングリスト「コンサル質問会」はこちら
　http://inspireconsulting.co.jp/lp/consulting-question/

Q&A
非上場株式の評価と戦略的活用スキーム

発 行 日　2019 年 9 月10日

著　　者　伊藤 俊一

発 行 者　橋詰 守

発 行 所　株式会社 ロギカ書房
　　　　　〒 101-0052
　　　　　東京都千代田区神田小川町 2 丁目 8 番地
　　　　　進盛ビル 303 号
　　　　　Tel　03（5244）5143
　　　　　Fax　03（5244）5144
　　　　　http://logicashobo.co.jp/

印刷・製本　藤原印刷株式会社

定価はカバーに表示してあります。
乱丁・落丁のものはお取り替え致します。
©2019　Shunichi Ito
Printed in Japan
978-4-909090-28-7　C2034